A LINGUAGEM AUTORITÁRIA

MARIA T. FRAGA ROCCO

A LINGUAGEM AUTORITÁRIA

editora brasiliense

Copyright © by Maria Thereza Fraga Rocco, 1988
Nenhuma parte desta publicação pode ser gravada,
armazenada em sistemas eletrônicos, fotocopiada,
reproduzida por meios mecânicos ou outros
quaisquer sem autorização prévia do editor.

Primeira edição, 1989
2ª reimpressão, 2003

Copydesk: Ars Typographica
Revisão: Rosemary C. Machado e Irene Y. Hikishi
Capa: Guto Lacaz

Dados Internacionais de Catalogação na Publicação (CIP)
(Câmara Brasileira do Livro, SP, Brasil)

Rocco, Maria Thereza Fraga
  A linguagem autoritária / Maria T. Fraga Rocco. – São Paulo :
Brasiliense, 2003 – (Comunicação & informática).

2ª reimpr. da 1. ed. de 1989.
Bibliografia.
ISBN 85-11-22024-0

1. Persuasão (Retórica) 2. Publicidade em televisão
– Linguagem 3. Televisão – Aspectos psicológicos 4. Televisão –
Programas 5. Televisão – Transmissão – Linguagem I. Título
II. Série.

03-0989   CDD-791.457

Índices para catálogo sistemático:
1. Televisão : Programas : Linguagem   791.457

editora brasiliense
Rua Airi, 22 – Tatuapé – CEP 03310-010 – São Paulo – SP
Fone/Fax: (0xx11) 6198-1488
E-mail: brasilienseedit@uol.com.br
www.editorabrasiliense.com.br
livraria brasiliense
Rua Emília Marengo, 216 – Tatuapé
CEP 03336-000 – São Paulo – SP – Fone/Fax (0xx11) 6675-0188

A CELSO GALDINO FRAGA, meu pai, um
mágico contador de histórias que, num tempo sem
televisão, povoou meus sonhos
com inesquecíveis imagens.

A JOÃO EDUARDO RODRIGUES VILLALOBOS,
mestre-maior, um dos que me ensinaram a amplidão
caleidoscópica dessas imagens.

Para CAROLINA e LUÍS PAULO que,
saindo do meu colo, continuam sendo
a razão do meu TEXTO.

Para EUCLYDES,
pelo contexto,
pelo subtexto,
por todos os pretextos.

Índice

Prefácio — Quando a cultura se faz cidadania 9

Apresentação 13

1. Por que a televisão. Por que o verbal da televisão 15
Um tema. Algumas variações.
Na transgressão da transcrição: os textos
Instantâneos de uma realidade: verso e reverso
de revelações

2. Em busca dos critérios: as bases teóricas 53
Introdução
As bases teóricas
Perelman e as propostas da "Nova Retórica"
*A análise do discurso: alargamento das possibilidades
de um trabalho com o verbal*
*O verbal dos comerciais: a caracterização
de Gillian Dyer*

3. O verbal em alguns segmentos da televisão:
elementos para uma gramática 89
Introdução
Os comerciais
Programa Sílvio Santos

4. Por descaminhos. Por entre caminhos: veredas 171

Bibliografia 191

Quando a cultura se faz cidadania

Engana-se quem julga superado o debate entre *apocalípticos* e *integrados* em torno da televisão e dos meios de comunicação de massa em geral. É só abrir este livro provocador de Maria Thereza Fraga Rocco para dissipar o equívoco. A TV continua sendo objeto apaixonante de uma discussão que já dura mais de vinte anos e parece bem longe de ter esgotado a sua dialética de argumentos e contra-argumentos.

A indústria cultural faz parte de um sistema simbólico de enormes proporções que nasceu e cresceu com a sociedade contemporânea de massas, razão pela qual todo juízo sumário acerca de seu valor arrisca-se a resvalar pela generalidade dos preconceitos.

No caso particular da televisão, a sua ubiqüidade exige do intérprete e do crítico cultural um cuidado extremo no momento das apreciações globalizantes. Um meio que envolve todo mundo e no mundo todo desencadeia forças positivas e negativas quer alternada quer simultaneamente. Se, por um lado, a TV é instrumento de informação rápida e certeira, uma forma extraordinária de educação plural e de socialização (no sentido universal do termo), por outro lado, exerce um terrível poder de manipulação que dispersa a atenção, embota a sensibilidade e aliena as consciências à força de bombardear o receptor com imagens e sons em moto-contínuo. A sua potência de sedução é tão inegável quanto era, para o filósofo grego do quinto século a.C., o verbo aliciante dos sofistas: perigo que ele desejava afastar da sua pólis ideal para nela manter um clima de austera racionalidade. Os educadores que pretendem fazer as vezes de um Platão do século XX temem riscos similares que a exposição maciça do vídeo faz correr aos cidadãos da nossa inerme e desarvorada república. Fazendo abstração das diferenças de contexto entre os dois mundos, haveria algo de comum nos receios de Platão e nas invectivas dos pedagogos e juízes do nosso tempo. O que todos temem é o entorpecimento da consciência política, que pode levar ora à tirania, ora à demagogia, mas não gera nunca a prática da liberdade responsável.

Detectando apelos capciosos nas camadas verbais dos anúncios, Maria Thereza adverte o leitor sobre a retórica consumista que constrói paraísos artificiais com mercadorias de um cotidiano glamurosamente falso. Tudo se compra e, em primeiro lugar, os prazeres do conforto doméstico, que são apresentados como o sinônimo único de felicidade.

Além desses esquemas quase-pavlovianos de glutonaria social, a Autora considerou outros, também irresistíveis, como os suscitados pelo programa de Sílvio Santos, nos quais se entrevêem procedimentos de velada opressão ou aberto autoritarismo.

A via heurística é franqueada pela Análise do Discurso que se vale da retórica clássica, magistralmente renovada pelos estudos de Perelman sobre a argumentação, e que Maria Thereza soube aproveitar com notável pertinência. Remeto o leitor aos comentários dos comerciais e das falas do notório apresentador.

Tanto os operadores de aliciamento quanto os de manipulação, uns e outros necessários à tarefa de persuadir, levam a Autora a concluir pela presença, camuflada ou ostensiva, de uma linguagem autoritária no *corpus* examinado.

Ora, quando se trabalha com retórica e ideologia, é útil unir o particular ao universal, a análise à interpretação. Os procedimentos retóricos visam a estabelecer ou a retomar *valores*; e quem lida com valores toca nos pontos mais sensíveis do processo de comunicação social. A pergunta que sai das páginas finais deste livro demanda o porquê de uma linguagem ao mesmo tempo blandiciosa e autoritária no interior de situações públicas aparentemente de pura diversão e *relax* como as produzidas no programa Sílvio Santos.

Na realidade, o "animador" é, no caso, mais do que um simples "inter-locutor". Ele é o dono absoluto do tempo, do desejo e da palavra do seu auditório, o que lhe empresta poderes quase divinos. Os seus gestos de familiaridade com os participantes-pedintes não revelam necessariamente uma disposição benigna de ânimo, embora possam alcançar esse efeito: são concessões aleatórias que, não raro, deprimem quem as recebe, deixando transparecer, a todo momento, a pesada assimetria social que cada programa encena exemplarmente.

Se é verdade, como propõe Habermas, que a dimensão do político (isto é, da cidadania responsável) tende a regredir até atrofiar-se na civilização de massas, o que se assiste na pseudoparticipação pública de certos programas de auditório é apenas o desnudamento brutal das carências da vida privada; carências que só a humilhação pública consegue suprir, fazendo-o, porém, no interior de um jogo de acasos e caprichos, ainda e sempre irracional.

A "publicidade" que se dá às mazelas domésticas e até mesmo íntimas não é trabalhada como um valor democrático que as resgate, que as universalize, que as integre em um processo político superior; ao contrário, o caráter aberto do palco e do vídeo as rebaixa à esfera de vergonha individual daqueles que aí se expõem para obter algum benefício material. A televisão serve, então, como triste mecanismo que anula, por alguns momentos, o pudor da privacidade, arrancando-a do refúgio da casa, sem a compensação de conduzi-la àquele espaço público onde interagem os cidadãos livres. Deste modo, a retração do político no sentido do íntimo lesa um e outro, porque a tradição da moral pessoal é violada pelo anti-valor da curiosidade fútil, quando não malsã, que tem a massa de conhecer as misérias do próximo; e o ideal da democratização dos bens degrada-se a uma sua caricatura, no caso, a concessão aleatória de mercadorias para maior propaganda destas.

Este é o *punctum dolens* a que levam as análises tópicas de Maria Thereza Fraga Rocco. Será, de novo, uma conclusão apocalíptica reiterada nos anos 80 depois dos impasses maniqueístas de duas décadas? Enfim, o que é hoje o "espaço público" na TV? Lugar privilegiado da alienação? Ou apenas zona neutra, aberta e potencial, cujo teor político tem de ser conquistado, palmo a palmo, no coração da sociedade civil que dela fará o uso que puder, quiser e souber?

Se assim for, a resposta aos problemas levantados pela comunicação de massa não pode ser apenas imanente à linguagem dos seus meios técnicos. Produtores e receptores devem ser pensados também na sua relação cotidiana com outros subsistemas de saber, de dizer, de agir: a escola, os sindicatos, a família, os grupos profissionais, os grupos de estudo, os partidos, as igrejas, a vizinhança; em suma, todos os lugares em que se vive e se atribuem sentidos à própria existência e à sociedade como um todo. A linguagem da participação poderá desmascarar os estereótipos e os discursos da reificação.

A leitura de *A Linguagem Autoritária — Televisão e Persuasão* de Maria Thereza Fraga Rocco nos vem dizer que a universidade, apesar de seus velhos hábitos de inércia e redundância, é um desses autênticos espaços públicos onde ainda é possível olhar desassombradamente para as forças que nos seduzem ou nos oprimem.

Ficamos-lhe gratos por essa lição na qual a cultura é outro nome para o exercício da cidadania.

Alfredo Bosi
Universidade de São Paulo,
março de 1989

Apresentação

Este livro surge como resultado de minha tese de livre-docência, defendida na Faculdade de Educação da USP em fins de 1988. O texto, agora mais compacto, incorpora ainda algumas das valiosas sugestões da banca examinadora, composta pelos professores Alfredo Bosi, Celso de Rui Beisiegel, João Teodoro d'Olim Marote, Magda Becker Soares e Virgílio Noya Pinto.

Partindo do pressuposto de que o *lingüístico* integra o *visual* da televisão e considerando a importância do veículo, o presente trabalho realiza estudo da linguagem verbal veiculada por alguns gêneros da televisão brasileira (comerciais e "Programa Sílvio Santos") com o objetivo de identificar as bases de uma espécie de "gramática" desse verbal e conseqüentemente propor caminhos para uma recepção e leitura críticas de tais segmentos.

Durante 1985 e 1986, foram gravados *comerciais* presentes em todas as nossas emissoras de TV, em horários diversos, e também emissões do *Programa Sílvio Santos*. Transcrito o material, montou-se um *corpus* para a análise, tendo em vista critérios propostos a partir de amplos estudos.

Efetuadas as análises e identificadas as características gerais do verbal da TV e outras, específicas de cada um dos gêneros escolhidos, foram feitas ainda reflexões sobre problemas mais freqüentes relacionados ao papel dos *media* e à própria natureza do processo de recepção.

Alguns preconceitos e equívocos bastante comuns, quando o tema debatido é TV, são também discutidos.

A Autora

Agradeço aos meus colegas
    Anna Maria Pessoa de Carvalho
    José Mário Pires Azanha
    Marta Kohl de Oliveira e
    Myriam Krasilchik

Agradeço ainda a
    Carolina Fraga Rocco
    Elza Reiff Cassano
    Gilca Machado Seidinger
    Liana Cristina Hespanhol
    Maria Helena Guedes Crespo
    Maria Inês Pereira Coltri
    Nilda Maria de Araújo Coelho,

que, em diferentes momentos, de diferentes formas, também ajudaram a fazer este livro.

1.
Por que a televisão.
Por que o verbal da televisão

> "A televisão é um dos fenômenos básicos de nossa civilização e é preciso, portanto, não só encorajá-la nas suas tendências mais válidas, como também estudá-la nas suas manifestações."
> Umberto Eco[1]

> "As imagens não desvendam imediatamente as significações de que são portadoras. Os fatos não falam por si próprios; é preciso apresentá-los e comentá-los para situar as causas e os efeitos que lhes dão sentido pleno."
> Michel Souchon[2]

Um tema. Algumas variações

A televisão é o mais alienante dos veículos de comunicação contemporâneos. A televisão aprisiona o indivíduo e faz dele um ser passivo, sem capacidade de imaginação. A televisão pensa pelo homem. A televisão rouba às crianças o tempo que seria dedicado à leitura e bloqueia entre os menores grande parte da atividade cerebral. Dentro de pouco tempo, teremos gerações imbecilizadas, sem capacidade para sequer emitir uma frase.

Não. Não é esse o caminho para a reflexão.

A televisão é uma janela para o mundo. A televisão é o único invento espetacular de nosso século. Estamos hoje diante de uma civilização de imagens e a televisão consegue trazer o ícone e o real para dentro de nossas casas. A televisão ensina mais e melhor que a escola. A televisão sintetiza o mundo e as emoções, substituindo o contato com as pessoas, principalmente entre os indivíduos da terceira idade.

Por essa direção também não se chega a parte alguma.

---

1. Umberto Eco, *Apocalípticos e Integrados*, São Paulo, Perspectiva, 1970, p. 325.
2. M. Souchon, et alii, "Devant la Télévision", in: B. Planque. (Dir.), *Des Images pour les Enfants*, Bélgica, Casterman, 1977, p. 157.

Como se pode ver, a vida continuou. 1984 chegou. O Apocalipse não veio. No entanto, também não vieram "o riso" e nem "a utopia".

Quase cinqüenta anos após as primeiras emissões televisivas, ainda nos defrontamos, mesmo que pareçam caricaturais e anedóticas as afirmações anteriores, com posições críticas relativas à televisão e seus efeitos muito semelhantes a essas que registramos em tom um tanto hiperbólico.

Umberto Eco, em texto já clássico, categoriza as críticas relativas aos veículos de comunicação de massa, e em especial à televisão, servindo-se de achado verbal dos mais felizes. Julga a maior parte de tais opiniões como sendo de caráter "apocalíptico" ou "integrado", querendo com isso dar conta das principais direções analíticas tomadas por trabalhos que se dedicam a estudar os veículos de comunicação e seus efeitos.

No entanto, nem tudo o que é produzido se reduz e se encaixa em um ou outro desses rótulos. Análises equilibradas, ponderadas existem e se sustentam sobre eixos questionadores e dialogicamente bem conduzidos, de que é exemplo, entre outras, a própria obra de Eco.

Uma série de problemas de ordem teórica poderia ser aqui levantada a fim de se equacionar a questão crítica da TV. No entanto, não é objetivo deste trabalho um estudo detalhado que siga nessa direção. Tentaremos apenas apontar algumas vertentes norteadoras dos encaminhamentos mais freqüentes para depois nos determos sobre uma descrição da proposta de trabalho que pretendemos realizar.

Como pedra de toque do tema, é preciso iniciar partindo do aspecto de novidade da televisão, do aspecto de novidade da linguagem do veículo, vista em sua inteireza. A história pontua em todo o seu percurso as crises por que passam as novas linguagens que definem e caracterizam novos inventos, novas criações. É o próprio Umberto Eco quem afirma:

> "Toda modificação dos instrumentos culturais, na história da humanidade, se apresenta como uma profunda colocação em 'crise' do 'modelo cultural' precedente"[3].

Exemplo ilustrativo dessa afirmação reside na própria crise por que passou e mesmo até hoje vem passando a escrita.

---
3. U. Eco, op. cit., p. 34.

Inicialmente nos remetemos a Platão e ao tão conhecido diálogo *Phèdre*[4]. Para o filósofo grego, a escrita produziria "o esquecimento nas almas, fazendo-as negligenciar a memória", e teria, por conseguinte, como função básica fazer apenas "relembrar o já sabido", não devendo portanto ser cultivada. Investidas de tal natureza ligam-se a preocupações diversas, com diferentes raízes históricas. Acredito que no caso de Platão o ataque feito à escrita instaura-se mais como uma discussão travada em relação a ele próprio, uma vez que, para Platão, estavam bem nítidos dois aspectos: o valor do debate socrático, não escrito evidentemente, e a natureza de sua própria produção escrita, através da qual Platão tem plena consciência da solidificação do pensamento e dos níveis de elaboração a que chega esse pensamento, garantidos pela escrita. Por outro lado, e em razão dessa consciência plena do alcance e poder da escrita, a discussão platônica é endereçada aos sofistas, cujo poder de penetração disseminava-se entre os gregos e cuja palavra, investida de forte lastro intelectual, mostrava já efeitos nitidamente perceptíveis.

Deixando de lado outras manifestações que ocorreram ao longo do tempo, visto que tal retrospectiva fugiria à nossa proposta básica de trabalho, citaremos, como ilustração de fatos mais contemporâneos, algumas outras insurreições, apontadas por Paul Ricoeur[5]. Uma primeira, por parte de Rousseau, e outra, mais tardia, por conta de Bergson. Ricoeur, em cuidadoso trabalho, analisa as idéias dos dois filósofos com relação à escrita. Por um lado mostra que Rousseau "creditava" à escrita a responsabilidade por grandes danos havidos entre os homens, como por exemplo "o desmembramento" da comunidade falante, a partilha do solo e o "excesso analítico" de que se revestiu o pensamento. Quanto a Bergson, Ricoeur aponta a preocupação do primeiro com relação à escrita, na medida em que seria ela a responsável por uma quebra, por um corte no que Bergson considerava o "dinamismo do pensamento". Observando esses ou outros partidos teóricos adotados, sempre encontraremos, por certo, razões históricas e posições ideológicas que acabem por explicar os fatos; razões, portanto, subjacentes a tal ou qual tomada de posição. Parece-me ser realmente pertinente a consideração de que fatos novos, novos "instrumentos culturais", conforme diz Eco, bem como as novas linguagens que daí advêm, em suas primeiras ava-

---

4. Platon, *Phèdre, Oeuvres Complètes*, Paris, Garnier, 1950, t. 3, p. 286.
5. P. Ricoeur, *Teoria da Interpretação*, Lisboa, Edições 70, 1987.

liações críticas, são a priori sempre atacadas, pois, como afirma Carpenter, "uma nova linguagem raramente é bem recebida pela antiga"[6]. O conhecimento insuficiente das especificidades de um novo invento, de um novo instrumento, e a inquietação sobre o alcance e poder desse novo instrumento e de sua linguagem colocam, de início, os estudiosos em posição de defesa.Uma vez que não se conhece totalmente, não se domina integralmente o fato novo, melhor é prevenir-se contra ele. Esse aspecto referente ao novo, que um determinado instrumento traz consigo, faz ainda com que tal veículo novo acabe se tornando *depositário* de problemas diversos e mesmo de possíveis culpas, lançadas aqui e lá, em função de resultados indesejáveis advindos de situações que a própria sociedade cria e depois não consegue controlar. Talvez seja uma forma inconsciente de o grupo social se isentar de causas, se inocentar pelos males carreados por um novo tempo, por um novo movimento que a história impõe ao ritmo do mundo. E, em conseqüência de tais modificações, deslocam-se as dimensões e as bases socioculturais que nos sustentam; saem do lugar os eixos sobre os quais se apóiam tais estruturas. Assim, ante o medo de se perder o equilíbrio, importa mais apoiar-se sobre o que está mais à mão e mais visível e que tanto pode ser a escrita, quanto a imprensa ou o computador e a televisão.

Alterações profundas e mesmo agressivas ao indivíduo certamente ocorrem quando há significativas e radicais mudanças num tempo relativamente curto. Neste século XX, o desenvolvimento da eletrônica e o fortalecimento de uma civilização de massa imprimiram uma dinâmica inusitada à vida, atropelando talvez até mesmo o ritmo dessa história que permitiu e abrigou o próprio aparecimento do fato novo que se liga a um "tempo cultural acelerado"[7], conforme denomina Alfredo Bosi o tempo social e cultural em que vivemos, tempo esse caracterizado, a meu ver, pela linha de montagem em quase todas as situações, pela produção ininterrupta e seriada dos bens de consumo que passam a se configurar como os principais bens simbólicos. Nosso tempo, nosso hoje, é fundamentalmente marcado como sendo a era do descartável, do não durável, do efêmero. Sentimo-nos todos, um pouco, como os passageiros daquele "expresso indicial" da brincadeira feita por Ransdell contada por Teixeira Coelho:

6. E. Carpenter, "The New Languages", in: G. Gumpert e R. Cathcart (Ed.), *Inter/Media*, Oxford, Oxford University Press, 1979, p. 372.
7. A. Bosi, "Plural, mas não Caótico", in: A. Bosi (Org.), *Cultura Brasileira: Temas e Situações*, São Paulo, Ática, 1987, p. 9.

"Por favor, chefe, onde e quando este trem vai parar? Este trem não pára nunca. Você está no Expresso Indicial. Mas não é um 'barato' [sic] viajar e ver todas essas coisas? Dê uma olhada, rápido, ainda há tempo pra ver a Torre Inclinada de Pisa, ali entre aqueles dois prédios. Não é — puxa, já passou — não é excitante?"[8]

O expresso pode não parar. Mas nós podemos. Nós podemos parar e tentar "olhar tudo de novo, devagar"[9]. Para isso é importante que, em relação aos produtos da indústria cultural, não fiquemos, por um lado, canalizando "culpas" a priori e sem reflexão e lançando nossas angústias e impotências sobre um depositário alheio, em natureza, a nós mesmos e a nosso grupo social; por outro lado, é fundamental também que não passemos a atribuir poderes de redenção a um determinado veículo, produto da indústria cultural, elegendo-o como totem, como deus único, fato que freqüentemente ocorre, por exemplo, com a televisão.

A televisão é, sem dúvida, o veículo da era eletrônica que maior penetração já obteve, introduzindo-se em todas as casas, entre todas as pessoas, praticamente em todos os cantos do planeta. A televisão é hoje parte do cotidiano, parte do referencial de vida de quase todos os homens. Não se pode negar a evidência de um fato. E, se assim é, estudos vários, de natureza interdisciplinar, que observem recortes diversos, sociológicos, psicológicos, históricos, pedagógicos, lingüísticos, entre outros, têm que ser incentivados. Tais estudos devem procurar dar conta, por exemplo, das relações entre um veículo novo e o homem, sobretudo quando tal veículo passa a ser parte integrante e integradora entre o sujeito e seu entorno sociocultural.

O impacto da televisão tem-se dado com tal vigor que, desde os primeiros anos de seu aparecimento, até hoje, são constantes e controversas as discussões a seu respeito. Umberto Eco, em texto já referido, indica uma divisão, uma bipartição de enfoques ocorrida no mundo intelectual e acadêmico no que respeita às posições relativas à comunicação de massa em geral e, de modo particular, em relação à televisão. Assim, tanto "apocalípticos" quanto "integrados", ainda que seguindo em direções opostas, são igualmente atraídos pela força da televisão. No entanto, por trás dessa divisão, parece existir uma outra, evidentemente não

---

8. Teixeira Coelho, *O que é Indústria Cultural*, 5.ª ed., São Paulo, Brasiliense, 1981, p. 70.
9. A. Bosi, op. cit., p. 8.

tão radical e que, talvez, esteja até na própria raiz dos excessos, ainda hoje tão freqüentes.

Examinando alguns aspectos da história dos estudos dos meios de comunicação de massa, deparamo-nos com trabalhos que seguem orientações diversas (de caráter ou mais sociológico ou mais psicológico; ou demográfico ou econômico, entre outros), orientações que integram o caráter multidisciplinar exigido pela atividade crítica frente aos *media*, visto que os meios de comunicação de massa e os produtos por eles gerados instauram-se com definição total no seio da sociedade industrial que marca o século XX, sociedade industrial caracterizada, sem dúvida, pela supremacia da chamada indústria cultural de alcance diversificado e tentacular. Eis por que todo trabalho de reflexão que se fizer sobre os meios de comunicação de massa e seus produtos, sobre a indústria cultural e seus produtos, deve ser compreendido pensando-se num nível de abordagem que se dê num contexto mais amplo, ligado principalmente aos aspectos históricos e psicossociais, para que assim se possa tentar dar conta da multiplicidade de angulações e interfaces diversas que conformam os meios e, especificamente, no caso, o meio televisivo.

Inúmeras e importantes têm-se revelado as análises de que dispomos sobre os meios de comunicação de massa.

Voltando um pouco atrás e detendo-nos num primeiro momento de tais realizações, pensamos conjuntamente em P. Lazarsfeld e T. W. Adorno, pois verifica-se que originariamente ambos, tentando realizar trabalho conjunto, ligavam-se a uma mesma e básica preocupação: aquela relativa aos efeitos da propaganda política sobre os indivíduos. Ainda que voltados aos efeitos da propaganda nazista veiculada pelo rádio, em fins da década de trinta e começo dos anos quarenta, Lazarsfeld e Adorno, logo após, separam-se e bifurcam as direções teóricas impressas a seus estudos. Tais direções acabam por se configurar em diferentes correntes teóricas, orientadas, cada uma dentro de suas características, à análise da indústria cultural e dos meios de comunicação de massa. Instituem-se, então, duas escolas que, dos Estados Unidos, propagam suas influências praticamente pelo mundo todo.

Lazarsfeld e alguns outros de seus seguidores, sobretudo R. Merton, passam então a se preocupar com o veículo televisivo, principalmente no que se refere à sua adequação a uma sociedade considerada democrática. Se, nas reflexões iniciais, Adorno e Lazarsfeld haviam apontado para algumas compatibilidades e correspondências entre o nazismo e os veículos de massa, momento em que os questionamentos então pareciam estabelecer uma base comum entre aqueles estudiosos, como pensar agora as nações denominadas democráticas ante o assédio dos *media*, sobretudo da televisão? Lazarsfeld, ao fazer tal indagação, pergunta-se ainda não só sobre os efeitos dos veículos, mas também sobre as condições necessárias para tornar a televisão, no caso, compatível com a democracia e, se necessário, o que propor para modificá-la.

Quanto à chamada Escola Crítica de Frankfurt, observamos que dois de seus principais membros, Adorno e Horkheimer, antes de questionarem a compatibilidade entre *media* e democracia, esses teóricos e também alguns outros do grupo, como Habermas, entendem que a sociedade, no caso a americana, esconde-se sob uma democracia apenas aparente, de vez que, sob a égide do democrático, revela-se antes uma realidade "alienante" e "manipuladora", instaurada principalmente pela televisão.

Em compreensiva análise do problema, Missika e Wolton, referindo-se às divergências existentes entre o grupo de Lazarsfeld e a Escola de Frankfurt, indicam que:

> "A origem da divergência surge não só em razão das diferentes concepções da democracia e da liberdade, mas também por força dos julgamentos contraditórios lançados sobre a sociedade americana focalizada como democracia realizada"[10].

Creio que não só julgamentos relativos à idéia de democracia bem como aqueles referentes aos próprios veículos de comunicação continuaram separando esses estudos a que nos referimos. Também conceitos tais como manipulação, domínio, opinião pública*, estudados pelos teóricos da Escola de Frankfurt, estabeleceram fronteiras delimitadoras dos campos de reflexão das escolas americanas.

Tentando uma rápida síntese de conceitos, iremos perceber que, praticamente, até o final da década de setenta, os estudos não caminharam para muito além de onde já haviam chegado durante os últimos quinze anos anteriores, ou melhor, não se chegou, por exemplo, ao estabelecimento de critérios teóricos mais seguros (principalmente entre os funcionalistas empiristas do grupo de Lazarsfeld), e que pudessem dar conta das questões básicas que então se colocavam.

---

10. J. L. Missika e D. Wolton, *La Folle du Logis*, Paris, Gallimard, 1983, p. 188.
* Importante relembrar, a propósito de opinião pública, o texto clássico de Habermas, referido na Bibliografia.

Pensando mais detidamente nos trabalhos de Lazarsfeld e seus seguidores e conforme resultados amplos obtidos em inúmeras outras pesquisas realizadas, sobretudo com a TV, seja quanto a conteúdo, seja no tocante aos efeitos das mensagens nos indivíduos, seja ainda no que respeita à relação indivíduos-veículo, mesmo dentre o muito que se obteve, parece-nos difícil apontar quadros definitivos de resultados que possibilitem maiores generalizações.

Essa dificuldade na obtenção de dados mais assertivos reitera a necessidade de reflexões interdisciplinares sobre o problema, de vez que, além de um imbricamento de questões de naturezas diferentes, as dificuldades ainda advêm da extrema complexidade dos próprios meios de comunicação de massa.

Pensando-se particularmente na televisão, verificamos que o veículo, aparentemente simples em sua estrutura, é, antes, muito complexo em si próprio, apresentando facetas inquietantes. Dessa forma, conseqüentemente, irão se mostrar também complexas, por exemplo, as diferenças entre os tipos de públicos e entre os contextos psicossociais em que circulam os indivíduos que compõem tais públicos.

Portanto, é imprescindível observar continuamente a natureza e a pertinência de critérios empregados para se estudar, seja o próprio veículo, seja seus efeitos sobre os públicos, seja ainda a inter-relação entre esse veículo e seus públicos: nem sempre, por exemplo, se faz uma análise do veículo, observando seus componentes contextuais e a própria natureza da mensagem, bem como os tipos de mediação existentes entre os processos de emissão e recepção.

Em outras ocasiões, por exemplo, análises da influência da televisão são conduzidas, desconsiderando-se totalmente a relevância de elementos inerentes à especificidade do veículo. Assim, ao nos encaminharmos para estudos que procurem verificar como ocorre o processo de recepção, estudos que procurem medir o nível de persuasão que a televisão exerce sobre seu público, é preciso verificar se tais trabalhos estão se orientando primordialmente por realidades que não sejam alheias à própria televisão.

Nesses termos é que nos propomos a realizar uma análise do verbal veiculado por alguns gêneros da televisão, verbal entendido aqui como dimensão integrante e inerente ao veículo, dimensão à qual ele se cola e que, completando o icônico, define a especificidade da TV. O final da década de setenta e os anos oitenta vêm se mostrando fartos em trabalhos de natureza interdisciplinar. Sem que se configure como uma revisão de literatura (antes, um breve registro), creio importante pontuar algumas dessas pesquisas.

Temos os relevantes trabalhos de Heloísa Dupas Penteado[11], de Maria Felisminda de Resende e Fusari[12] e de Maria José Beraldi Andersen[13], da Faculdade de Educação da Universidade de São Paulo. Da Escola de Comunicações e Artes, chega também até nós a obra pioneira de Elza Dias Pacheco[14], que se compõe com os dois últimos indicados, enquanto interfaces de estudos do fenômeno em que se configurou o desenho do Pica-Pau para as crianças.

Também originários da própria ECA, não poderíamos deixar de citar os trabalhos de José Marques de Melo[15] e Carlos Eduardo Lins da Silva[16], que, tratando basicamente de leitura crítica, configuram-se como textos fundamentais para a integração de pesquisas sobre televisão.

Muitos outros estudos já realizados, e alguns ainda em vias de serem concluídos, certamente irão ampliar as possibilidades de análise do fenômeno televisivo. Se outros textos bons e importantes não foram aqui elencados, deve-se à limitação de nosso próprio conhecimento. Ativemo-nos àqueles encontrados através de pesquisa bibliográfica, aos que já conhecíamos e a outros com que posteriormente tivemos contato e que se mostraram condizentes com o tema por nós explorado.

Quando, há vários anos atrás, iniciamos as pesquisas relativas à televisão, já tínhamos bem delimitado um campo de atuação, ou seja, tínhamos definida a dimensão fundamental que iríamos explorar dentro da TV, em razão da característica multifacetada do veículo. Nosso centro de interesse fixou-se na dimensão do verbal; desse verbal que permeia, apóia e se cola rente ao visual.

Procedemos, então, a um outro levantamento de obras que abordassem, ainda que superficialmente, essa questão do verbal veiculado por alguns gêneros da TV, visto enquanto elemento

---

11. H.D. Penteado, *A Televisão e os Adolescentes: A Sedução dos Inocentes*, São Paulo, FEUSP, Estudos e Documentos, v. 23, 1980, e H. D. Penteado, *Televisão, Escola e Democracia*, São Paulo, FEUSP, 1987, tese doutoramento.
12. M. F. R. Fusari, *O Educador e o Desenho Animado que a Criança Vê na Televisão*, São Paulo, Loyola, 1985.
13. M. J. B. Andersen, *Violência nos Desenhos Animados Exibidos pela Televisão: Uma Ponderação Necessária*, São Paulo, IPUSP, 1986, tese doutoramento.
14. E. D. Pacheco, *O Pica-Pau: Herói ou Vilão? Representação Social da Criança e a Reprodução da Ideologia Dominante*, São Paulo, Loyola, 1985.
15. J. M. Melo, *Para uma Leitura Crítica da Comunicação*, São Paulo, Paulinas, 1985.
16. C. E. L. Silva, *Muito Além do Jardim Botânico*, São Paulo, Summus, 1985.

constitutivo dessa TV, a exigir, por conseguinte, uma séria reflexão.

A quase nenhum autor aqui estudado o verbal passa despercebido. No entanto, poucos foram os tratamentos sistemáticos observados.

Perelman e Olbrechts-Tyteca[17], em obra fundamental, norteadora de todo o trabalho, ao proporem os princípios teóricos de uma Nova Retórica, ao discutirem sobre o poder argumentativo do verbal, salientam sobretudo esse último aspecto, no que se refere aos textos dos veículos de comunicação de massa, os quais, na visão dos autores, se utilizam fundamentalmente de recursos verbais persuasivos em suas emissões.

Gillian Dyer[18], em texto que se constitui também como ponto de apoio de nosso estudo, propõe uma discussão profunda da estruturação no caso de comerciais, dedicando o sétimo e oitavo capítulos da obra, respectivamente "The Language of Advertising" e "The Rhetoric of Advertising"[19], a uma análise da linguagem verbal desse segmento.

William McGuire, em artigo intitulado "Persuasion"[20], escrito para a coletânea *Communication, Language and Meaning*, procura estabelecer algumas relações entre desenvolvimento cognitivo e impacto persuasivo, e tenta ainda caracterizar as relações entre *atenção* e *compreensão*, dentro do processo persuasivo do verbal, momento em que acaba abrindo brechas em direção aos efeitos desse verbal, pensado a partir dessas características persuasivas que lhe são inerentes. É claro para nós que o visual é persuasivo também. Salientamos apenas que nosso enfoque deteve-se mais no verbal, tendo em vista os objetivos do trabalho.

John Fiske[21], abordando a leitura dos veículos de comunicação, analisa inteligentemente os processos metafóricos e metonímicos que ocorrem, por exemplo, na imagem e no verbal da televisão.

Jon Baggaley e Steve Duck, na obra *Análisis del Mensaje Te-*

---

17. Ch. Perelman e L. Olbrechts-Tyteca, *Traité de L'Argumentation*, 3.ª ed., Bruxelas, Ed. de l'Université de Bruxelles, 1976.
18. G. Dyer, *Advertising as Communication*, Londres, Methuen, 1982.
19. G. Dyer, "The Language of Advertising" e "The Rhetoric of Advertising", in: G. Dyer, op. cit., pp. 139-187.
20. W. McGuire, "Persuasion", in: G. A. Miller, *Communication, Language and Meaning*, EUA, Princeton, 1973.
21. J. Fiske, *Introduction to Communication Studies*, 3.ª ed., Londres, Methuen, 1982.

levisivo, sobretudo no capítulo "Televisión y Persuasión"[22], ao elencar os assuntos de interesse dos comerciais, chegam a propor caminhos de análise para os textos, ainda que não tratem com a profundidade devida a estruturação verbal que conforma tais textos. Indicam, porém, algumas pistas.

No livro *La Folle du Logis*, Jean-Louis Missika e Dominique Walton, em capítulo dedicado ao estudo da "Imagem e Comunicação"[23], e partindo de proposta teórica de Roland Barthes, segundo a qual o verbal seria responsável pelo processo de "*ancrage*" das "significações flutuantes" da imagem, realizam uma análise breve e densa do papel desse verbal veiculado pela televisão. A eles nos ativemos também.

Uma obra que causou grandes discussões entre os que estudam os veículos de massa, sobretudo a televisão, foi o livro de Marie Winn, *TV, Drogue?*[24].

Em seu quarto capítulo, dedicado ao pensamento verbal e não-verbal, a autora, sob uma perspectiva bastante diversa das outras aqui referidas, discorre amplamente a respeito do possível efeito que um programa, como Vila Sésamo (Sesame Street), teria sobre os hemisférios cerebrais de crianças e, basicamente, sobre a linguagem. Acrescenta a autora que o fato de uma criança permanecer muitas horas diante da televisão pode causar problemas ao seu desenvolvimento cerebral, sendo admissível ainda que tal hábito afete, por exemplo, a linguagem. Marie Winn não chega a afirmar que o excesso de assistência à televisão impeça uma criança de falar. Acredita ela que os prejuízos possam ocorrer não exatamente em termos de "aquisição" de linguagem, mas, antes, no que respeita ao engajamento da criança à linguagem. Acredita também Marie Winn que o fato de haver menos ocasiões para que a criança exerça sua capacidade verbal talvez dificulte um futuro desenvolvimento mais complexo do pensamento verbal. Quanto menos oportunidade houver para o exercício da linguagem, maiores serão as probabilidades, segundo a autora, de que certas zonas lingüísticas não se desenvolvam.

Na verdade, o trabalho de Marie Winn é instigante, e chega a se revelar até aliciador. A autora não trata a linguagem na mesma direção em que vimos fazendo, ou seja, não trata do verbal

---

22. J. Baggaley e S. Duck, "Televisión y Persuasión", in: J. Baggaley e S. Duck, *Análisis del Mensaje Televisivo*. Barcelona, Gustavo Gili, 1979.
23. J. L. Missika e D. Wolton, "Imagem e Comunicação", in: J. L. Missika e D. Wolton, *La Folle du Logis*, op. cit., pp. 161-185.
24. M. Winn, *TV, Drogue?*, Paris, Fleurus, 1979.

que é *veiculado* por segmentos da TV. Preocupa-se antes com a possibilidade de as crianças ficarem ouvindo e vendo TV por muito tempo, sem com isso exercerem sua capacidade lingüística. Marie Winn, entretanto, não se deu conta, a meu ver, de dois aspectos importantes. Ainda que não haja uma emissão sonora verbal, por parte da criança, existe, certamente, um processo de produção verbal interna, um tipo de "interlocução" entre o veículo televisivo e o receptor — interlocução de natureza diferente daquela interindividual cotidiana. Conforme ensina Vygotski[25], existe no indivíduo uma dimensão verbal importantíssima, instaurada pelo *discurso interior*, um discurso protéico, dispondo de regras próprias e diversas daquelas pertencentes ao discurso exteriorizado. O *discurso interior* se "mostra" como fundamentalmente *semântico*. Segundo Vygotski, se conseguíssemos ter acesso ao modo de organização desse *discurso interior*, acesso à sua gramática, certamente estaríamos muito mais aptos a entender as próprias operações do pensamento, bem como suas intrincadas e profundas relações com a linguagem. O *discurso interior* constitui-se na continuidade transformada daquela fala egocêntrica, de si para si, característica da criança pequena. E esse tipo inicial de fala, diferentemente do que pensava Piaget, não desaparece: antes transforma-se em discurso interior. O próprio Piaget, em um de seus últimos textos[26], no qual discute as posições críticas de Vygotski, concorda com o estudioso soviético quanto à evolução do discurso egocêntrico infantil, quanto à transformação dessa fala de si para si, autocentrada, em discurso interior. E esse discurso interior, forma mediadora dos níveis verbais, servirá como rascunho e base do discurso exteriorizado.

Deste modo, ainda que aceitemos discutir as eventuais limitações que possam sobrevir a indivíduos que permaneçam horas a fio diante da televisão, não concordamos com o tratamento excessivamente apocalíptico dado ao tema pela obra de Marie Winn. Por certo, alguns efeitos devem ocorrer, mas não cremos, no entanto, num comprometimento irreversível de níveis menos ou mais complexos do pensamento verbal. Afinal, não fossem teorias epistemologicamente tão sólidas quanto, no caso, a de Vygotski, teríamos, no outro prato da balança, a força das evidências. Desconhece-se, até hoje, a existência de casos que dêem conta,

25. L. S. Vygotski, *Pensamento e Linguagem*, Lisboa, Antídoto, 1979.
26. J. Piaget, "Comentarios sobre las Observaciones Críticas de Vygotski", in: L. S. Vygotski, *Pensamiento y Lenguaje*, Buenos Aires, La Pleyade, 1981, pp. 199-215.

por exemplo, de que uma criança, assistindo a muitas horas de televisão por dia (e como assistem!), tenha acabado por sofrer, em conseqüência disso, danos *menos* ou *mais* graves em sua organização verbal. Problemas outros e vários devem ocorrer certamente, mas acredito que não apresentem a gravidade biológica preconizada por Marie Winn. Tais problemas poderão aparecer, julgo, talvez mais em termos de integração social, em termos de falta de acesso a outros produtos culturais, em termos, enfim, de um estreitamento da visão individual de mundo.

É preciso ouvir especialistas competentes para que se obtenham avaliações mais seguras. O assunto extrapola completamente nosso campo de atuação e pesquisa. É impróprio, portanto, alongar uma discussão a respeito.

Voltando à revisão de textos que se reportam ao verbal da televisão, surge-nos o trabalho de Benesch e Schmandt[27].

Partindo da idéia de uma atividade manipuladora inerente ao veículo, propõem os autores que se analise não só o verbal, mas também outros pontos a que denominam "truques conceituais" da TV e seus mecanismos de atuação. Trata-se de uma proposta mista, em que aspectos especificamente pertinentes ao verbal erigem-se como critérios gerais de análise; se alguns afinam-se com o próprio veículo, outros, no entanto, configuram-se como alheios tanto a este veículo quanto à própria linguagem verbal.

Restringindo-nos somente àqueles itens em que há compatibilidade entre os critérios propostos em sua relação com o verbal, observamos que os autores levantam vários pontos a serem verificados. Alertam, assim, para o fato de a televisão lançar mão de frases feitas ou de "invenção particular"; utilizar-se de valorizações exageradas sem base comparativa prévia (caso representado, por exemplo, pelo uso abundante de superlativos); explorar as ambigüidades e ainda recorrer excessivamente à generalização em expressões do tipo "milhares de espectadores...".

Apesar de evidente preocupação com o verbal da TV, tido como "manipulador", os autores não se atêm sistematicamente a uma análise desse verbal, razão pela qual suas "acusações" acabam por se pulverizar face à ausência de um maior rigor teórico.

Passando a Michel Geis[28], verificamos que o autor estuda a

---

27. H. Benesch e W. Schmandt, *Manual de Autodefensa Comunicativa*, Barcelona, Gustavo Gili, 1982.
28. M. L. Geis, *The Language of Television Advertising*, EUA, Academic Press, 1982.

linguagem da televisão *lato sensu*, detendo-se, porém, longamente sobre o aspecto estritamente verbal que, segundo Geis, e também conforme pensamos, é elemento integrador da linguagem televisiva observada em sua inteireza. Logo ao introduzir seu trabalho, Geis faz a seguinte afirmação:

"As páginas seguintes demonstrarão de forma bastante conclusiva, penso, a importância da linguagem oral do comercial da televisão",

acrescentando na seqüência:

"A linguagem é crucial para a articulação das 'lições' a serem aprendidas com os comerciais da televisão"[29].

As afirmações do autor, referentes à importância do verbal na televisão, não se limitando somente a comerciais, mostram-se bastante sérias e justas e, de certo modo, ratificam uma idéia a que sempre nos ativemos. No entanto, receamos ter ocorrido uma certa generalização excessiva da parte de Geis na medida em que chancela o verbal dos comerciais e de outros gêneros televisivos como linguagem oral *tout court*, a ela podendo ser aplicadas as características e especificidades do oral espontâneo da relação interpessoal. Voltaremos mais adiante a essa questão.

Antes, porém, examinaremos uma reflexão também encaminhada nesse sentido por outros dois estudiosos: Fiske e Hartley.

Dizem os autores:

"Cada veículo tem seu próprio conjunto específico de características, mas os códigos que estruturam a linguagem da televisão são muito mais parecidos com os da fala que com os da escrita.
A semelhança entre o discurso televisivo e a linguagem falada explica nosso interesse pelo papel comunicativo desempenhado pela televisão na sociedade"[30].

Tanto Geis quanto Fiske e Hartley, percebendo a relevância da dimensão lingüística, pontuam corretamente a questão, seja atentando para a importância da linguagem oral, seja observando as características da estruturação verbal da TV, que seria mais de natureza oral que escrita.

29. M. L. Geis, op. cit., p. 2.
30. J. Fiske e J. Hartley, *Reading Television*, 3.ª ed., Londres, Methuen, 1982, pp. 15-16.

A televisão, na verdade, veicula oralmente suas mensagens. A oralidade é seu canal de transmissão. No entanto, se nos detivermos sobre certas especificidades do oral que está na origem da modalidade escrita — ainda que se mantenham ambas as modalidades praticamente independentes — iremos verificar que tanto em comerciais como em vários outros gêneros (à exceção de algum eventual tipo de segmento), e pensando-se em certas especificidades características de uma e outra modalidade, iremos verificar que, mesmo sendo de caráter oral todo o processo de veiculação da TV, a natureza das mensagens, em grande parte, apresenta características diversas, tendendo, por exemplo, para um tipo de estruturação textual típica da escrita, ou então para um tipo de organização mais próxima àquela que presidia a antiga tradição oral (encontrada ainda hoje entre repentistas, por exemplo). Na verdade, o que vemos freqüentemente é uma produção escrita que busca parecer oral; que busca efeito de uma maior espontaneidade, mais típica da oralidade.

A análise dos gêneros televisivos por nós escolhidos: textos de comerciais e trechos do "Programa Sílvio Santos", cuja opção justificaremos na seqüência, tentará pontuar de modo mais abrangente as especificidades do verbal que permeia tais textos. Antes, porém, gostaria de fazer algumas reflexões sobre as modalidades oral e escrita, a fim de justificar as observações anteriormente feitas.

A partir do oral, processo simbólico de primeiro grau, erige-se a escrita, configurando-se num simbolismo de segundo grau. No entanto, mesmo dependendo do oral para dar razão à sua existência, a escrita constrói-se sobre especificidades próprias; possui uma gramática própria, distinta da gramática do oral (ainda que oral e escrita se interpenetrem freqüentemente). A escrita, além de exercer mediação de segundo grau entre o sujeito, a realidade e a própria oralidade, configura-se ainda num tipo de ação sociocultural que conseguiu mudar a feição do mundo e mesmo impor novos rumos à história. Daí as "insurreições" que contra ela apareceram, às quais já nos referimos. O oral, também construção social, é característica inerente a todos os homens em condições de convívio em grupo — não se tem registro histórico da existência de comunidades, mesmo as mais primitivas, que não tivessem domínio da linguagem oral. A linguagem é o marco fundamental do aparecimento do homem na história. O mesmo, porém, não ocorre com a escrita. A história é farta em exemplos de civilizações antigas ou mesmo de grupos contemporâneos que não tiveram acesso ao mundo da escrita. Ong, em seu livro *Ora-*

lity and Literacy[31], nos fala sobre a função e o alcance da escrita, pensando-se sobretudo numa sociedade tecnológica, e nos dá conta de que temos hoje aproximadamente três mil línguas faladas, dentre as quais pouco mais de cem chegaram à escrita, sendo que por volta de oitenta têm literatura. Tais dados, que, à primeira vista, podem parecer simples curiosidade, realçam antes a importância e a necessidade de reflexões aprofundadas sobre a questão, pois, conforme se pode observar, somente nas últimas décadas estudos mais sistemáticos sobre uma e outra modalidade vêm sendo desenvolvidos com bases teórico-lingüísticas. Creio mesmo que, apesar dos progressos já feitos, ainda conhecemos *pouco* e *mal* o oral e o escrito, pensando-se numa análise das especificidades de um e outro, bem como nas intersecções que os permeiam.

Não creio pertinente levantar um elenco amplo e definitivo de tais especificidades, mesmo porque, dependendo da natureza de um determinado texto, características particulares irão aparecer de forma *menos* ou *mais* evidente. No entanto, aspectos gerais, de uma e de outra modalidade, devem ser nomeados sobretudo quando nos defrontamos com afirmações como as anteriormente feitas por Geis, Fiske e Hartley, que procuram caracterizar o verbal da TV como sendo estruturalmente oral.

Tem-se que o oral é *mais* espontâneo e *menos* planejado que a escrita. O oral realiza-se em menos tempo e mostra-se mais fragmentado que a escrita, visto não sofrer os processos de *reedição* da escrita. Se o oral é "evanescente", a escrita é permanente. E sendo "evanescente", o oral não permite que se retenha a mesma quantidade de informação que a escrita. O oral lança mão de freqüentes seqüências justapostas, omitindo muitas vezes os operadores de conexão. Observe-se, no entanto, que os apoios situacionais, a interlocução face-a-face, os elementos extralingüísticos e supra-segmentais, como entonação, gestos, expressões faciais e outros recursos podem, de certa forma, suprir os conectivos na explicitação de relações.

No oral, as informações fluem com mais rapidez, apresentado-se com cortes, anacolutos, topicalização de elementos. A taxa de pressuposição também é maior na oralidade, em razão da presença dos apoios situacionais. Já na escrita, posto que mais planejada e passível de *reedição*, tais aspectos mostram-se muito menos evidentes. O *oral* permite que o observemos enquanto se realiza. Desse modo, podemos refletir sobre o próprio processo de

31. W. J. Ong, *Orality and Literacy*, Nova York, Methuen, 1982.

produção que se vai desvendando na medida em que vai acontecendo. A escrita, porém, *não se revela* enquanto se faz, tendo em vista as constantes *reedições, rascunhos* e *revisões* de que lança mão. Portanto, freqüentemente, só temos acesso ao produto final, reelaborado, e que, ao refazer-se, acaba por apagar as marcas do próprio processo de produção.

Wallace Chafe[32] alerta para as principais características diferenciadoras entre o oral e o escrito, a partir do estudo de narrativas informais e de outras, formais, aspecto sobre o qual Deborah Tannen[33] faz algumas restrições, na medida em que aponta para o fato de Chafe não haver considerado a natureza e as condições de produção dos textos comparados (narrativas informais, no caso). Deborah Tannen chama ainda a atenção para o processo de *envolvimento* que considera, este sim, uma característica diferenciadora entre as duas modalidades. Desta forma, na oralidade, em razão da proximidade dos interlocutores, em virtude da relação face-a-face, há maior *envolvimento* entre os falantes; na escrita, ao contrário, observa-se maior *distanciamento*, mesmo porque a interlocução é de outra natureza. Referindo-se ao que denomina "evidência verbal", Tannen aponta para uma preocupação maior, existente na escrita, para com a *permanência* do texto, motivo pelo qual o produtor relativiza suas idéias, suas verdades. Marcas do tipo "talvez", "provavelmente", "neste sentido", entre outras, encaminham o pensamento antes para uma *previsão* que para uma *asserção* definitiva como ocorre com o oral.

Ao pensarmos em oral e escrito, é imprescindível observar os diferentes tipos de registros, para textos menos ou mais formais e para as diferentes naturezas de tais textos.

Assim, e teoricamente falando, o narrativo poderá apresentar maior tendência para a oralidade, enquanto o dissertativo deverá se ater mais às marcas específicas da escrita. Assim também, por exemplo, uma carta informal, escrita a um amigo próximo, poderá apresentar traços orais, mesmo enquanto modalidade escrita, diferentes daqueles encontrados num depoimento que se tenha que dar formalmente, por escrito ainda, sobre esse mesmo amigo.

---

32. W. L. Chafe, "Linguistic Differences produced by Differences between Speaking and Writing", in: Olson, David R. (Ed.), *Literacy, Language and Learning*, 2.ª ed., Nova York, Cambridge University Press, 1986, pp. 105-123.
33. D. Tannen, "Relative Focus on Involvement in Oral and Written Discourse", in: Olson, David R. (Ed.), *Literacy, Language and Learning*, op. cit., pp. 124-147.

Pensando-se agora no aspecto argumentativo da linguagem, atentemos para algumas outras observações da própria Deborah Tannen.

Segundo a autora, na oralidade, a argumentação *convence, persuade* pelas repetições, pelo ritmo imposto aos segmentos, pela dinâmica do próprio processo dialógico e pelos aspectos extralingüísticos e supra-segmentais presentes. A escrita, no entanto, ainda que lance mão de tais recursos, irá antes dispor de índices verbais argumentativos de outra natureza, ou seja, irá dispor daqueles índices próprios de sua especificidade.

Se o oral é mais espontâneo e menos planejado que a escrita, como caracterizar o texto da televisão, por exemplo, em novelas, jornais noticiosos, comerciais, quanto ao planejamento? São textos propostos sempre a partir de estudos cuidadosos e extremamente econômicos. Nunca foi tão verdadeira, como nesta era da TV, a expressão "Time is money". Realmente, na televisão, os *scripts* de novelas, as mensagens dos comerciais, os textos dos telejornais são rigorosamente produzidos, pesados, medidos para caber em determinado espaço de tempo, pois, na TV, o texto não é medido em toques e laudas. Escreve-se sobre o tempo e não sobre o espaço de um papel. O *timing* da TV exige objetividade, precisão e economia verbal.

Os processos de edição e reedição são rigorosos. No entanto, todo esse rigor deve ser "passado" ao público de forma muito acessível; o texto deve ser fácil, não trazer sobrecarga de informações; o vocabulário precisa ser conhecido e a emissão, o mais possível, deve manter o tom da informalidade. Assim, pensando nesse primeiro ponto, indagamos: como se caracteriza o texto verbal da TV, quanto à sua estruturação? Seria mais de natureza oral ou escrita? Acredito que sua construção, pelo nível de exigência, pelo nível de planejamento, pela ausência de trechos desnecessários, tende muito mais para o que consideramos texto escrito.

Dissemos, no entanto, que o oral transmite menos informações e se constrói sobre estruturas justapostas. O texto da televisão parece-nos, à primeira vista, também centrado em tais características. Ele é feito à base de frases curtas, justapostas e transmite uma quantidade pequena de informações novas. Seria então um aspecto do oral aí se desvendando? Sim e não. Sim, por se encaixar na tipologia descrita. Não, pelo simples fato de esses elementos não serem resultantes de uma atividade mais espontânea, mas, antes, resultantes de um trabalho textual cuidadosamente calculado, cuidadosamente construído. No fundo: uma escrita cuidadosamente concebida para parecer oral.

O texto da TV, quando se utiliza da pressuposição, o faz conscientemente. E em gêneros como jornais noticiosos, novelas, a taxa de pressuposição é até muito baixa. Antes, explicita-se tudo. Um novo capítulo de novela retoma os anteriores. Constantemente utilizam-se de reminiscências e *flashbacks*, para colocar o telespectador, que eventualmente tenha perdido um ou alguns capítulos, em sintonia com o que está se passando. No texto de televisão, nunca se perde o fio narrativo, não são permitidos anacolutos e muito menos esquecimentos. Essas são exigências características mais próprias da modalidade escrita que, no entanto, é veiculada com a informalidade do oral, com vistas a estabelecer maior envolvimento entre o veículo e o telespectador, a partir de um processo de "interlocução" que obedece a regras próprias, um processo de interlocução diferente daquele face-a-face, uma vez que, em razão da própria natureza do veículo, não se consegue imediata resposta de volta; obtém-se, antes o envolvimento: o telespectador fica preso à mensagem.

Se a escrita é menos evidente em suas proposições e o oral se revela mais assertivo, mais definitivo, verificaremos que o texto da TV, sob esse aspecto, encaixa-se melhor nesta última modalidade. O texto da TV é definitivo, é assertivo. Nesses termos assume então uma característica típica da oralidade.

Quanto às formas de que se utiliza o texto da TV para chegar à argumentação persuasiva, observa-se que a TV recorre freqüentemente a procedimentos de persuasão calcados em repetições e no próprio ritmo das seqüências. Persuadir pela repetição, pelo ritmo dos enunciados, conforme ensina Deborah Tannen, é lançar mão de procedimentos da oralidade. Sob esse ângulo, portanto, o texto da TV é oral também, mesmo que essa seja uma oralidade de outra natureza.

A partir dessas considerações, é possível, por conseguinte, afirmar a priori que, no verbal da televisão, interpenetram-se o oral e o escrito. Porém, não podemos pensá-los como pensamos o oral e o escrito a que estamos habituados em nosso uso cotidiano da linguagem. Encontramo-nos frente a um processo verbal diferente, um processo de interlocução diverso, por sua própria natureza, daquele que vivemos em nossas relações sociais, uma vez que, entre os participantes dessa "interlocução" existe, além da natural mediação do verbal, comum às demais situações de linguagem, a mediação específica e inerente ao próprio veículo, que, ao lançar mão desse verbal pelo qual chega até nós, imprime aos textos marcas próprias e características dessa especificidade. Desse modo, não se pode concordar inteiramente com as opiniões dos autores que levaram a essa discussão; ou melhor, não podemos concordar com as afirmações de que o verbal da televisão seja mais identificado ao oral que à escrita. O verbal da televisão é oralidade e é escrita, sendo também, e a um só tempo, um outro tipo de verbal em que ambas as modalidades são submetidas a rigorosos e diferentes processos de construção, conforme as regras do próprio veículo, processos que nem sempre ocorrem quando da feitura do texto escrito fora da TV ou em situações de interlocução espontânea, quando, então, nos deparamos com participantes dialogando livremente, seja em situações informais, seja até mesmo naquelas situações dialógicas que exigem maior grau de formalismo.

O que existe, a nosso ver, é uma situação de oral *produzido*, situação de oralidade "secundária", como diz Ong, e presença de uma escrita oralizada (na medida em que o escrito precisa ser coloquial e informal para garantir o envolvimento do receptor). Revestindo esses dois aspectos, e respeitados seus matizes, encontramos então a forma de veiculação das mensagens. Não se pode negar que se trata de uma veiculação verbal oral. No entanto, o fato de o canal de comunicação ser o da oralidade não nos autoriza a concluir que o verbal da televisão seja preponderantemente oral. Existe, isto sim, o predomínio de uma oralidade técnica, uma oralização de mensagens que, exigida pela especificidade do veículo, recobre o todo das emissões.

Retomando o fio do texto e tentando verificar ainda que autores mais, ao tratarem de televisão, pontuaram a importância da linguagem verbal, voltamos nossa atenção para Adorno.

Adorno[34], em texto que analisa a televisão, vista como forma de ideologia, apesar de não se reportar especificamente à linguagem, passa-nos sua preocupação com o verbal da TV, na medida em que observa serem as emissões muito rápidas, já que o *timing* da televisão é outro, não seguindo, como aliás não poderia deixar de ser, o mesmo ritmo da vida real. O filósofo alemão propõe que se estudem os *scripts* da TV, pois afirma ter observado neles uma estandardização de textos, podendo gerar uma conseqüente uniformização de idéias. Tal estandardização, que se configura como exigência tecnológica do próprio veículo, acaba resultando, segundo Adorno, na multiplicação de estereótipos.

Mesmo sendo julgado por muitos como crítico radical dos veículos de comunicação de massa, as reflexões do teórico da Esco-

---

34. T. W. Adorno, "La Télévision comme Idéologie", in: T. W. Adorno, *Modèles Critiques*, Paris, Payot, 1984, pp. 47-77.

la de Frankfurt mostram-se pertinentes, pois calcadas em grande seriedade intelectual. Portanto, várias de tais ponderações devem ser levadas em conta, sobretudo se desbastados alguns excessos que parecem decorrer do próprio processo histórico a que alguns membros do grupo de Frankfurt foram submetidos na época do nazismo.

Um outro texto, também de Adorno, nos remete à necessidade de considerar e estudar o verbal. Referindo-se basicamente à TV, diz o autor:

> "A linguagem das imagens escamoteia a mediação do conceito, sendo, por conseguinte, mais primitiva que a das palavras"[35].

No contraponto de posições como as de Adorno, temos outros textos considerados já como clássicos, enquanto apologia dos meios de comunicação de massa, especialmente apologia da TV. Chega-se, em muitos deles, a exageros como os que seguem:

> "Passamos vertiginosamente de uma civilização verbal para uma civilização visual e auditiva",

acrescentando-se mais adiante:

> "A aprendizagem das imagens deve ser iniciada o quanto antes possível, pois corre-se o risco de que o hábito de leitura conceitual nos atrase ou nos impeça a leitura das imagens"[36].

Distorções de tal nível revelam-se aliciadoras até. Constituem-se em apelos demagógicos eficazes a que se adere mais facilmente. Portanto, o estudo do fenômeno televisão, inalienável a nosso tempo; o estudo do verbal da televisão, inalienável ao próprio veículo, configuram-se em imperativos categóricos, penso, para vários segmentos da sociedade, sobretudo para o educador, a fim de que tais segmentos, dentro de suas especialidades, possam encaminhar propostas calcadas em contínua reflexão sobre os meios de comunicação de massa, especialmente sobre a televisão, tendo em vista fundamentalmente os caminhos e descaminhos por que passam as discussões sobre os *media*.

35. T. W. Adorno, "Les Fameuses Années Vingt", in: T. W. Adorno, *Modèles Critiques*, op. cit., p. 60.
36. F. Gutierrez, *Linguagem Total: Uma Pedagogia dos Meios de Comunicação*, São Paulo, Summus, 1978, pp. 15 e 85.

Na transgressão da transcrição: os textos

A televisão exerce um efeito mágico, encantatório sobre as pessoas. Indagamos freqüentemente por que a televisão atrai tanto. Inúmeras são as possibilidades de respostas. Indagamos também (aliás, indaga-se há décadas) sobre os possíveis efeitos da televisão, sobre o alcance e natureza desses efeitos. Muitos são os trabalhos a respeito; muitos também os resultados. E inúmeras, ainda, as incertezas.

Televisão é imagem e palavra. O verbal é parte integrante, inerente ao veículo. O verbal ancora o visual, como ensina Roland Barthes.

Pensando então em contribuir com o estudo de um aspecto específico da televisão, nos propusemos uma análise do seu suporte verbal. Creio ter sido possível demonstrar como foram poucos os trabalhos encontrados e que mostrassem preocupação específica com o verbal da TV. Verificamos, porém, que tal preocupação, com freqüência, permeava pesquisas e estudos os mais diversos, dentro de linhas teóricas também as mais divergentes. Ou permeava, ou subjazia a essas pesquisas.

Quanto à escolha do material para análise, algumas direções se mostraram norteadoras. Partindo da própria natureza dos textos veiculados, procuramos focalizar inicialmente um determinado tipo de segmento que fosse fundamentalmente calcado na escrita; que apresentasse uma origem elaborada, cuidada, dentro da modalidade escrita. A escolha recaiu sobre os comerciais que, a priori, se sabe serem produzidos por escrito, e com muito rigor, nas diversas agências de publicidade. Sabe-se também que, apesar de escritos, tais textos objetivam o registro informal, o registro coloquial, na maioria das vezes. Ou seja, trata-se de um elaborado produto escrito que busca parecer oral, como de resto ocorre também, menos marcadamente, em outras circunstâncias.

Pensando também no binômio emissão-recepção, observamos que os comerciais constituem-se num segmento constante, presente em todos os programas de TV. Extremamente atraentes, bem construídos em geral, ainda que às vezes indesejáveis por interromperem a seqüência de uma programação, tais comerciais configuram-se, parece-nos, em forte apelo persuasivo, seja com relação a crianças, seja com relação a jovens e também a adultos.

Ainda que muito se questione sobre o alcance dos efeitos da propaganda veiculada pela televisão, sobre sua capacidade maior ou menor de persuasão e, conseqüentemente, sobre a força que exercem sobre o consumo, é preciso convir que efeitos existem.

Bastante ilustrativa, a propósito, é a frase de Wilbur Schramm, um dos pioneiros dos estudos sobre os efeitos da propaganda:

"Se a propaganda dos 'media' não tem efeito, então os empresários americanos estão desperdiçando entre 20 e 30 bilhões de dólares por ano"[37].

Embora haja processos seletivos de percepção e apreensão de mensagens, há também, por outro lado, uma certa inércia para reagir ante as mensagens emitidas. Na verdade, os comerciais se moldam às tendências culturais do momento, as quais, por seu turno, são impostas até mesmo pelo próprio veículo, como ocorre com a televisão.

Sobre os efeitos dos meios de comunicação de massa, Klapper, focalizando sobretudo seu aspecto persuasivo, conclui o seguinte:

"Quanto à persuasão, os *media* não são, apesar de tudo, tão terrivelmente poderosos, mas não obstante temos informado seus êxitos impressionantes em causas as mais variadas"[38].

Ainda que consideremos todas as variáveis que intervêm no processo de recepção, desde aquelas de natureza social e econômica, até aquelas de caráter individual, psicológico e até mesmo as de natureza idiossincrática, é preciso convir que efeitos existem.

Uma outra direção que norteou a escolha dos comerciais proveio de dados obtidos a partir de opiniões de crianças e jovens, levantadas por meio de um questionário que aplicamos em 1983 a estudantes da capital de São Paulo, com o objetivo de obter *flashes* da relação que essas crianças e jovens têm com a televisão*.

Por meio de tais respostas, principalmente daquelas provenientes de questões abertas, verificamos que os comerciais exercem papel de destaque na relação criança-adolescente-TV. Em virtude de os textos dos comerciais apresentarem uma estruturação verbal de caráter persuasivo, devem eles, pois, ser cuidadosamente

---

37. W. Schramm e W. E. Porter, *Men, Women, Messages and Media*. 2a. ed., Nova York, Harper & Row, 1982, p. 241.
38. J. T. Klapper, "Os Efeitos da Comunicação de Massa", in: G. Cohn, *Comunicação e Indústria Cultural*, 4ª ed., São Paulo, Nacional, 1972, p. 162.
* As vantagens e desvantagens do procedimento utilizado serão discutidas na seqüência. Nosso objetivo, ao proceder a uma enquete, de cujos limites temos consciência, foi apenas o de tentar obter alguns *flashes* que pudessem iluminar pistas indicadoras da relação criança-jovem-televisão.

estudados. Acreditamos, por meio de tal estudo, na possibilidade de obter alguns traços fundamentais que possam caracterizar uma espécie de *gramática* própria de tais textos, gramática que deve dar conta de um ou de alguns pontos mais evidentes, como por exemplo: a forma de se obter a adesão do receptor com fins específicos de *marketing*.

Norteada pelos mesmos princípios foi também a escolha do "Programa Sílvio Santos", que, teoricamente, configurou-se como a contrapartida oral daquela característica de modalidade escrita preponderante nos textos de comerciais. Tratando-se de um programa de auditório, que vai ao ar de forma bastante parecida a uma emissão ao vivo, julgamos, de início, ser possível encontrar no verbal de tais emissões exemplos de uma *oralidade mais espontânea*, visto que em programas dessa natureza não parece haver um rígido *script* a que sejam submetidas as falas. O que deve existir, talvez, seja aquele tipo de mensagem-clichê, estereotipada, e que só aparentemente dá idéia de maior liberdade. As análises a serem desenvolvidas, salvo engano, poderão trazer algumas certezas para o que até agora se configurou como cogitação.

Detendo-nos ainda sobre as respostas dadas ao questionário, no tocante aos tipos de programas preferidos, dentre os de auditório, o maior índice recaiu sobre "Sílvio Santos". Mais uma razão, portanto, a justificar nossa opção por tal gênero televisivo.

O *corpus* do trabalho foi, portanto, montado a partir de gravações de comerciais veiculados na televisão, durante 1985 e 1986, observando-se horários diversos e considerando-se as várias emissoras: SBT, Globo, Record, Manchete e Bandeirantes. A amostra compõe-se de cento e trinta e seis comerciais selecionados entre quatrocentos, gravados e transcritos no período. A seleção foi conduzida, procurando-se abranger todas as áreas de interesse recobertas por tais textos: produtos para crianças e adultos; para homens e mulheres; observando-se também as diferentes linhas de apelo: produtos alimentícios, roupas, eletrodomésticos, brinquedos, material de limpeza, cosméticos, estabelecimentos bancários e comerciais, medicamentos, cigarros, enfim, procurando dar conta de boa parte da gama temática desse segmento.

Os comerciais foram sendo transcritos, obedecendo-se à ordem em que surgiam no vídeo.

Quanto às transcrições, são necessários alguns esclarecimentos.

Não sendo possível um acesso direto aos originais, visto que muito numerosos e provindos de agências publicitárias também muito diversificadas, a opção foi transcrever a partir "do ar", situação, por sinal, condizente com a natureza de nosso trabalho, que, objetivando a relação emissão-recepção, bem como a leitura crítica, procura verificar a existência (ou não) de características verbais constantes, e que possam apontar para um esboço de "gramática" que contenha as regras da organização textual desses segmentos. Se comparássemos nossas transcrições aos textos originais, perceberíamos, é provável, a presença de *flutuações* e *divergências*, resultantes do próprio processo de leitura individual, resultantes da própria natureza pessoal da decodificação, e ainda do contexto situacional e das condições do receptor.

Assim, nos processos de transcrição, instauram-se algumas transgressões que, no entanto, não comprometem o trabalho, pois, como bem afirma Marcuschi:

> "Não existe a *melhor* transcrição. Todas são mais ou menos boas. O essencial é que o analista saiba quais os seus objetivos e não deixe de assinalar o que lhe convém"[39].

Tanto em relação aos comerciais, quanto em relação aos trechos do "Programa Sílvio Santos", procedemos a transcrições, cotejando sempre duas versões, uma realizada pessoalmente, e outra, por uma colaboradora. As diferenças, as pequenas transgressões se deram, por exemplo, na representação gráfica de algumas pontuações e pausas percebidas com *menos* ou *mais* ênfase.

Por se tratar de material verbal mediado pelo veículo TV e, deste modo, mais sujeito às regras do próprio veículo do que àquelas inerentes à conversação face-a-face e, tendo em vista ainda que o objetivo aqui não é o de detectar com precisão e traduzir com rigor relações específicas, por exemplo, do oral da conversação, da interlocução cotidiana, mas, sim, o de encontrar regras mais gerais que explicitem o todo da estruturação de certos textos verbais da TV; tendo em vista, pois, esses fatos, não julgamos fundamental, no caso, lançar mão dos sinais convencionais normalmente utilizados em trabalhos de rigorosa reprodução e análise da conversação ou ainda em trabalhos que tenham por finalidade traduzir, da forma mais fiel e científica possível, a expressão da modalidade oral em diálogos *menos* ou *mais* formais.

Especificamente no que se refere ao "Programa Sílvio Santos", segunda parte a compor o *corpus*, é importante relatar o procedimento seguido. Durante 1985 e 1986, gravamos e transcrevemos, na íntegra, seis programas veiculados entre 27-10-1985

---

39. L. A. Marcuschi, *Análise da Conversação*, São Paulo, Ática, 1986, p. 9.

e 07-09-1986. Em razão de esses programas terem praticamente dez horas de duração cada um, acabamos por obter um volume excessivo de material, sendo necessário, portanto, proceder a cortes. Assim, procuramos transcrever, pelo menos, um programa praticamente na íntegra, o de 27-10-1985, apresentando seqüências completas e representativas de todos os quadros.

Quanto aos demais, levados ao ar em diferentes datas, escolhemos alguns quadros, os de maior audiência na época, procurando obter, desses quadros, pelo menos, uma repetição.

Feitas as transcrições e ressalvadas as transgressões, organizamos os textos para a análise que ocorrerá na seqüência do trabalho.

Visão redutora da TV e do verbal da TV?

Pode ser. Porém, ao passar para o papel esse "oral" veiculado pela TV, em momento algum deixamos de considerar que tal oralidade vem acompanhada de movimento, cor, música, gestualidade, expressões fisionômicas, jogos icônicos que integram a totalidade do texto. Mesmo assim, é possível pensar, num primeiro momento, em visão redutora do processo televisivo e mesmo do verbal.

No entanto, se não por esse caminho, que outro? Se não por esse caminho, como podem, por exemplo, os lingüistas estudar e propor uma tipologia do oral? Como, por exemplo, estabelecer as características de uma norma urbana oral mais formal ou menos formal? Como obter material para analisar outros registros diversos, o coloquial, a direção do diálogo informal cotidiano?

A lingüística, ciência rigorosa e em contínuo desenvolvimento e cujos progressos estão na origem de todas as pesquisas que se fazem sobre o verbal, trabalha também e fundamentalmente a partir da linguagem oral, em funcionamento. Precisa, conseqüentemente, transcrever para um registro escrito os textos orais que irá abordar e estudar.

Uma vez realizadas as transcrições e ressalvadas as transgressões, os textos serão analisados, procurando-se descobrir as relações constantes de sua construção, sistematizando-se as regras de seu funcionamento e, uma vez esboçada uma tipologia, não importa para dar conta de que interface textual, anula-se qualquer efeito de aspecto aparentemente redutor, mecânico, que poderia ter sido cogitado de início. E o texto, assim trabalhado, reintegra-se ao todo da emissão, enriquecido pelo processo dialético de questionamento que se instaura por meio das próprias análises e pelos próprios resultados que vão sendo obtidos. Reintegra-se, pois, à totalidade, como um texto mais pleno, porque a ele, aos seus recortes e às suas especificidades básicas agregam-se novos conhecimentos organizados e que se relacionam, por meio da pesquisa, numa dimensão mais plural.

Instantâneos de uma realidade: verso e reverso de revelações

Em 1983, ao iniciar o presente trabalho, resolvemos proceder a uma coleta de dados, não uma pesquisa, a partir de uma enquete com o objetivo de levantar aspectos gerais referentes à relação criança-adolescente e televisão.

Assim, foi organizado um questionário que, mesmo amplo, jamais teve a pretensão de conseguir resultados que traduzissem uma representatividade estatística da população questionada. Pretendia-se flagrar *flashes* rápidos de uma situação que pudessem fornecer pistas da relação do estudante com o veículo televisivo.

A amplitude do questionário foi proposital. Perguntamos muito em razão do caráter exploratório da enquete. Sobre alguns dos pontos indagados, havia já um certo nível de predição quanto às respostas. No entanto, mantivemos as questões, tendo em vista o fato de podermos chegar a obter revelações. Quanto a outras questões, realmente as respostas se constituíram em surpresa para nós.

Ao aplicarmos o questionário*, sempre estivemos conscientes de vários pontos problemáticos que poderiam surgir: o primeiro, referindo-se à possibilidade muito freqüente de falseamento de respostas, tendo em vista a força exercida por certos clichês socioculturais que se impõem e acabam perpetuando preconceitos com relação a determinadas situações e atividades. Um segundo aspecto, decorrente do primeiro, de certo modo, diz respeito à possibilidade de indução a determinadas respostas, em razão do próprio tipo de questionamento feito, que, muitas vezes, acaba trazendo já em si a marca pessoal do pesquisador, de vez que não há indagações neutras, totalmente assépticas.

Um terceiro ponto problemático cola-se rente ao próprio processo de interpretação dos dados. Com relação a esse aspecto, é importante estarmos alertas para alguns tipos de interpretação de extração um tanto positivista, através da qual se observam os

---

* O questionário foi aplicado a quinhentos e quarenta e três estudantes de primeiro e segundo graus, meninos e meninas, de escolas oficiais e particulares da capital de São Paulo.

resultados, independentemente do produtor e das condições de produção. Essa é uma precaução que acreditamos ter tomado. Percentuais foram, portanto, exorcizados da tirania de uma estatística absoluta e, assim, descritos e relativizados à luz de vários de nossos próprios estudos.

Os dados conseguidos nos levam a uma descrição simples de *instantâneos* de uma *realidade* que, por vezes, se *revela mais* e *melhor* pelo reverso que pelo verso. É o lado do avesso desvendando-se como lado direito. Não pretendemos certezas categóricas; buscamos, antes, indicadores.

Os dados coletados foram cruzados com variáveis diversas, tais como tipo de escola, se oficial ou particular, turno em que estudam os alunos, idade e sexo, nível econômico e profissão dos pais, variáveis até certo ponto alheias ao objeto precípuo do trabalho. No entanto, outros cruzamentos foram direcionados já em função de variáveis mais específicas do estudo: número de horas diárias de assistência à televisão, tipos de programas escolhidos por ordem de preferência, opiniões sobre comerciais, atitudes da família e dos questionados ao assistirem televisão, orientação na escolha de programas, entre outros pontos.

Propusemos ainda algumas questões (fechadas e abertas) que, mesmo decorrentes, às vezes, umas das outras, acabaram fornecendo respostas que se configuraram como resultados contrastantes e até opostos. Indagados, por exemplo, em dois momentos, se "havia algo que trouxesse mais satisfação que a TV" (no caso de ser positiva a resposta, indicar, do elenco proposto, a atividade) e se a "televisão influencia os hábitos e a vida das pessoas" (em caso positivo, pedia-se que descrevessem o tipo de influência), os estudantes forneceram, em suas respostas, pistas importantes para o trabalho.

Vale ressaltar que essas questões são típicas daquele caso já referido, em que a pergunta vem marcada pelo conhecimento prévio do pesquisador. No entanto, as respostas, mesmo que esperadas, mostraram-se ricas para análise. Diante de várias delas, nos deparamos com a situação mencionada, de se conseguir obter, pelo reverso do que foi declarado, a outra face, o verso escondido de uma realidade. O avesso de certas situações passa a configurar-se como possibilidade reveladora de evidências mais vivas que, mesmo subjacentes a um tipo de real fabricado, acabam por aflorar à superfície, sobrepondo-se, então, a essa "fabricação" facilmente constatada em certos tipos de respostas já esperadas, respostas estandardizadas e congeladas pela imposição evidente de clichês culturais.

Mesmo conscientes da advertência que faz Adorno sobre questionários aplicados a trabalhos em televisão:

"Somente estudos complexos permitiriam precisar claramente em que consistem as reações dos telespectadores à televisão atual. Tendo em vista que o material especula sobre o inconsciente, uma enquete direta não serviria para nada"[40],

mesmo assim, nos propusemos a obter essas respostas "diretas" e que poderão certamente mostrar-se úteis e esclarecedoras de muitos aspectos obscuros. Ao jogo de dados, portanto.

Ante a questão que indagava sobre as possíveis atividades que trouxessem mais satisfação que assistir à TV, foi apresentado um elenco de possibilidades: brincar, comer, ir ao cinema, ir ao teatro, ler, acampar, namorar, ouvir música, entre outras. As respostas apontaram alguns índices curiosos. Na faixa compreendida entre 9 e 11 anos, 51,5% das crianças afirmam preferir brincar, ainda que entre elas seja bastante alto o índice de assistência à TV; tal índice cai para 42,2% entre os de 12-14 anos, chegando até 4,4% entre os maiores, na faixa de 15-17 anos.

Observa-se, pois, entre os menores, uma natural tendência, pelo menos declarada, para *brincar*, tendência compatível com a idade, tanto quanto é compatível a queda do índice referente ao mesmo item, entre os maiores.

Ir ao cinema ou ao teatro revelou percentuais irrelevantes, à exceção dos 27,3% encontrados entre os maiores, com idades situadas entre 15 e 17 anos. Ouvir música foi também atividade muito valorizada entre as faixas de 12-14 e 15-17 anos, com, respectivamente, 43,8% e 28,1%. A preferência pela leitura, pelo menos teoricamente, aumenta entre os mais velhos, acusando um nível declarado de 37,3%, contra os 5,6% revelados pelos pequenos.

Com referência a esses índices de leitura, é importante indagar até que ponto o percentual tão baixo, detectado entre os menores, não seria uma expressão mais verdadeira da realidade. E até que ponto os 37,3% declarados pelos mais velhos não corresponderiam a uma exigência institucional? Não seriam, talvez, respostas dadas sob encomenda?

Quanto aos programas de televisão preferidos, conforme dezessete itens elencados no questionário, obtivemos os seguintes

---

40. T. W. Adorno, "Les Fameuses Années Vingt", in: T. W. Adorno, *Modèles Critiques*, id., ib., p. 60.

percentuais mais representativos: no tocante aos programas de auditório, o nível de audiência mais elevado, na época, recaiu sobre Sílvio Santos (64,4%)*, vindo em seguida o de Flávio Cavalcanti (58,5%) e, em último lugar, Chacrinha, com 50,8% de audiência.

O item relativo a número de horas diárias de TV merece atenção especial. Entre os menores, com idade compreendida entre 9 e 11 anos, 44,1% assistem a quatro horas diárias ou mais, caindo depois os demais percentuais, conforme diminui também o número de horas. Assim, 21,6% assistem a entre três e quatro horas diárias; 12,5% entre duas e três horas; 10,2% entre uma e duas horas e 10,6% até uma hora diária. Nessa faixa etária, 0,9% não vêem televisão.

O grupo etário representado por aqueles entre 12 e 14 anos indica índices bem próximos aos anteriores. Assim, 44,9% assistem a quatro horas diárias de televisão ou mais; 25,5% vêem TV entre três e quatro horas por dia; 11,1% assistem a entre duas e três horas; 9,6% de uma a duas horas; 8,6% limitam-se a assistir a até uma hora por dia. Dentre esses, apenas 0,3% não vêem televisão.

Observando-se os mais velhos, faixa compreendida entre 15 e 17 anos, surgem relevantes modificações. Tem-se pois um índice da ordem de 10,4% assistindo a quatro horas diárias ou mais de TV; 8,2% entre três e quatro horas por dia; 11,0% assistem a de duas a três horas; 26,7% vêem TV entre uma e duas horas e 34,3% até uma hora diária. Nesse grupo, 9,4% não vêem televisão.

Esquematicamente, sem pretensão de construir um gráfico ou uma tabela, temos a demonstração dos seguintes resultados:

FAIXA ETÁRIA x TEMPO DIÁRIO DE TV			
horas	9-11 anos	12-14 anos	15-17 anos
4 ou mais	44,1	44,9	10,4
4 a 3	21,6	25,5	8,2
3 a 2	12,5	11,1	11,0
2 a 1	10,2	9,6	26,7
até 1	10,6	8,6	34,3
não assiste	0,9	0,3	9,4

Obs.: Dados em porcentagem.

* Como expusemos anteriormente, o percentual referido constitui-se em uma das bases a também orientar nossa escolha relativa ao "Programa Sílvio Santos".

Analisando-se tais índices, verifica-se a presença de quase uma inversão no que respeita aos horários extremos. Muito próximas as duas faixas etárias iniciais (9-11 anos e 12-14 anos), diferenciam-se, no entanto, sensivelmente, se comparadas àquela de estudantes entre 15 e 17 anos de idade. A queda do número diário de horas de assistência à TV parece coincidir com a entrada no segundo grau ou talvez com o início de atividade profissional.

Um aspecto, a partir dos dados, se mostra claro: de forma geral, todas as crianças e adolescentes questionados (excetuando-se os mais velhos, entre 15 e 17 anos) acabam vendo muita televisão, pouco tempo sobrando, a nosso ver, para usufruírem de outras opções culturais e de lazer. Não cabe levantar, neste momento, as causas que impedem o acesso a opções diversas.

Também com relação à atitude dos pais, no que respeita a comentar ou criticar programas com os filhos, tendo em vista os níveis de escolaridade desses pais, mostrou-se desprezível a diferença de percentuais encontrados entre os que comentam e criticam algo, respeitada a variável formação escolar. Em geral, quase todos, não importando se possuem formação superior ou se, portadores apenas de um primeiro grau, permanecem apenas em nível de comentários casuais e observações genéricas. E, uma vez terminado um segmento, passam diretamente a outro.

No que respeita ao tempo diário de assistência à TV e natureza da escola freqüentada, se oficial, se particular, os dados, se não chegam a surpreender, levam a indagações. Senão vejamos: entre os alunos de escolas oficiais, 30,2% assistem a quatro horas diárias ou mais de televisão; entre os das particulares, 38,2% também assistem a quatro horas ou mais. No gabarito três a quatro horas diárias, temos 11,5% de alunos de estabelecimento público e 19,0% dos particulares. Passando ao período compreendido entre duas e três horas, a escola oficial apresenta 21,1% de audiência e a particular, 20,8%. Quanto ao espaço compreendido entre uma e duas horas, tivemos 18,2% de estudantes da escola pública contra 16,8% provindos da particular. Finalmente, entre os que vêem televisão até uma hora por dia, a escola oficial apresentou um índice de 19,0% contra 5,2% daqueles de estabelecimentos particulares.

Mais uma ilustração poderá facilitar a visualização dos índices.

NATUREZA DA ESCOLA x TEMPO DIÁRIO DE TV

horas	oficial	particular
4 ou mais	30,2	38,2
4 a 3	11,5	19,0
3 a 2	21,1	20,8
2 a 1	18,2	16,8
até 1	19,0	5,2

Obs.: Dados em porcentagem.
Neste cruzamento, não consideramos a categoria *não assiste*, pois demonstrou-se irrelevante.

Importante salientar que, nos pontos extremos, *4 horas* diárias ou mais ou então *até 1 hora*, aparecem diferenças que devem ser consideradas. Se, no tocante ao índice mais elevado, não há maiores discrepâncias (30,2% e 38,2% respectivamente da escola oficial e da escola particular, no que respeita ao gabarito 4 horas ou mais), deve-se atentar, no entanto, para o fato de que o aluno da particular, em maior número, vê mais horas de TV que os da escola pública. Quanto à categoria *até 1 hora* diária de assistência à TV, tem-se sensível modificação: um índice bem mais baixo (5,2%) dos alunos das escolas particulares assiste também a menos tempo de TV, enquanto na escola pública o registro de 19,0% encontrado nesse gabarito nos dá conta de que mais alunos da escola pública ficam menos tempo, ou seja, até uma hora por dia assistindo à televisão. A discrepância ainda se faz sentir no gabarito 4 a 3 horas diárias. Quanto às categorias intermediárias (1 a 2 horas e 2 a 3 horas), há equilíbrio entre os índices obtidos.

O fato de eventualmente os alunos de escolas particulares disporem, pelo menos teoricamente, de mais opções de lazer e terem maior acesso a produtos culturais diversificados, visto que, em geral, desfrutam de melhor situação econômica, parece não alterar sua relação com a TV. Pelo contrário, talvez, em virtude de serem menos exigidos a participar de certas tarefas domésticas, acabem dispondo de mais tempo para a televisão.

Partindo agora para as respostas obtidas em duas questões abertas, acreditamos importante determo-nos mais longamente sobre certos resultados.

Ao indagarmos dos estudantes se para eles havia algo que desse maior satisfação que a TV, obtivemos 92,9% de respostas afirmativas. Portanto, dos que responderam, quase a totalidade considera haver atividades mais satisfatórias que ver televisão. Porém, como já observamos, são bastante altos os índices dos que assistem a quatro horas diárias ou mais, bem como razoavelmente altos também os índices daqueles que permanecem diante do veículo entre três e quatro horas por dia.

Assim, verifica-se que o fato de considerarem outras atividades como mais satisfatórias não faz com que vejam menos TV ou que então procurem essa maior satisfação em possibilidades diversas, mesmo entre aqueles de mais alto poder aquisitivo.

Com relação a esse ponto, duas indagações surgem de imediato: ou não há condições reais, muitas vezes, de se buscar aquilo que traz maior satisfação pessoal, ou então, hipótese em que mais acredito, o que vem à superfície, descontadas as exceções, o que é afirmado, deve ser lido pelo avesso, pois a revelação se dá pelo negativo. Estaríamos, por conseguinte, diante de asserções ditadas pela imposição dos referidos clichês culturais de natureza psicossocial. Assim como é bonito dizer que se aprecia a leitura, que se lê bastante, por outro lado, não é de muito bom-tom cultural confessar a atração exercida pela TV. Assiste-se a muita televisão. Assiste-se à televisão sempre. Assiste-se à televisão, na melhor das hipóteses, por mais de um terço do dia, se considerarmos esse dia útil como sendo de aproximadamente quinze horas.

Um preconceito muito corrente, de extração "apocalíptica", *enxerga* a TV como veículo nocivo e que traz desprestígio para quem o vê. Tal fato constitui-se em problema grave, na medida em que acabamos freqüentemente por ter acesso a dados camuflados.

Para checar essas nossas hipóteses relativas à existência de um processo de *maquillage* nas posturas referentes a questões ligadas à televisão, e fazendo uma comparação entre aquele pequeno grupo que não apontou *nada* que traga mais satisfação que assistir à TV e o grupo maior que afirmou exatamente o contrário, que indicou as atividades que trazem mais prazer que a TV, procedemos a um cruzamento entre esses percentuais e a assistência a vários programas.

Focalizando o "Fantástico", como exemplo, verificamos que 92,4% (índice praticamente idêntico àquele alcançado pela própria resposta que foi uma das bases da comparação) dos que afirmam haver algo mais satisfatório que a TV assistem ao "Fantástico". Quanto ao grupo menor, que respondeu não haver nada mais satisfatório que a televisão, tivemos 94,4% destes que (mais coerentemente, pelo menos em teoria) também assistem ao "Fantástico". O mesmo foi constatado em outros diferentes segmentos.

Observa-se, por conseguinte, não ocorrerem diferenças de atitudes entre um grupo e outro, embora sejam frontalmente opostas suas afirmações com relação ao veículo.

Focalizando os comerciais, vistos como uma questão *quase aberta*, esclarecemos que os enfeixamos, no questionário, sob as seguintes categorias: "chatos", "engraçados", "bonitos", "enganosos", "bem-feitos", "malfeitos", "honestos", dentre as quais deveriam ser indicadas duas alternativas. As freqüências mais altas de combinação se distribuíram da seguinte forma: 27,0% os consideraram "chatos e enganosos"; 15,8%, "bem-feitos e enganosos"; 13,2%, "engraçados e enganosos". Os demais índices diluíram-se em combinações diversas. Casos relevantes de incoerência ocorreram entre as categorias "chatos" e "engraçados", apontando para um índice de 8,0%. As categorias "bem-feitos" e "malfeitos" registraram apenas 1,0% de escolhas, índice não significativo. O fato de não ter havido altos percentuais de incoerências indica um cuidado, da parte dos estudantes, ao responder às questões.

Observa-se por essas opiniões que, mesmo variando uma das características, permanece como constante a idéia do comercial como *enganoso* — fato que irá se refletir nas questões abertas. Se somássemos os três primeiros índices, isolando-se a categoria constante, "enganosos", teríamos um total de 56,0% a considerar *enganosos* os comerciais. Mais uma vez surge a pergunta: até que ponto esses 56,0% revelam realmente uma idéia ponderada sobre a questão? Ou estarão tais índices atrelados a um *não-consciente* preconceito cultural? Em que medida essas crianças e jovens não estariam apenas reproduzindo jargões valorizados por um senso comum, pela repetição de julgamentos pré-fabricados, acabando assim por esconder, sob o próprio estereótipo que reproduzem, o processo inconsciente de sedução a que são submetidos?

Deste modo, nos vemos frente a um dado que, configurando-se enquanto resposta de mão-dupla, configurando-se como verso e reverso de uma realidade, desvenda-se antes como mais um fato novo, a nos direcionar para uma "terceira margem do rio", para aquela dimensão que não se percebe muito bem qual é, mas cuja latitude se pressente, como desconhecida e inquietadora.

Essas questões abertas, ainda que trazendo algumas respostas diferentes, mantiveram, no entanto, a maioria das respostas presas à camisa-de-força dos preconceitos culturais.

Deste modo, no tocante à segunda questão aberta, que indagava se a TV influencia a vida e os hábitos das pessoas e, em caso positivo, que tipo de influência seria exercida pela televisão, tentamos compor alguns temas, a partir de respostas obtidas com mais constância. Cabe advertir que apenas 4,3% destas respostas apontam para uma não-influência da TV. A maioria conclui pela existência de influências.

Constituímos alguns grupos temáticos representados por respostas de estudantes com variadas idades, meninos e meninas, cursando tanto escolas oficiais quanto particulares, visto que não houve diferenças relevantes entre respostas de um e outro tipo de estabelecimento.

Os temas definidos foram caracterizados a partir dos tipos predominantes de respostas dadas pelos alunos* que consideram geralmente negativas, com exceções, as influências da TV, apontando nitidamente para esse esboço de categorização a que procedemos. Temos, pois, como principais, as *influências-tipo* que se seguem:

— Imitação dos comportamentos e atitudes
  vistas na TV (103 respostas)
— Atitudes consumistas (57 respostas)
— Fragmentação da vida familiar (37 respostas)
— Imagem falsa do mundo (29 respostas)
— Aprendizagem em geral (25 respostas)
— Sonho (22 respostas)
— Imposição de modelos de vida (22 respostas)
— Não cumprimento das obrigações (12 respostas)
— Obtenção de informações atualizadas (11 respostas)

Ilustraremos esses temas através de uma resposta-exemplo, mantendo a redação tal qual nos foi apresentada pelos alunos. Algumas de tais respostas trazem imbricados outros temas. No entanto, consideramos, para contagem, apenas o tópico central abordado.

— Imitação de comportamentos:

"Eu acho que a televisão influencia em tudo, nos nossos hábitos, no nosso jeito de pensar, no jeito de vestir igual da novela e até falar igual."
(045 — menina — 5.ª série, 11 anos — escola pública)

— Atitudes consumistas:

"Sim, mais pelos comerciais que as pessoas se influenciam, aparece o reclame de uma coisa e as pessoas falam: Ah! que

---

* Por uma questão de ordem prática, não consideramos temas com menos de dez respostas.

bom, vamos comprar isso, vamos comprar aquilo.''
(193 — menina — 7.ª série, 14 anos — escola pública)

— Fragmentação da vida familiar:

"Eu acho que ela entra na vida da família e atrapalha. Um exemplo: teve uma época que meu pai ficava todas as noites vendo filme na televisão e minha mãe fazia outras coisas. Eles quase se separaram. Se quer ver televisão tem que ver junto.''
(318 — menino — 5.ª série, 11 anos — escola particular)

— Imagem falsa do mundo:

"Eu acho que a pessoa fica viciada na televisão e aí começa a achar que a vida é como na televisão. Fica irreal.''
(394 — menino — 7.ª série, 14 anos — escola particular)

— Aprendizagem em geral:

"Influencia muito porque ensina a gente e podemos aprender coisas novas e ficamos ciente [sic] de tudo.''
(017 — menina — 5.ª série, 11 anos — escola pública)

— Sonho:

"As novelas nos faz [sic] sonhar de acordo com o que queremos ser e fazer e que pode um dia ser verdade.''
(223 — menino — 8.ª série, 15 anos — escola pública)

— Imposição de modelos de vida:

"Influencia porque ela impõe 'modelos de vida' para as pessoas. Ela aprisiona as pessoas que passam a obedecer os seus horários.''
(259 — menino — 1.º colegial, 15 anos — escola pública)

— Não-cumprimento das obrigações:

"Eu paro de estudar para ver os programas e não faço lição porque eu quero ver a voz para imitar.''
(316 — menina — 4.ª série, 9 anos — escola particular)

Se há, como vimos, respostas de natureza estereotipada, outras, no entanto, surgem como mais espontâneas, como por exemplo aquelas que ou apontam para fatos reais, para influências efetivas que verdadeiramente ocorrem, ou que então tendem para o escapismo, procurando atribuir à televisão responsabilidades que realmente não cabem a ela. Nesse último tipo, se enquadram praticamente todas as trinta e sete respostas que pontuam uma fragmentação da vida familiar. À televisão, a culpa pela separação de casais, a culpa de se conversar pouco em casa, a culpa pelo fato de o pai não querer falar com a mãe, a culpa enfim por muitos outros estilhaçamentos.

Sem eonsciência das reais dificuldades (afetivas, sociais, econômicas, profissionais, entre outras) por que passam as famílias — consciência essa que nem seria possível ainda, dada a pouca idade, por exemplo, de alguns dos entrevistados, acabam as crianças e mesmo alguns adolescentes por colocar os problemas fora do próprio contexto da vida, ou porque simplesmente repetem dos mais velhos as opiniões que ouvem, ou, talvez, porque assim fazendo, o processo seja menos dolorido. Aliás, não somente as crianças agem dessa maneira.

A esses pontos deveremos retornar no final do trabalho, quando, acredito, disporemos de mais elementos para discutir melhor alguns aspectos nevrálgicos da questão.

Nessa parte final do capítulo, obtivemos, creio, os *flashes* pretendidos, *flashes* rápidos, através das respostas de crianças e jovens. Tais respostas que freqüentemente não passam de meras reproduções do *já dito*, do *já visto*, em outros momentos, no entanto, acabam por delinear caminhos de ação, quem sabe, atalhos, não previstos nem de todo abertos e até um tanto surpreendentes, no que respeita à relação criança-jovem-televisão.

2.
Em busca dos critérios: as bases teóricas

> "A língua é um fenômeno essencialmente ligado à realidade social e à cognição humana e por essa razão o estudo da língua será reducionista, a menos que essas relações sejam levadas em conta."
>
> Jef Verschueren[1]

Introdução

O objetivo deste capítulo é a obtenção de alguns critérios que permitam uma caracterização do verbal da TV e nos quais possamos nos basear.

Para tanto, elegemos algumas posições teóricas, de naturezas diversas (mas convergentes), e que deverão ser objeto das discussões e análises que se seguirão, em três etapas.

Inicialmente, serão feitas reflexões sobre a densa obra do belga Chäim Perelman, *Traité de l' Argumentation — La nouvelle rhétorique*[2], em co-autoria com Olbrechts-Tyteca*, na medida em que muitas de suas proposições teóricas constituem-se, elas próprias, em critérios para uma compreensiva análise textual.

E por que uma opção pela Nova Retórica? Primeiramente, por entendermos que a retórica, sobretudo como é vista hoje, liga-se estreitamente à argumentatividade inerente ao verbal, dando conta ainda de boa parte das mais importantes características desse verbal. Em segundo lugar, por acharmos que essa retórica, ao abranger o aspecto argumentativo da linguagem, permite integrar vá-

---

1. J. Verschueren, "A la Recherche d'une Pragmatique Unifiée", in: *Les Actes de Discours*, Rev. Communications, Paris, Seuil, n.º 32, 1980, p. 274.
2. Ch. Perelman e L. Olbrechts-Tyteca, *Traité de L' Argumentation — La nouvelle rhétorique*, Bruxelas, Ed. de l'Université de Bruxelles, 1976.
* Como serão muitas as referências aos dois autores, nomearei daqui por diante apenas o primeiro autor, Perelman.

rias dimensões exigidas por uma análise do verbal, tais como a semântica, a pragmática (incluída a conversação), entre outras mais.

Conforme será possível observar, já a partir da classificação binária de *argumento*, em *argumento quase lógico* e *argumento baseado na estrutura do real*, inúmeros outros conceitos são definidos por Perelman, constituindo-se, na íntegra ou então desdobrados, em outros possíveis critérios para a abordagem da análise textual e discursiva.

Num segundo momento, complementar ao primeiro, nos debruçaremos sobre a Análise de Discurso (AD), que não se configura nem como quadro teórico já pronto, nem como modelo metodológico fechado, e muito menos se propõe como ciência positiva da linguagem. A Análise de Discurso, partindo de sólidos pressupostos lingüísticos, apresenta-se antes como proposta crítica, que objetiva a análise da linguagem, procurando dar conta das várias dimensões que conformam essa linguagem: dimensões verbais propriamente ditas, dimensões sociais, históricas e ideológicas. Por não se considerar acabada e fechada, a AD se abre a contínuas revisões, sem qualquer concessão, no entanto, diante das exigências dos seus próprios pressupostos teóricos essenciais e que mapeiam a natureza do verbal, fato que lhe permite definir pertinentes e eficazes critérios para um trabalho com o texto.

Num momento final, sem necessitar de maior exploração teórica, a partir da obra de Dyer[3] são elencados alguns outros critérios para análise de comerciais (e que se prestam também à análise de outros segmentos). A razão de não explicitarmos mais a fundo as bases teóricas desse quadro, que é geral, mesmo dentro de uma certa especificidade, deveu-se ao fato de essas bases virem já desenvolvidas, seja através da teoria de Perelman, seja por meio das problematizações propostas pela Análise de Discurso.

As bases teóricas

Perelman e as propostas da "Nova Retórica"

Perelman, em seu *Traité de l' Argumentation*, rediscute e recupera um tema por muito tempo esquecido, quando não desprezado: o do valor da Retórica. Fundamentalmente faz um rees-

---

3. G. Dyer, *Advertising as Communication*, Londres, Methuen, 1982.

tudo da forma pela qual o retórico aparece intrinsecamente ligado à linguagem verbal, seja sob seu aspecto de argumentação convincente, seja sob seu aspecto de argumentação persuasiva*. Conforme pretende o autor, o trabalho propõe a fundação de uma Nova Retórica, que irá romper:

"com uma concepção da razão e do raciocínio originária de Descartes, que marcou com sua chancela a filosofia ocidental dos últimos três séculos"[4].

Perelman, ao propor a Nova Retórica, questiona certas atitudes antagônicas tomadas por teóricos excessivamente formalistas e que se recusam a aceitar alguns dados inegáveis, como, por exemplo, o fato de nem sempre a evidência de provas se constituir no ponto básico que leva alguém a ser convencido, a ser persuadido sobre algo. Portanto, sua preocupação será de mostrar que o domínio da argumentação, da persuasão, passa antes pelo "verossímil", pelo "plausível", pelo "provável", e não necessariamente pela demonstração.

Falando em seguida das razões que o levaram a escrever o trabalho, pensado como sendo uma visão nova da Retórica e que recebeu mesmo o nome de Nova Retórica, destacamos aquela razão pela qual Perelman afirma que a obra se fez conforme "o próprio espírito com que a Antiguidade se ocupou da dialética e da retórica"[5], visto que, para os antigos tratados de Retórica, o essencial era o conceito de *adesão* de um auditório particular ou universal a uma determinada idéia e a um discurso, sendo que esse próprio auditório acabava por se constituir em objetivo também primeiro, em função do qual se desenvolvia e para o qual se dirigia todo o processo argumentativo que repousava e repousa no tripé *auditório**, *discurso*, *orador*, de vez que não há razão para a existência de um orador e seu discurso se não houver um auditório a quem se dirijam ambos.

Pensando, pois, nesse tripé que sustenta e constitui o processo argumentativo de natureza persuasiva ou convincente, Perelman realiza um levantamento e posterior análise dos meios discursivos que levam à adesão, atendo-se basicamente à análise das técnicas verbais utilizadas para a consecução desse processo.

Acreditando, também, ser a argumentatividade uma caracte-

---

* Aspectos argumentativos que definiremos a seguir.
4. Ch. Perelman e L. Olbrechts-Tyteca, op. cit., p. l.
5. Ch. Perelman e L. Olbrechts-Tyteca, id., ib., p. 7.
** Perelman conceitua *auditório* enquanto um grupo ou grupos de pessoas às quais se dirige a argumentação, cujo objetivo é basicamente o de conseguir adesão, de convencer ou de persuadir tais pessoas em face de uma determinada idéia ou tese.

rística específica do verbal, penso que a proposição de Perelman vem ao encontro do que se pretende aqui, principalmente em razão de termos como hipótese básica de trabalho a idéia de que, além de inerente ao processo verbal como um todo, no caso do verbal televisivo, em razão da natureza do veículo, essa *argumentatividade* se fará mais evidente, graças à grande necessidade que tem a TV de *convencer*, de *persuadir* os auditórios a que se dirige, principalmente o *auditório-indivíduo**.

Embora esse indivíduo (pela relação física que mantém com o veículo e também em função da natureza e tipo de estruturação da mensagem verbal que lhe é dirigida) tenha a ilusão de que é o sujeito único, receptor pessoal da mensagem individualizada, na verdade sua real condição é a mesma daquele grupo indeterminado (assistindo ao programa ao vivo ou não, em recintos fechados maiores ou menores); é a mesma daquela multidão informe, daquela massa receptora a quem se dirige o verbal da TV — situações que se constituem, tanto num caso, quanto no outro, em formas de *auditório particular*, no qual importa não o número de pessoas, mas o tipo de mensagem, calcada no diálogo, e sem apresentar um caráter universal. Há quase que uma "inércia" de ordem psicológica nos auditórios particulares, conforme ensina Perelman. E o espectador da TV se define como auditório particular, um tipo de auditório no qual o processo de persuasão ocorre pela presença de pseudodiálogos entre o orador (locutor) e o interlocutor (espectador) a quem esse locutor se dirige.

Nesses termos, de acordo com Perelman, e considerando pertinente a definição do auditório da TV enquanto "auditório particular", iremos verificar que a argumentação do verbal na TV será muito mais de natureza persuasiva, pois, como afirma o autor,

> "Nós propomos chamar *persuasiva* uma argumentação que pretende valer apenas para um auditório particular, e chamar *convincente* aquela que se propõe obter a adesão de todo o ser racional"[6].

---

* A partir da concepção de *auditório* de Perelman, criei o termo *auditório-indivíduo*, na medida em que, trabalhando com a TV, acabamos por encontrar uma situação *sui-generis*, visto que freqüentemente temos o indivíduo sozinho diante do aparelho. No entanto, podemos considerá-lo como *auditório*, em razão da relação locutor-receptor, na TV, não se dar objetivando esse indivíduo. Faz-se, antes, focalizando milhares ou milhões de espectadores — pensando sempre em grandes auditórios, ainda que representados, às vezes, por uma única pessoa.
6. Ch. Perelman e L. Olbrechts-Tyteca, op. cit., p. 36.

Algumas análises relativas à argumentação e seus efeitos e também um levantamento específico de algumas modalidades de argumentação, bem como das marcas lingüísticas caracterizadoras de tais modalidades, serão imprescindíveis para que se efetive uma busca de elementos que possam fornecer índices, ainda um esboço, do que seja uma caracterização do verbal da TV.

Aspecto que julgamos muito pertinente nesse sentido refere-se à descrição dos gêneros argumentativos e seus efeitos, feita por Perelman. Em especial, interessou-nos o estudo do chamado gênero "epidítico" (ou demonstrativo), classificação essa que remonta a Aristóteles.

A respeito desse gênero, é a seguinte a conceituação dada pelo filósofo grego na sua *Arte Retórica e Arte Poética*[7]:

> "Para o gênero demonstrativo (epidítico), o essencial é o presente, porque para louvar ou para censurar, apoiamo-nos sempre no estado presente das coisas; contudo sucede que freqüentemente utilizamos a lembrança do passado ou presumimos o futuro"*.

Creio que esse critério referente ao gênero argumentativo epidítico, pensado sob a ótica aristotélica, poderá nortear satisfatoriamente uma visão totalizante do verbal televisivo. E por que razão? Qual é, por hipótese, o tempo valorizado nos variados segmentos de TV? Acreditamos ser o presente, de vez que a fala da TV inscreve-se, pelo menos aparentemente, sob o domínio da contemporaneidade. E o suporte dessa contemporaneidade tende a ser construído pelo recurso a uma recuperação exemplificadora do passado, bem como por uma antecipação de conseqüências de um futuro presumido.

O gênero epidítico, quase sempre ostentatório, concentra sua força persuasiva na figura do orador, pois, conforme diz Perelman, mesmo entre os antigos, esse tipo de argumentação tinha sua característica persuasiva também centrada muito mais no orador que propriamente no conteúdo do que era dito, já que, em verdade,

> "tratava-se o discurso à maneira de espetáculos de teatro

---

7. Aristóteles, *Arte Retórica e Arte Poética*, São Paulo, DIFEL, 1959, cap. III, I, p. 32.
* Perelman cita o trecho a partir de Aristóteles, *Rhétorique*, Paris, Belles Lettres, 1932.

ou de competições atléticas, cujo objetivo parecia ser o de colocar os participantes como vedetes"[8].

Pensamos que, no decorrer das análises, a verificação de características do gênero epidítico, por exemplo, nos programas de auditório (no sentido atual do termo), será esclarecedora de muitos dos princípios inerentes ao verbal de programas, por exemplo, como o de Sílvio Santos.

Com relação a apoios necessários aos processos argumentativos, Perelman se refere a um dado de relevância. Acha ele que, ao se argumentar, criam-se simultaneamente juízos vários sobre valores os mais diversos. No entanto, o que mais contribui para o sucesso da argumentação é o modo de hierarquizar tais valores, a ponto de acabar sendo mais importante, para um auditório, a forma de hierarquização que propriamente o valor veiculado. Temos, pois, aí já um critério para avaliar os textos que escolhemos.

Ainda tratando desses apoios argumentativos, Perelman introduz uma discussão sobre "lugares", não exatamente sob o mesmo enfoque dos antigos, que operavam o conceito de lugar com uma visão classificatória e sedimentada, conforme os *Topiques* de Aristóteles[9]. A concepção contemporânea de "lugares" os focaliza como espécies de suportes, de pressupostos que sustentam o encaminhamento desta ou daquela natureza de argumentação. Surgem então algumas dicotomias de "lugares" a privilegiar determinadas situações sociais, conforme o recorte do tempo e da ideologia vigente.

Por exemplo, à idéia de *durável*, "lugar" ligado ao classicismo e considerado qualitativamente superior, se oporia o *precário*, enquanto *fugaz*, que, segundo Perelman, é um "lugar" valorizado pelo romantismo.

Trazendo essas reflexões e os critérios de "lugar" para nosso trabalho, levantamos a hipótese de que muitas outras hierarquizações valorativas devem ocorrer, por exemplo, na TV, das quais vamos ter notícia pela análise do verbal. No entanto, hipoteticamente, acreditamos que o *precário*, visto agora com os olhos da *descartabilidade* (e não do *fugaz*, como no romantismo), será um dos valores hierarquizados com proeminência pela modernidade — e essa idéia do *precário*, enquanto descartável, parece definir eficientemente um tipo de raciocínio contemporâneo.

Além desses "lugares", outros mais aparecem na categoriza-

---

8. Ch. Perelman e L. Olbrechts-Tyteca, op. cit., p. 63.
9. Aristóteles, *Topiques*, apud Ch. Perelman e L. Olbrechts-Tyteca, id., ib., p. 112.

ção da Nova Retórica: os "lugares de quantidade", em que se tem a prevalência do *muito* sobre o *pouco*, bem como a passagem quase automática do *normal* ao *normativo*, criando-se assim uma regra a partir de uma característica bastante disseminada. Quanto aos outros "lugares", Perelman define-os como "lugares de qualidade". Em oposição aos anteriormente descritos, os "lugares de qualidade" desvalorizam o número, o quantitativo, em favor do *único*, valor que será uma das pedras de toque dos procedimentos argumentativo-persuasivos.

Evidentemente, o privilégio e a escolha de qualquer tipo de "lugar" serão efetivados em função de certas visões de mundo, de padrões eleitos, de um tempo histórico, de uma determinada ideologia. Assim, por exemplo, as relações velho/novo; durável/momentâneo; rico/pobre, entre outras, serão caracterizadas e valorizadas diversamente, como aliás já o foram em períodos anteriores da história.

Importante será submeter, por exemplo, alguns textos televisivos a esse critério dos "lugares" a que acabamos de nos referir, de vez que a ideologia do *novo*, do *momentâneo*, da *riqueza* parece estar presente em vários produtos culturais por nós consumidos, e especialmente na TV.

Voltando-se mais uma vez à questão do *auditório*, Perelman chama a atenção para uma oposição existente dentro dos próprios auditórios particulares — uns, especializados, e outros, marcados pelo "senso comum", senso comum que "consiste numa série de crenças admitidas no seio de uma sociedade determinada, sendo que seus membros as presumem como sendo partilhadas por todo o ser racional"[10].

No tocante ao nosso estudo, irá interessar especialmente a noção de "senso comum" ligada a uma certa *tipologia de auditório*, no caso não iniciado, pois no que respeita à TV, conforme supomos, deve haver uma tendência do próprio veículo em trabalhar preferencialmente com auditórios menos diferenciados e mais homogeneizados, nos quais o locutor conta ainda, conforme Perelman, com a presença marcada de uma "inércia" de natureza "social" e "psicológica" e que garante o habitual, o contemporâneo, o comum, na medida em que tal estado inercial resulta do *medo do novo* e se origina paradoxalmente desse mesmo medo do novo, aqui entendido enquanto sinônimo de *inusitado* e de *ruptura*.

Passando agora às possibilidades argumentativas, também pro-

10. Ch. Perelman e L. Olbrechts-Tyteca, id., ib., p. 138.

postas por Perelman, iremos analisar o alcance da "argumentação *ad hominem*" e também da "argumentação *ad humanitatem*" que se origina na chamada "argumentação *ad rem*". Nosso objetivo é verificar se aparecem e como aparecem esses recursos argumentativos no verbal dos segmentos televisivos escolhidos.

A argumentação *ad humanitatem* é entendida como sendo aquela que se utiliza de argumentos válidos para um grupo universal, para um auditório universal, para a humanidade, como o próprio nome já diz, enquanto a argumentação *ad hominem*, embora se mostre vária e diversa, depende dos tipos particulares de auditório a que o orador se dirige. A argumentação *ad hominem* varia sua escala de valores, conforme variam os quadros conceituais de grupos e indivíduos. Ainda que muitos filósofos tenham discutido e condenado a validade do argumento *ad hominem*, na medida em que o consideram um pseudo-argumento, Perelman não vê "ilegitimidade" no procedimento. Alerta, porém, para certa confusão freqüente entre a argumentação *ad hominem* e a argumentação *ad personam*, que se caracteriza basicamente por uma desqualificação do adversário que é individualmente atacado. Pessoalmente, creio difícil perceber com nitidez a subdivisão proposta pelo autor. Em análise de alguns tipos de argumentos, aqueles que seriam classificados como sendo *ad personam* acabam por incluir também características do argumento *ad hominem* e vice-versa. Portanto, iremos considerar esse último como critério argumentativo e que irá abranger também a qualificação (desqualificação) individual ou de grupo.

Outro ponto considerado fundamental pelo autor, no que respeita à forma persuasiva que leva à adesão, à aceitação tácita de argumentos, é aquele relativo à idéia de *presença*. E o que seria essa *presença*? Seria a capacidade de manter vivos para a consciência certos elementos (objetos, pessoas, emoções — reais ou não), mesmo que não haja qualquer base calcada em demonstrações formais ou provas. A evidência e o presente mantêm-se basicamente em função da estimulação da sensibilidade e da emoção do receptor (do ouvinte). E esse trabalho de plasmar uma *presença* se dá, de forma argumentativa, por meio de um uso consciente e calculado do verbal, onde várias possibilidades evocadoras e mantenedoras da *presença* são exploradas. Trata-se pois de um domínio da retórica da persuasão, calcada fundamentalmente no imaginário, sobre cuja força já Bacon, na obra *The Advancement of Learning*[11], chama a atenção. Acha o filósofo in-

---

11. F. Bacon, *The Advancement of Learning*, Oxford, Oxford University Press, 1974, Segundo livro, XVIII, 4, p. 139.

glês que o papel da retórica pode ser visto como uma técnica que permite "aplicar a razão à imaginação para mover melhor o desejo".

Perelman* refere-se a um outro momento das reflexões de Bacon em que, ligando essa técnica retórica à possibilidade mágica de manutenção da *presença*, pensada também como forma de tempo presente, o filósofo adverte:

"O sentimento considera apenas o presente; a razão considera o futuro e a passagem do tempo. E pelo fato de o presente preencher mais a imaginação, a razão comumente é vencida; mas depois que a força da eloqüência e a persuasão fizeram parecer presentes as coisas futuras e remotas, então a razão prevalece sobre a revolta da imaginação"[12].

Ainda que Bacon conclua por uma prevalência da razão sobre a imaginação, observa-se, no entanto, que a permanência e a contemporaneidade dessa presença constituem-se em suportes essenciais dos processos argumentativos. Esse ponto relativo à força da *presença* fala muito de perto, acreditamos, à natureza de nosso trabalho, de vez que se pensarmos na especificidade do veículo TV, e se concordarmos com o fato de que na TV o elemento visual reforça a *presença*, teremos que concordar ainda que essa *presença*, cujo apoio é visual e ainda ancorado na imaginação, solidifica-se pela força do jogo verbal da argumentação. Assim, observar a maneira pela qual se unem palavra e imagem na produção do *presente* e na manutenção da *presença* será também uma das metas de nossas análises.

Reportando-se na seqüência ao que denomina "dados argumentativos", o autor belga parte para uma demonstração do papel desempenhado por certas operações verbais, bem como por algumas características especiais da linguagem que se revelam coladas aos processos argumentativos. Verifica-se, de modo não canônico, a forma pela qual se dão, por exemplo, as ligações entre funções léxicas, morfológicas, sintáticas e semânticas da língua e que passam a ter irrefutável papel argumentativo. Um primeiro ponto diz respeito à função persuasiva do *aposto*, focalizado não só isoladamente, mas, principalmente, quando estabelece oposições e semelhanças. Ligada a essa função sintática do aposto, aparece a função qualificadora dos *adjetivos*, que também se ligam e aderem a nomes, em utilizações altamente valorativas e por

---

* Perelman utiliza a edição F. Bacon, *The Advancement of Learning*, Oxford University Press, 1974, traduzindo o trecho para o francês.
12. F. Bacon, op. cit., p. 141.

meio das quais se instaura um processo avaliatório de caráter persuasivo. Esses valores atribuídos pelos adjetivos são freqüentemente adaptados, manejados (remanejados também), em função da visão de mundo que se tem, que se quer transmitir e sobre a qual se tenta obter adesão completa. Referindo-se, depois, à ocorrência verbal da "repetição", Perelman acredita que repetir o já dito, repisar enunciados são formas de fortalecimento de *presença*. Afirma, pois, que "a repetição constitui a técnica mais simples para criar esta presença"[13].

A "repetição", enquanto figura argumentativa, acentua, duplica a sensação de *presença* do objeto, pessoa ou da situação a ser mediada. Cremos que a repetição, além desse efeito duplicador e reforçador de que fala Perelman, é responsável também por uma certa progressão e alargamento do sentido. Assim, a repetição faz com que atribuamos diferentes valores semânticos a cada um dos elementos repetidos. Idéia esclarecedora do alcance semântico da repetição nos é dada por um texto de Chaignet:

"É claro que se temos muito a dizer sobre uma pessoa ou uma coisa somos obrigados a designá-la várias vezes por seu nome: reciprocamente, se a nomeamos diversas vezes, parece que dissemos muitas coisas sobre ela"[14].

Como variáveis e decorrências da repetição, aparecem outras técnicas verbais argumentativas, tais como a "insistência", a "enumeração" e a "evocação de detalhes", que procuram não só reafirmar a *presença*, mas também buscam fixar *o todo* a ser retido, insistindo e descrevendo a seriação dos detalhes que compõem esse todo.

Um trecho de Vico, citado por Perelman, ilustra, creio, perfeitamente esse processo enumerativo de evocação de detalhes para se chegar ao todo, reproduzindo a força poética (neste caso) também persuasiva da linguagem:

"Teus olhos são formados pela impudência, o rosto pela audácia, a língua pelos perjúrios, as mãos pelas rapinas, o ventre pela glutoneria... os pés pela fuga: em suma, tu és toda malignidade" [15].

Ainda dentro de um esquema de "repetição", mas tendendo

13. Ch. Perelman e L. Olbrechts-Tyteca, id., ib., p. 194.
14. Chaignet, apud Ch. Perelman e L. Olbrechts-Tyteca, id., ib., p. 237.
15. Vico, apud Ch. Perelman e L. Olbrechts-Tyteca, op. cit., p. 237.

à descrição de detalhes (sob enfoque quase sempre metonímico) e com vistas também à fixação da *presença*, tem-se o recurso à "especificação" (variável do detalhamento), em razão da atividade que essa especificação exerce sobre o imaginário. Perelman argumenta, a esse propósito, que em geral um aspecto mais específico de uma realidade atrai mais que a visão geral: "Quanto mais os termos são particulares, tanto mais é viva a imagem que evocam; quanto mais são gerais, mais ela é frágil"[16].
Evidentemente deve-se levar em conta essa opinião de Perelman. Mas é preciso também considerar o outro lado, qual seja: o do efeito provocado pelo *geral*, pelo *global*. Se o específico atrai, o global também, dependendo do objeto, da situação que se quer apresentar, da forma pela qual se dá essa apresentação. O próprio autor fala, em outra oportunidade, da grande força argumentativa conseguida na apresentação de dados globais, de números absolutos.

Ao verificarmos, por exemplo, esse recursos nos textos, não creio que seja ilícito pensar a priori que a TV, enquanto um todo, bem como a mensagem verbal por ela veiculada, privilegiam o detalhe, o não imediatamente captável, visto ser inerente ao veículo essa exploração da última intimidade, do desvio de um olhar, da minúcia de um objeto, de um sinal de mão, da incompletude de um gesto, realidades que terão o poder de gerar sensações e imagens mentais fragmentárias ou totalizantes, tendo em vista o referencial imaginativo do receptor. A TV é, de per si, presença plurívoca, pela imagem, pela cor, pelos recursos técnicos que lhe são inerentes. E se a isso se somar (porque inalienável) o poder do verbal que apóia, reproduz e ancora o sentido desses detalhes que emocionam, tensionam, mais eficaz será o processo de persuasão do veículo, na medida em que esse visual, que causa impacto, terá existência mais real e sentido mais amplo pela mediação do verbal.

Para melhor apreendermos a especificidade do verbal, é importante estudar os recursos específicos de expressão de pensamento que conformam a linguagem (e são por ela conformados) e que se fazem mais visíveis quando estamos diante de processos verbais predominantemente argumentativos. Perelman, a partir da própria estruturação lingüística definidora de tais formas, propõe algumas modalidades argumentativo-persuasivas, dentre as quais se destacam: "modalidade assertiva" — como sendo a que melhor se adapta a toda argumentação, de vez que não há *como*

---

16. Ch. Perelman e L. Olbrechts-Tyteca, id., ib., p. 198.

discutir sobre o que foi dito, nem a favor, nem contra; "modalidade injuntiva", representada lingüisticamente pelo uso do *imperativo*. Interessante observar aqui o enfoque de Perelman no tocante ao imperativo que, conforme opinião geral, traz, já em si, forte valor persuasivo. O autor mostra-nos, entretanto, que a força do imperativo existe na razão direta da força impositiva da pessoa que dá a ordem: trata-se de uma queda de braço ao contrário — um só cede se o outro colocar a força na mesma direção. Também Carlos Vogt, refletindo sobre uso e valor do imperativo, diferentemente do enfoque de Perelman, mas caminhando em direção paralela, afirma que esse modo verbal estabelece uma relação de autoridade entre falante e ouvinte, acrescentando que tal relação existe em função de um esquema social, cujos comportamentos se pautam ou pela "submissão" ou pela "agressão". Assim afirma Vogt:

> "Se desaparecessem de nossa sociedade estes conceitos, isto é, estas formas de comportamento social, sem dúvida alguma o valor semântico do imperativo desapareceria como tal, ou seria radicalmente transformado."[17]

Uma última modalidade seria a "interrogativa", que consiste, quase sempre, em não dar respostas objetivas a questões ignoradas. A modalidade interrogativa é sutil e hábil; procura levar o interlocutor, pelos processos persuasórios, a aderir às idéias do narrador, do orador e a dar certas respostas que quase nunca são próprias desse interlocutor, configurando-se antes em respostas induzidas pela habilidade de questionamento do orador.

Também dotadas de força persuasiva, aparecem algumas outras figuras de linguagem e de grande efeito nos processos de argumentação. Perelman alerta para o fato de certas figuras aparecerem imbricadas, como ocorre, por exemplo, com algumas intersecções entre metáfora e metonímia, com o objetivo de criar impacto.

As figuras servem tanto para provocar efeitos persuasivos fortes, evidentes, quanto para, subliminarmente, levar à adesão. É o caso, por exemplo, da *alusão*, por meio da qual são evocados estados emocionais e afetivos do receptor, sem que ele disso se aperceba claramente. Omitindo dados identificadores, o orador vai lentamente construindo o perfil afetivo do receptor, seu per-

---

17. C. Vogt, "Estrutura e Função da Linguagem", in: *Subsídios à Proposta Curricular de Língua Portuguesa para o 2.º Grau*, São Paulo, CENP, vol. I, 1984, p. 39.

fil psicológico e, quando este receptor se dá conta de que é o alvo das descrições alusivas, já está inteiramente envolvido emocionalmente. Também nessa linha de baixo impacto, inscrevem-se os *slogans*, os provérbios e máximas que, mesmo estereotipados, atuam sobre o receptor, na medida em que este os aceita como corretos, não questionando sobre suas reais funções.

Perelman reporta-se ainda ao que denomina "comunicação oratória", cuja finalidade é o estabelecimento de uma "identificação" entre orador e público. Aparece aí, em geral, um "nós" persuasivo, através do qual o orador se inclui entre (ou se identifica com) o público e faz deste parte de sua atividade. Do "nós" ao "todos" há pequena distância, mas muito espaço para o desenvolvimento das operações persuasivas. Entre o uso de "nós" e o de "todos" ocorre, por assim dizer, uma homogeneização entre sentimentos, sensações e opiniões das pessoas. Ora, na medida em que há uma abrangência do público e do orador, há também um processo de identificação quase total, por meio da qual *todos* são o orador e o orador é *todos*, definido por um *nós*. E assim torna-se fácil equalizar tais sentimentos, sensações e opiniões a que nos referimos, na proporção em que se transformam em técnicas argumentativas, operando sobre esses valores que acabam por adquirir característica de julgamentos definitivos e válidos para grandes massas de receptores em auditórios de natureza particular.

Passando às técnicas argumentativas propriamente ditas, o autor se refere aos tipos de argumentos que basicamente caracterizam o processo de argumentação. Um primeiro tipo, que denomina argumento "quase lógico", define-se por um "caráter não formal e pelo esforço de pensamento de que necessita sua redução ao formal"[18].

Ao se deter sobre os recursos constitutivos desse tipo de argumento, Perelman demonstra que a maior parte deles entra também na constituição de outros tipos de argumento, não sendo, pois, exclusivos do primeiro.

Inicialmente, tem-se o recurso ao *ridículo*, como forma de obter adesão, de conseguir persuasão. O orador recorre ao ridículo quando sente que o interlocutor pode eventualmente quebrar sua argumentação. Adiantamos que esse recurso ao *ridículo*, bem como à *ironia*, seja enquanto forma de argumento quase lógico, seja enquanto argumento do tipo pragmático (a ser focalizado mais adiante), deverá ser bastante encontrado em textos televisivos, pois

---

18. Ch. Perelman e L. Olbrechts-Tyteca, op. cit., p. 260.

a natureza do veículo permite e atrai tais procedimentos verbais.

O nível de aceitação, por parte do auditório, no que se refere à ironia e ao ridículo, se dará em função do prestígio do orador (do animador, do locutor), pois conforme afirma Isócrates, "o prestígio do chefe se mede pela sua capacidade de impor regras que parecem ridículas e em fazer com que sejam admitidas por seus subordinados"[19].

Na categoria de "argumento quase lógico" inscrevem-se os chamados "argumentos por comparação", que se processam por meio de relações analógicas ou por meio de identificações. Através da comparação, atribuem-se e hierarquizam-se valores. E essas relações de valorização, dadas como estabelecidas, acabam por se tornar irrefutáveis.

O processo de comparação se dá formalmente por meio de qualificação, desqualificação, identificação de pessoas, objetos, situações, sensações. Avaliamos algo em relação a algo.

Pela comparação pode-se persuadir através do medo e até mesmo de ameaças implícitas, de caráter psicológico, e que tanto mais serão válidas quanto mais forem dignos de credibilidade os ângulos valorizados por um grupo, por uma autoridade, em detrimento de alguns outros, então desvalorizados.

Cabe, neste momento, ressaltar a função do *superlativo*, que parece caracterizar o verbal da TV, sobretudo quando se trata de comerciais. O superlativo acaba por ser um elemento de argumentação *quase lógica*, na medida em que torna a situação, o objeto, o indivíduo, a sensação ou emoção a que se reporta superior (ou inferior) a todos os outros — e de forma absoluta. Cria-se a idéia do incomparável, do único, do inigualável. Imbricam-se aqui algumas características dos "lugares", no caso, do "lugar de qualidade", e do *único*, de que já tratamos. Ora, se os fatos são colocados nesses termos, seja por meio de uma argumentação *quase lógica*, seja por meio de algumas *bases pragmáticas*, calcadas no real ordinário, o que se afirma de algo torna-se, de certo modo, irrefutável, na medida em que, pelo superlativo, suprimem-se os parâmetros de avaliação comparativa. Para Perelman, "o caráter peremptório (do superlativo) dispensa também mais facilmente a prova"[20].

Ainda se reportando aos "quase lógicos", Perelman aborda os "argumentos de transitividade". Muitos desses argumentos, parece, apóiam-se tanto na estrutura do quase lógico quanto na

---

19. Isócrates, apud Ch. Perelman e L. Olbrechts-Tyteca, id. ib., p. 281.
20. Ch. Perelman e L. Olbrechts-Tyteca, id., ib., p. 331.

estrutura verossímil do real comum. Ainda que Perelman os separe nitidamente, percebemos, na verdade, que há imbricamento de características provindas do "quase lógico" e de outras advindas das relações com o real, num mesmo argumento. O próprio Perelman deixa passar algo a respeito: diz ele que o raciocínio silogístico inscreve-se na transitividade — o que nos parece evidente. No entanto, como ele bem observa, nem todos os passos de um silogismo são sempre seguidos, de vez que a interferência do aspecto pragmático acaba por se fazer valer e chega até mesmo a se sobrepor ao encadeamento quase lógico.

Passando ao que denomina "argumento pelo sacrifício", o estudioso da Nova Retórica observa que esse é um tipo de recurso persuasório que nem sempre considera o valor do objeto em si. Trabalha antes com implicações mais de caráter afetivo e que formam um juízo sobre a validade de se fazer alguma coisa para obter outra. Em argumentos dessa natureza, ocorre, em escala mais ampla, um processo de identificação homogeneizada entre as partes. Salvo prova em contrário, acreditamos que tal esquema possa retratar bem alguns tipos de quadros encontrados na TV.

No que respeita aos argumentos caracterizados como "baseados na estrutura do real"[21], vale refletir sobre o argumento classificado como "pragmático".

Esse real a que se refere o autor, na verdade, é concebido como um real com base no senso comum. Não se trata aqui de nenhuma abordagem rastreada em posições filosóficas. É um real conformado por conjuntos de opiniões, mas que, muitas vezes, não passam de meras suposições. Caberia agora abrirmos um breve parêntese e nos remetermos a Ducrot e a *Les Mots du Discours*[22], no qual o autor realiza um estudo de operadores verbais do tipo: "acho que", "mas", "decididamente", "além disso", "pois bem", entre outros, mostrando as relações que se estabelecem quando tais operadores se encontram em enunciados diversos. A leitura de Ducrot permitiu, por exemplo, constatarmos o quanto tais operadores atuam nos esquemas argumentativos, de diferentes naturezas. Quanto aos argumentos *quase lógicos*, o valor dos conectivos, de certo modo, se relativiza, de vez que a natureza do *quase lógico* se impõe mais fortemente. As mesmas observações nos são permitidas por meio dos estudos de Vogt[23], Guima-

---

21. Ch. Perelman e L. Olbrechts-Tyteca, id., ib., p. 351.
22. O. Ducrot, *Les Mots du Discours*, Paris, Minuit, 1980.
23. C. Vogt, *O Intervalo Semântico*, São Paulo Ática, 1977.

rães[24] e Koch[25], que analisaremos mais detidamente na segunda parte deste capítulo.

Fechando o parêntese, voltamos a refletir sobre o *real*, pensando-o plasmado por um conjunto de opiniões correntes, tendo pois que dimensioná-lo necessariamente sob a ótica dos indiscutíveis valores do senso comum. Na verdade, não se trata exatamente de um verdadeiro conjunto de opiniões. Trata-se antes de acordos que se exercem sobre estereótipos tacitamente aceitos. Ecléa Bosi mostra que normalmente "o processo de estereotipia se apodera da nossa vida mental" e que nesse "processo os padrões correntes interceptam as informações no trajeto rumo à consciência". Adverte ainda a autora sobre o poder da imagem, de vez que nosso universo, hoje, é permeado por imagens de toda a natureza (jornal, outdoor, cinema, TV etc.). Diz também Bosi que "essas imagens têm autoridade sobre nós: e para nos invadirem elas nos pedem apenas o trabalho de ficarmos acordados"[26].

Conclui, afirmando: "O estereótipo nos é transmitido com tal força e autoridade que pode parecer um fato biológico"[27].

Pensando então nos argumentos que se instauram com base na estrutura do real, com base na opinião corrente (ainda que estereotipada), vemos que, nessa modalidade, inscrevem-se os esquemas de causa e efeito, onde, conforme Perelman, o "como?" e o "por quê?" acabam por ser os responsáveis pelo ato de convencer e persuadir, na medida em que trazem as respostas que são geradas pela visão do senso comum e pela estereotipia. Há, no caso, dupla mão de direção a ser considerada, que vai da causa ao efeito e vem do efeito à causa. Assim, se algo que desejamos vender, por exemplo, através de um comercial, mostra efeito imediato e evidente e, por conseqüência, persuade, esse próprio processo de persuasão, que é instaurado pelo efeito, gera a aceitação tácita da causa.

Perelman define o "argumento pragmático" como sendo aquele que "permite apreciar um ato ou um acontecimento em função de suas conseqüências favoráveis ou desfavoráveis", e que "não exige para ser admitido pelo senso comum qualquer justi-

---

24. E. Guimarães, *Texto e Argumentação*, Campinas, Pontes, 1987.
25. I. V. Koch, *Argumentação e Linguagem*, São Paulo, Cortez, 1984.
26. E. Bosi, "A opinião e o estereótipo", in: *Contexto*, São Paulo, Hucitec, 1977, vol. 2, p. 98.
27. E. Bosi, op. cit., p. 99.

ficativa"²⁸. Perelman lembra também que o aspecto afetivo, emotivo constitui-se em forte componente desse tipo de argumento, que tem no fator *sucesso* seu mais forte ponto de apoio. E, no caso da TV, temos consciência de que sobre um conceito como o de *sucesso* é que repousa a existência do veículo. Pensando, pois, nesse fator *sucesso*, como gabarito avaliatório dos níveis de persuasão, creio importante conhecer seus apoios ideológicos, bem como o tipo de receptor que é atingido pelo argumento. Nesses termos, cabe levantar também as condições de recepção da mensagem, as condições de produção do argumento, o tipo de auditório e a forma pela qual se dá a persuasão. Que índices verbais nos indicam o caminho argumentativo e quais aqueles que melhor cumprem sua função básica de persuadir.

Perelman ainda categoriza vários outros tipos de argumentos que têm como base a estrutura do real, argumentos de "propagação", "contágio", "vulgarização", "consolidação", "desperdício", "exagero", mas sobre os quais não iremos nos deter, já que os compreendemos como circunstâncias diferenciadoras dentro do próprio conceito de argumento pragmático e assim iremos trabalhá-los.

Com relação ao chamado "argumento de autoridade", reflexões devem ser feitas, não sem antes focalizar certas relações essenciais existentes entre "ato" e "pessoa" e que acabam por gerar, por exemplo, situações como a de "prestígio". E que seria o "prestígio"? Uma qualidade atribuída a alguém e cujos efeitos são valorizados e largamente aceitos. Os atos de uma pessoa que goza de prestígio são amplamente reconhecidos a ponto de serem imitados socialmente, quando não incorporados pelos auditórios como critério de valor e medida de julgamento. O apelo persuasivo daquele que goza de prestígio é tal que Perelman cita duas passagens muito ilustrativas da situação. A primeira é de Gracian: "O exemplo dos Grandes é tão bom Retórico que persuade até pelas coisas as mais infames"²⁹. A outra, de White, aborda o reverso do *prestígio*, concebido como uma espécie de *vício* original. Diz o autor: "Eu era um negro, eu fazia parte do que, na história, se opõe ao bem, ao que é justo, à luz"³⁰.

Na medida em que *prestígio* e *vício* (e seu oposto, *virtude*) são os componentes essenciais, responsáveis pelo chamado "argumen-

---

28. Ch. Perelman e L. Olbrechts-Tyteca, op. cit., p. 358.
29. Gracian, apud Ch. Perelman e L. Olbrechts-Tyteca, id., ib., p. 408.
30. W. White, apud Ch. Perelman e L. Olbrechts-Tyteca, id., ib., p. 409.

to de autoridade", temos que nos reportar a eles. Na verdade, *autoridade* e *prestígio* se fundem, enquanto argumento, por serem da mesma natureza, e tal "argumento de autoridade" baseia-se na força de ações e juízos "de uma pessoa ou de um grupo de pessoas como meio de prova em favor de uma tese"[31].

Para nossa análise do verbal da TV interessa saber, por exemplo, como se configuram os vários tipos de autoridade. Assim, temos a autoridade expressa por *pessoas* que podem ser tidas como sábias, inteligentes, belas, corajosas, famosas, idolatradas ...; temos também a autoridade expressa por meio de *entidades* do tipo: partido político, religião, ciência, doutrina, entre outras.

Fechando sua tipologia argumentativa, Perelman passa a analisar algumas das características específicas do discurso "como ato do orador". Chama a atenção para o fato de dificilmente se desligar o discurso da pessoa do orador; de se desligar a mensagem da figura do locutor, do animador. Surge, pois, a relação indissociável entre *quem diz, o que se diz* e *a forma pela qual se diz*. A relação locutor-discurso se faz indissociável, portanto, seja em razão da característica pessoal do emissor, do orador, seja pela forma segundo a qual é estruturada a linguagem em que esse discurso é expresso (momento em que é fundamental a análise lingüística da superfície discursiva).

Se um mesmo enunciado muda de significado quando atualizado por diferentes pessoas, a forma de montagem verbal desse enunciado também interfere, modifica e altera o processo de significação, não fosse próprio dos discursos, pela sua enunciação, serem polifônicos e oferecerem-se ao auditório sob os ângulos de vários recortes.

No tocante ao orador*, e também ao animador de TV, acrescentamos, algumas funções devem ser por ele exercidas. O orador deve "inspirar confiança" para que o discurso não corra o risco de perder a credibilidade. O orador, o animador deve "conciliar o auditório", hipotecando-lhe sua solidariedade e demonstrando sua estima. Deve também assumir uma função de "mentor", cabendo-lhe, portanto, "aconselhar", "dirigir", "advertir energicamente", sem com isso causar sensação de inferioridade no grupo. Conforme ensina a teoria de Perelman, o importante é que o auditório "tenha a impressão de decidir em plena liberdade"[32].

---

31. Ch. Perelman e L. Olbrechts-Tyteca, id., ib., p.359.
* A noção de orador, bem como de suas funções básicas, foram transpostas e adaptadas, em nosso trabalho, àquelas de: apresentador, animador, locutor de TV.
32. Ch. Perelman e L. Olbrechts-Tyteca, id., ib., p.681.

Perelman, no final de sua densa proposta teórica, chama sempre a atenção do leitor para a força da linguagem verbal na montagem argumentativa.

Valorizando a interpretação, a semanticidade e a argumentatividade do verbal, afirma, com uma visão muito contemporânea dos fatos, ainda que a obra tenha sido escrita já há vários anos, que, num texto, num discurso,

"os termos utilizados, seu sentido, sua definição não são compreendidos, a não ser no contexto fornecido pelos hábitos, modos de pensar, métodos, circunstâncias externas e pelas tradições conhecidas pelos usuários".

E continua:

"A adesão a certos usos lingüísticos é normalmente a expressão de tomadas de posição, explícitas ou implícitas"[33].

Essas afirmações do autor belga não só incentivam como também reforçam e ratificam a opção teórica complementar de nosso trabalho, relativa à Análise de Discurso (AD), pela qual também tentaremos analisar os textos, as especificidades básicas do verbal televisivo.

Acreditando na natureza fundamentalmente argumentativa da linguagem, em Perelman encontramos os subsídios gerais para o encaminhamento mais amplo do trabalho. E por que também a AD como opção? Tendo em vista a complexidade do verbal, suas inúmeras faces, precisávamos de um processo de análise que abrangesse os aspectos mais específicos do fenômeno verbal. E a AD constitui-se nesse tipo de análise que dá conta do todo e do específico.

Acreditamos na linguagem enquanto processo muito especial, plasmador da realidade e por ela plasmado. Nesses termos, pensar-se no verbal apenas estruturalmente, enquanto forma lingüística atualizada, pensar-se no verbal apenas enquanto seqüência de enunciados abstratos, desligados de quem os produz, de quem os recebe, enfim, desligado do momento histórico, do contexto situacional e das condições de produção, é pensar num verbal estéril e esterilizado, asséptico, visto sob uma ótica redutora.

Se se pretende, como é o caso deste trabalho, analisar o discurso verbal de comerciais de TV, analisar o discurso de trechos do "Programa Sílvio Santos", há que, necessariamente, se pen-

33. Ch. Perelman e L. Olbrechts-Tyteca, id., ib., p.411.

sar nas formas de produção desse verbal, na veiculação que dele se faz e no tipo de auditório receptor.

A análise do discurso: Alargamento das possibilidades de um trabalho com o verbal

A necessidade de caracterizar certas realidades verbais que ultrapassassem o nível da análise lingüística da frase nos direcionou para o caminho da Análise de Discurso (AD), na medida em que os procedimentos da AD, como já tivemos oportunidade de referir, conseguem dar conta de fenômenos de linguagem nem sempre contemplados em outros tipos de abordagem.

Como afirma Eni Orlandi, em trabalho exemplar, sobre o qual nos deteremos no final dessas considerações, "a AD se constrói não como uma alternativa para a Lingüística — a ciência positiva que descreve e explica a linguagem humana — mas como proposta crítica que procura justamente problematizar as formas de reflexão estabelecidas"[34].

O objeto da AD é a linguagem verbal do homem no mundo, bem como as relações que esse homem estabelece com a realidade, através da palavra. Por abranger essas relações, que são móveis e não obedecem a quadros teóricos prefixados, evidentemente a AD não tem uma proposta fechada de critérios de atuação. Aberta e crítica, se dispõe a rever seu objeto e a repropor seus procedimentos metodológicos, sempre que necessário. O domínio da AD é o "domínio do fragmentário, do disperso, do incompleto, do não transparente"[35].

Tratando da linguagem em função, em ação, a AD irá contemplar os contextos situacionais e as condições de produção do verbal — em razão do que seus domínios terão que necessariamente trabalhar com a argumentatividade da linguagem, com as funções sociais da linguagem, com os níveis de pressuposição (implicitações e subentendidos), com a enunciação, seus problemas de polifonia e recortes, com a pragmática e a semântica, com o diálogo e com os atos de linguagem.

Neste trabalho, iremos apenas examinar alguns pontos que precisam ser discutidos, tendo em vista a finalidade da proposta feita, bem como as posições de alguns autores representativos.

Inicialmente, gostaria de fazer algumas observações referentes

---

34. E. Orlandi, *A Linguagem e seu Funcionamento*, 2.ª ed. rev., Campinas, Pontes, 1987, p. 11.
35. E. Orlandi, op. cit., p. 12.

à terminologia. Fala-se, desde o começo deste capítulo, em *texto* e *discurso*. E qual o conceito preciso recoberto por esses termos? Em análise de redações de vestibulandos, realizada por nós entre 1978-1981[36], já nos preocupávamos e muito com esse problema. Recorremos a Harris[37], a Pêcheux[38], Osakabe[39], Halliday[40,41] e a vários outros, de vez que, além do problema referente a uma precisão terminológica de conceitos, estávamos voltados fundamentalmente para a busca de um tipo de análise do verbal que desse conta do transfrástico e que abrangesse conseqüentemente o texto e o discurso.

Harris, pioneiro, pelo menos em termos do lançamento do conceito "análise do discurso", pretendeu, através de um processo distribucional, uma homogeneização de todos os enunciados de um texto em enunciados simples e, a partir dessa redução, o discurso se resumiria na pura somatória de enunciados do tipo NVN (nome, verbo, nome). Assim, sobre o tripé NVN, o discurso seria estruturado, tornando-se passível de uma análise formal. Na verdade, Harris propôs um tipo de método que pensava o discurso linearmente, constituindo um esquema puramente formal de análise de texto, sem qualquer interpretação semântica, retirando dele, no meu entender, a textualidade, seu caráter essencial.

Pêcheux, se comparado a Harris, realizou enorme progresso com sua AAD (Análise Automática do Discurso), visto que já considerou basicamente as condições de produção, o processo de produção, bem como a própria superfície discursiva e também o aspecto semântico do discurso. No entanto, propôs para a análise uma "constante semântica", fato que, segundo Osakabe, aproximou Pêcheux das limitações do distribucionalismo harrisiano.

Já Osakabe, além de fazer uma competente retrospectiva dos trabalhos direcionados à obtenção de métodos de análise de discurso, realiza, ele próprio, densa análise do discurso político, considerando fundamentalmente as condições de produção, os atos de linguagem, o contexto situacional e a organização argumentativa do discurso, valendo-se para tanto de Aristóteles e Perelman. O trabalho de Osakabe, marcado por extrema contemporaneidade, é da maior importância para o estudioso da linguagem.

36. M. T. F. Rocco, *Crise na Linguagem*, São Paulo, Mestre Jou, 1981.
37. Z. Harris, "Analyse de Discours", in: *Langages*, Paris, Larousse, n.º 13, 1969.
38. M. Pêcheux, *Analyse Automatique du Discours*, Paris, Dunod, 1969.
39. H. Osakabe, *Argumentação e Discurso Político*, São Paulo, Kairós, 1979.
40. M. Halliday e R. Hasan, *Cohesion in English*, Londres, Longman, 1976.
41. M. Halliday, *Language as Social Semiotic*, 2.ª ed., Londres, Edward Arnold, 1979.

Halliday, por seu lado, demonstra a tendência para propostas que visam à análise de texto, já a partir de suas preocupações, não só com o próprio conceito de texto, mas também com o aporte semântico inerente a tais textos. Para ele, "Um texto não é alguma coisa como uma sentença, apenas maior; ele é diferente de uma sentença por natureza. Um texto é melhor encarado como uma 'unidade semântica': uma unidade não de forma mas de sentido".

Halliday considera fundamental, para analisar um texto, estudar a competência discursiva e os níveis de significação textual, tarefa que não concebe como fácil, uma vez que: "um texto representa escolha. Um texto é 'aquilo que se quer expressar', selecionado do conjunto total de opções que constitui aquilo que se pode querer expressar"[42].

Mas voltando à questão básica de diferenciação conceitual e terminológica entre *texto* e *discurso*, reportamo-nos ao trabalho de Fávero e Koch[43]. As autoras indicam que algumas das confusões a respeito originam-se já no fato de haver algumas línguas (alemão, por exemplo) onde só existe o termo *texto*. Em outras, como no inglês, *texto* é mais utilizado para a modalidade escrita. Apontam, no entanto, Fávero e Koch, que "enquanto alguns autores distinguem *discurso* e *texto*, atribuindo-lhes conceituações diferentes, outros empregam esses termos como sinônimos ou quase sinônimos". Examinam várias posições teóricas, dentre as quais as de van Dijk e Hjelmslev.

Após várias e importantes considerações, mas que não cabem na especificidade deste trabalho, as autoras chegam à conclusão bastante satisfatória no que respeita a uma clarificação conceitual. Em função das reflexões que conduzem, e ainda tomando por base a análise de posturas dos vários lingüistas por elas estudados, sobretudo no tocante à diferenciação texto/discurso, afirmam ser viável concluir que:

"(...) o termo *texto* pode ser tomado em duas acepções: texto em sentido *lato* designa toda e qualquer manifestação da capacidade textual do ser humano (...) isto é, qualquer tipo de comunicação realizada através de um sistema de signos. Em se tratando da linguagem verbal, temos o *discurso*, atividade comunicativa de um falante, numa situação de comunicação dada, englobando o conjunto de enunciados pro-

---

42. M. Halliday, op. cit., p. 109
43. L. L. Fávero e I. V. Koch, *Lingüística Textual*, São Paulo, Cortez, 1983.

duzidos pelo locutor (ou por este e seu interlocutor, no caso do diálogo) e o evento de sua enunciação. O discurso é manifestado lingüisticamente por meio de textos (sentido estrito). Neste sentido, o texto consiste em qualquer passagem falada ou escrita que forma um todo significativo, independente de sua extensão"[44].

O *texto* corresponde, portanto, à atualização verbal, enquanto o *discurso* assume significação mais abrangente, na medida em que trabalha sobre os enunciados e sobre as condições de produção.

Na seqüência, iremos examinar algumas outras questões relativas à AD, não sem antes afirmar que encampamos tais acepções atribuídas por Fávero e Koch aos conceitos de *texto* e *discurso*.

Tentaremos agora breve mapeamento de alguns autores e linhas de trabalho que nortearam a análise dos textos televisivos. Antes, porém, creio necessária mais uma justificativa da opção pela AD, justificativa de caráter pedagógico e operacional.

Como professora de língua materna, minha preocupação acadêmica não se fixa somente no teórico, visando também à possibilidade de uma proposta de caráter mais prático e com fins educacionais.

Já em trabalho próprio anterior, partindo das fundamentais contribuições da lingüística teórica, foi possível, então, perceber a riqueza de possibilidades oferecidas pela AD e também pela lingüística textual, na medida em que ambas, com muitos pontos de imbricamento, que se encaixavam, como ainda se encaixam, com muita propriedade aos objetivos de minha proposta atual. E por que razão? Precisamos, em língua materna, de formas que dêem conta de certas dimensões intrincadas e entrelaçadas, presentes num discurso. A criança, o jovem, na escola de 1º e 2º graus, os indivíduos em geral, na vida diária, convivem o tempo todo com textos (verbais e não verbais).

Atendo-nos ao verbal, verificamos ser o texto/discurso do diálogo, por exemplo, enquanto unidade de expressão comunicativa interindividual, o elemento que garante o processo informativo-comunicativo, que garante, enfim, todo o processo de locução-interlocução. O discurso da escola, o discurso da casa, o discurso do grupo social, o discurso dos veículos de massa são formas altamente representativas da mediação entre o indivíduo e a realidade.

Nada, pois, mais pertinente que a sociedade, a escola, as pro-

---

44. L. L. Fávero e I. V. Koch, id., ib., p. 25.

postas pedagógicas de ensino em língua materna tentarem fazer com que esse indivíduo consiga perceber e apreender como funcionam os textos e discursos que expressam e plasmam a realidade em que vive.

Especificamente neste caso, ao trabalharmos com o texto e o discurso veiculado por alguns gêneros da TV brasileira, procuramos lançar mão de trabalhos que se encaminhem na direção da AD, na medida em que, pelos procedimentos da AD, temos condição de realizar análises verbais que, em determinados momentos, abram brechas para uma proposta mais operacional de trabalho com o verbal, de modo mais amplo, e que se oriente ainda para o ensino de língua materna, mais particularmente. Nosso objetivo, em momento algum, será o de construir um modelo lingüístico fixo para análise de texto, nem seguir modelos excessivamente formais já existentes. A proposta consiste antes em indicar *procedimentos*, linhas de ação que se apliquem, abertas, à análise desses textos e discursos. O que à primeira vista pode parecer um excesso heterodoxo, na verdade não o é, pois um modelo rígido e fechado de análise de texto, a essa altura, seria no mínimo impertinente, sobretudo levando-se em conta a flexibilidade de atuação própria da AD.

Não mais é possível ficarmos restritos a uma gramática da frase, ainda que essa gramática tenha sido a base, o momento nuclear e fundamental, do qual também se partiu para novas buscas em linguagem. É preciso, pois, nos voltarmos a procedimentos teóricos que dêem conta do textual, do discursivo, de uma linguagem em função.

A essa altura, a AD se apresenta como muito atraente, na medida em que, pressupondo a lingüística, incorpora ainda outras dimensões fundamentais do verbal, como, por exemplo, as dimensões social e ideológica.

Mas voltemos ao exame de mais algumas posturas teóricas que servem de base à análise que propomos. Não se trata de uma revisão histórica e cronológica das propostas relativas à AD. Trata-se antes da retomada de alguns pontos que balizam nosso trabalho. Partindo, pois, de Harris, passando por Pêcheux, Osakabe e Halliday, conforme já relatado rapidamente, chegamos a Ducrot[45], que nesses últimos vinte anos e através de contínuas re-

---

45. O. Ducrot, "Pressuposés et sous-entendus", in: Rev. *Langue Française*, Paris, Larousse, n.º 4, 1969, pp. 30-43. *Dire et ne pas Dire*, Paris, Hermann, 1972. *Les Mots du Discours*, Paris, Minuit, 1980. *O dizer e o Dito*, Campinas, Pontes, 1987.

visões vem modificando o tratamento que dá aos textos, na medida em que trabalha sobre fenômenos (até então pouco explorados) inerentes ao verbal e que, na verdade, determinam a natureza desse verbal. O primeiro de tais aspectos refere-se à avaliação e análise da pressuposição.

O segundo aspecto reporta-se às chamadas "leis do discurso", no qual são analisadas as condições essenciais para que tal discurso efetivamente se realize. O discurso, seja ele um monólogo, seja um diálogo, deve satisfazer, segundo o autor, a duas condições básicas:

1ª *"Condição de Progresso"* — pela qual é proibido se repetir, devendo cada enunciado trazer uma informação nova, sob pena de haver "rabâchage" ["chateação"];
2ª *"Condição de Coerência"* — pela qual todos os enunciados devem se situar num quadro intelectual constante, razão por que é preciso que haja uma taxa de redundância com reaparecimento regular de alguns conteúdos.

E para evitar a "chateação", é preciso que trabalhemos com os elementos semânticos, sejam eles postos ou pressupostos. O nível sintático, fundamental, deve embasar as análises — que, calcadas no sintático, no morfológico, no fonológico e no lexical, jamais poderão abrir mão de estudos da semanticidade textual.

Para Ducrot, a análise de textos (escritos e orais) é instrumento fundamental para o lingüista, para o professor de língua materna em particular, para o educador, de modo geral.

Ducrot, ao tratar da atribuição de sentido a uma frase, adverte sobre a limitação de se trabalhar apenas sobre a contribuição semântica de palavras isoladas. A atribuição de valor semântico à frase deve trazer uma significação tal que possibilite avaliar o sentido do enunciado, se forem modificadas algumas condições.

Para Ducrot, portanto, a significação é diversa, por natureza, do sentido literal, sendo portadora, conseqüentemente, de "instruções" àqueles que trabalham com a interpretação de um enunciado de frase.

Partindo de tal linha de reflexão é que Ducrot fará a análise de operadores verbais tais como *mesmo, decididamente, mas, pois bem*, entre outros, demonstrando o tipo de instrução que um determinado operador transmite, levando-se em conta, evidentemente, a situação de emprego. Para ilustrar o tipo de análise realizado por Ducrot e também para demonstrar que os operadores (conectores) dizem respeito "não a segmentos materiais do texto, mas a entidades semânticas que podem ter apenas uma relação bastante indireta com tais segmentos"[46], transcrevemos os enunciados seguintes:

"1. Pedro está lá, mas João não o verá.
2. Pedro está lá, mas isso não diz respeito a João"[47].

A relação de oposição existe em ambos os casos, mas verifica-se não serem oposições de mesma natureza, tendo em vista que a situação de discurso, o contexto situacional em que se atualizam esses enunciados são diversos. Portanto, pode-se concluir, neste breve esboço de algumas propostas de Ducrot, que o sentido dos enunciados varia porque também variam as condições de produção e os contextos situacionais. Além desse fato, é preciso considerar ainda o referencial dos interlocutores, sua concepção de mundo, que se altera de indivíduo para indivíduo, de grupo para grupo, situação que só pode ser analisada de forma mais compreensiva por meio de um trabalho de análise textual.

Investigações sobre os operadores verbais, bem como análises referentes a escolhas lexicais, a tipos de modalização, análises de função poética da linguagem, estruturação sintático-semântica do discurso e ainda a consciência contemporânea que se tem da argumentação como característica inerente ao verbal, são fatos fundamentais que constroem a AD, e dos quais nos utilizaremos.

Em vista desse dado, temos que nos reportar a alguns outros textos que se impõem também como fundamentais para a AD. Evidentemente, muitos outros devem existir, mas enfocá-los, a vários, fugiria à nossa finalidade. Rapidamente, nos deteremos sobre os trabalhos de Carlos Vogt, E. Guimarães, I. V. Koch e finalmente, com mais demora, trataremos de Eni Orlandi.

O estudo das conjunções, realizado por Vogt, individualmente ou em co-autoria com Ducrot, contribuiu de forma indiscutível à evolução da AD, sobretudo no que se refere à importância atribuída ao aspecto argumentativo do verbal — evidência que se observa através das inteligentes análises que faz Vogt, enquanto estudioso pioneiro dos operadores verbais.

Através de uma abordagem semântico-pragmática das conjunções, bem como de outros operadores verbais, E. Guimarães, na obra *Texto e Argumentação*, já indicada, ilumina fortemente o campo da AD, demonstrando a força argumentativa desses operadores que, até há algum tempo atrás, em razão de análises ex-

---

46. O. Ducrot, *Les Mots du Discours*, op. cit., p. 15.
47. O. Ducrot, id., ib., p. 15.

cessivamente formais e não questionadoras, eram tratados como sendo portadores de cargas semânticas nulas ou então congeladas. Assim, conseqüentemente, o aspecto semântico dos enunciados conectados, bem como a relação sintática entre eles instaurada, eram vistos mecanicamente, acabando por gerar resultados falseados, em nome de conceitos formais excessivamente rígidos.

Para exemplificar o tipo de pesquisa conduzida por Guimarães, cujos resultados, quando pertinentes, serão por nós utilizados, reproduziremos um *flash* da investigação relativa aos operadores *mesmo*, *até*, *até mesmo*, normalmente considerados como advérbios. Assim, nos exemplos:

"1. Até Pedro veio.
2. Mesmo Pedro veio.
3. Até mesmo Pedro veio"[48],

conforme demonstra o autor, os operadores não circunstanciam o verbo *veio* (função gramatical precípua do advérbio), pois, na verdade, eles agem sobre a *enunciação*, introduzindo uma situação avaliatória ao enunciado e trazendo-lhe força argumentativa como um todo. Tais operadores devem, pois, ser redimensionados, redefinidos, em razão dos papéis e valores que assumem e atribuem.

Uma vez redefinidos, pois, esses papéis e valores, automaticamente redefinem-se também as posições já fixadas referentes à enunciação e ao enunciado, revelando a importância de se atentar para a questão da "polifonia" e dos "recortes" que agem sobre o processo textual em função.

Focalizando ainda o aspecto argumentativo, nos deteremos também sobre o sólido trabalho de I. V. Koch, *Argumentação e Linguagem*, no qual a autora destaca pontos de enorme relevância para o entendimento e análise de um texto, tais como estudo do real valor semântico-pragmático das frases no discurso, face aos esquemas sintáticos excessivamente rígidos de coordenação-subordinação; análise das formas de implicitação textual (a partir das propostas de Ducrot); observação da natureza e função dos atos de linguagem (a partir dos teóricos analíticos de Oxford); caracterização dos tipos de lexicalização, relacionados à exposição de modalidades, entre outros. Recobrindo todos esses elemen-

48. E. Guimarães, op. cit., pp. 94-95.

tos, encontra-se clara a idéia de *argumentatividade* como característica básica do verbal, conforme já referimos. I. V. Koch, logo no início de sua obra, afirma que "o ato de argumentar constitui o ato lingüístico fundamental", sendo que "a interação social, por intermédio da língua, caracteriza-se, fundamentalmente, pela argumentatividade"⁴⁹. A argumentação, na visão da autora, que endossamos, caracteriza-se seja como "ato de convencer" — dirigindo-se à razão, através de "provas objetivas e raciocínio estritamente lógico" (ou "quase lógico", conforme Perelman), seja como "ato de persuadir", ato que tem por finalidade atingir a *vontade* e o *sentimento* dos interlocutores em razão de argumentos plausíveis, verossímeis.

Gostaria de observar que, em nossas análises, nem sempre será possível obter um nítido divisor de águas entre, por exemplo, argumentos lógicos, lastreados em provas objetivas, e outros, de natureza mais pragmática, baseados na estrutura verossímil do real. Argumentos há cujas naturezas surgem imbricadas: baseiam-se na evidência de provas, as quais, por sua vez, têm a origem calcada na verossimilhança do real. Portanto, para fins operatórios, falaremos de argumentação (persuasiva ou não) de modo geral.

Seguindo a orientação argumentativa de seu trabalho, Koch remete aos filósofos analíticos, sobretudo a Austin e Searle, que postularam os *atos de linguagem*, definidos como aqueles atos que se realizam na proporção em que *o dizer se faz fazer*. Resulta daí a classificação em *atos locucionários*, "que encerram a força com que os enunciados são produzidos", e *atos perlocucionários*, "que dizem respeito aos efeitos visados pelo uso da linguagem, entre os quais os de *convencer e persuadir*"⁵⁰.

Abordando mais especificamente alguns outros *processos de linguagem*, bem como as *marcas verbais* que se mostram como aspectos constitutivos fundamentais da AD, baseando-se ainda em Ducrot, a autora considera que, no tocante à implicitação, distinguem-se três formas bem caracterizadas: "implicitação baseada na *enunciação*, implicitação baseada no *enunciado* e implicitação do *próprio enunciado*"⁵¹.

Segundo I. V. Koch, essas formas de implicitação carregam em si características nitidamente argumentativas que acabam por estar muito presentes na organização textual.

49. I. V. Koch, op. cit., p. 19.
50. I. V. Koch, id., ib., p. 20.
51. I. V. Koch, id., ib., p. 65.

Quanto aos tipos de lexicalização, ligados à expressão de modalidades e que traduzem as intenções do locutor, a autora indica as várias formas pelas quais se dá esse processo através de *operadores modais* e de outros *argumentativos*. Entre as categorias de *operadores modais* apresentados por Koch, destacamos:

"1. Performativos perlocutórios explícitos, encontráveis em situações verbais do tipo: eu ordeno, eu proíbo;
2. Predicados cristalizados do tipo: é certo, é preciso, todos sabem... e que introduzem forte carga de pressuposição nos enunciados;
3. Advérbios modalizadores: todos os advérbios de modo e expressões equivalentes que circunstancializam os fatos da linguagem;
4. Modos e tempos verbais: imperativo; futuro do pretérito com valor de probabilidade, de hipótese; imperfeito do indicativo, com valor de irrealidade;
5. Verbos de atitude preposicional do tipo: eu creio, eu sei, eu duvido."

Quanto aos *operadores argumentativos*, Koch analisa a força argumentativa de operadores, tais como "um pouco", "quase", "até", "apenas"[52], em direção bem próxima àquela seguida também por E. Guimarães.

No tocante a esses operadores argumentativos, a autora estuda a natureza gramatical das instruções neles contidas e que dão bem conta da natureza retórica inerente ao verbal.

Quanto às estruturas sintáticas, a autora faz cuidadosa revisão do esquema: oração coordenada, justaposta, subordinada, atentando também para os papéis e valores semânticos, que normalmente lhes são atribuídos de forma fixa e não refletida.

Todos esses aspectos levantados são de relevância para um trabalho que tenha também a AD como opção para estudo.

Existem várias críticas sobre a Análise de Discurso. É preciso refletir sobre a natureza dessa críticas. Aceitamos, por exemplo, o fato de a AD recorrer a várias fontes teóricas, daí ter sido até denominada por alguns, mesmo seus adeptos, como uma espécie de "bricolage théorique". Não há por que não lançar mão de recursos teóricos diversos e múltiplos, desde que não se coloquem juntas linhas divergentes e incompatíveis pelas próprias naturezas.

O fato de ater-se ao "único" quando, por exemplo, a confluência de linhas não conflitantes aponta caminhos claros e resulta-

---

52. I. V. Koch, id., ib., p. 87.

dos satisfatórios, como ocorre com a análise textual e discursiva, quer-me parecer, traduz quem sabe um excesso de ortodoxia.

Se, por exemplo, as propostas de natureza mais formalizante de uma *lingüística textual* dão conta de determinados problemas relativos à análise do verbal, por que não se apropriar delas? Se, no entanto, são os procedimentos específicos da AD os que mais se encaixam para a consecução de determinados fins, por que não empregá-los? E, se houver imbricamento entre ambas as orientações, em vários pontos que se intersectam, que essa intersecção seja também aproveitada para tentar resolver problemas de difícil solução.

Antes de fechar este segundo momento das considerações teóricas, iremos nos deter sobre a obra de Eni Orlandi, *A Linguagem e seu Funcionamento*, a que já nos referimos. A forma esclarecedora, ordenada e ao mesmo tempo provocante com que a autora trata a AD e a maneira pela qual elabora uma tipologia discursiva foram extremamente importantes para nosso estudo.

Para Eni Orlandi, a AD opera numa direção que vai da "prática à teoria" e se liga à pragmática, à enunciação, à argumentação e à análise da conversação, levando sempre em conta o histórico, o ideológico, sem o que não há discurso que se atualize enquanto tal. Preocupa-se também a AD com os atos de linguagem, com a pressuposição e com o papel fundamental da locução-interlocução, que é "intervalar" na medida em que existe um espaço vago entre o locutor e o alocutário e vice-versa, na troca de papéis que se instaura a partir de um diálogo que, segundo Bakhtin[53], corresponde à unidade mínima de comunicação, de vez que não há ato verbal sem interlocutor (mesmo virtual).

A AD é muito abrangente. Focaliza, entre outras dimensões, o léxico, o morfológico, o sintático, o semântico e o pragmático. Ao trabalhar, por exemplo, com adjetivos, substantivos, verbos, quantificadores, operadores verbais em geral, atenta sempre para suas *funções*, na medida em que descongela conceitos estáticos e se volta para a linguagem em ação. A AD analisa também as ocorrências de natureza social, ideológica e histórica do texto, não se restringindo ao puramente lingüístico, pois, conforme Eni Orlandi:

"Não se pode ignorar que o espaço social significa, que o lugar social do falante e do ouvinte, o lugar social da pro-

---

53. M. (Volochínov) Bakhtin, *Marxismo e Filosofia da Linguagem*, São Paulo, Hucitec, 1981.

dução do texto, a forma de distribuição do texto, o mecanismo da indústria cultural, tudo isso significa"[54].

Outros recursos verbais, tais como os específicos da linguagem poética, são ainda considerados, procurando-se, pela AD, estabelecer uma "rede semântica" que seria intermediária entre o "social e o gramatical"[55]. Temos, pois, que recorrer à confluência de vários contextos: o *lingüístico* propriamente dito, o *social situacional*, o *pragmático* e o *contexto de produção* (condições de produção) para obtermos nível mais ampliado da significação de um discurso. E que seriam exatamente essas instâncias? Segundo Eni Orlandi, as *condições de produção* dariam conta da relação entre interlocutores e o referente, abrangendo o todo da emissão e recepção. *O contexto lingüístico* (a superfície verbal) seria estudado, tomando-se um elemento em particular, na sua relação com os demais, tendo em vista a estrutura da frase, bem como a relação da frase com o *contexto de situação*, que, por seu turno, seria analisado em função do locutor, do enunciado, da relação com o mundo, da relação com o ouvinte[56].

No caso do texto da TV, por exemplo, uma análise dessa natureza se mostra pertinente, sobretudo em razão de os mecanismos persuasivos, bem como de certas orientações ideológicas, comumente encontradas no veículo, se sobreporem ou se incorporarem à própria mensagem que é veiculada.

Passando agora à discussão do conceito de tipologia discursiva, pedra de toque do trabalho de Eni Orlandi, verificamos que, partindo de Marandin[57], a autora define tipo de discurso como sendo "uma configuração de traços formais associados a um efeito de sentido, caracterizando a atitude do locutor face a seu discurso e através desta, face ao destinatário"[58].

Analisando várias manifestações discursivas (discurso pedagógico, discurso da história na escola, entre outros), Orlandi propõe uma segura tipologia que permite mapear com maior amplitude aspectos específicos de certas produções discursivas. Quanto ao alcance, a autora afirma considerar qualquer tipologia como relativa e com isso nos adverte para o risco de generalizações e transposições inadequadas de uma modalidade para outra.

54. E. Orlandi, op. cit., p. 55.
55. E. Orlandi, id., ib., p. 57.
56. Cf. E. Orlandi, id., ib., pp. 29 e 59.
57. J. M. Marandin, "Problèmes de L'Analyse du Discours Française", in: *Langages*, Paris, Larousse, n.º 55, 1979, p. 32.
58. E. Orlandi, op. cit., p. 28.

Ao propor sua tipologia, Eni Orlandi, alertando sempre para o fato de uma tipologia não ser categórica e petrificada, procura estabelecer critérios que possam dar conta da relação "linguagem/contexto", entendido aqui contexto sob dois pontos de vista: um primeiro, considerado *stricto sensu*, em que a idéia de contexto é focalizada como "situação de interlocução, circunstância de comunicação, instância de linguagem"; um segundo aspecto, pensado *lato sensu*, nos traz a noção de contexto a partir da trama de relações que deve dar conta de "determinações históricosociais e ideológicas"[59].

A proposta da autora caracteriza o discurso em três tipos predominantes: discurso lúdico, discurso polêmico, discurso autoritário. E quais seriam as características básicas de tais modalidades? Em que medida umas se opõem às outras?

O *discurso lúdico* seria aquele mais aberto, um discurso que causa prazer, um discurso de ruptura, cujo pólo básico reside na polissemia (no diferente), no plurívoco, sendo essa polissemia evidentemente aberta, através da qual os interlocutores se exporiam livremente.

O *discurso polêmico* se caracterizaria pela presença de uma "polissemia controlada", em que os participantes não se exporiam com tanta liberdade, procurando antes "dominar o referente, dando-lhe uma direção". Quanto à reversibilidade, esta ocorre sob condições especiais, desde que presente o objeto do discurso.

Quanto ao *discurso autoritário* (DA), Eni Orlandi vai opô-lo justamente ao lúdico, em suas características mais gerais. Se no lúdico o pólo básico é a polissemia, o autoritário terá seu pólo definidor na paráfrase (no igual). No DA, a polissemia é contida ao máximo. *Em geral não há reais interlocutores*, há antes uma *voz auto-suficiente* que emite o discurso. Se examinarmos o léxico, encontraremos marcas do tipo "dever", "ser preciso", "é porque é", entre outras. A autora, ao fazer a análise do discurso pedagógico[60], que considera autoritário, levanta uma série de critérios que julgamos importante ressaltar. Esse discurso caracteriza-se do ponto de vista do *emissor* por:
— dominar o tempo de atuação;
— transmitir informações sob a rubrica da cientificidade;
— causar no sujeito receptor uma ilusão discursiva de ser ele a origem e razão do discurso;
— ter o direito de interrogar;

---

59. E. Orlandi, op. cit., p. 152.
60. E. Orlandi, id., ib., pp. 29-39.

— ter um discurso individualizado do ponto de vista estilístico;
— construir um tipo de estratégia que toma feições de estratégia imperativa quando, na verdade, se trata da discussão de questões;
— apresentar muito claras as formas lingüísticas que revelam sua função;
— deter o domínio do fio do discurso;
— quebrar as leis do discurso.

Quanto ao *receptor*, tal discurso caracteriza-se por:
— não-definição do tempo de atuação;
— aceitação das representações que fixam o professor (o apresentador...) como autoridade e o receptor como tutelado;
— maior quantidade de silêncio;
— não-questionamento de pressupostos e implicitações, informações de várias naturezas, bem como dos efeitos de sentidos que são passados a esse receptor;
— impossibilidade de discordância;
— respostas quase que automaticamente embutidas na interrogação, nas perguntas;
— marcas lingüísticas nem sempre claras.

No discurso pedagógico analisado por Orlandi, a relação verbal se dá entre o professor e o aluno. No discurso verbal da TV, a relação verbal se dá entre o locutor, o apresentador, o narrador e os telespectadores (alocutários, ouvintes), através da mediação do próprio veículo — fato que não pode ser esquecido.

Na seqüência, tentaremos aplicar algumas das categorias obtidas por Eni Orlandi ao discurso televisivo dos gêneros por nós escolhidos, a fim de tentar também uma tipologia do verbal da TV nesses segmentos.

Retomando um pouco o fio que orienta nossos apoios teóricos e sustenta os critérios de análise, observamos que a teoria de Perelman e as propostas da AD, aí incluindo uma tipologia discursiva, integram-se e integralizam-se, pois, a meu ver, as propostas de Perelman recobrem parte do campo da Análise de Discurso, a qual, por sua vez, circunstancia e detalha aspectos propostos pela Nova Retórica, traçando ambas um trajeto complexo de interação e complementação de posturas e ações. Não vemos, por conseguinte, entre elas, qualquer tipo de incompatibilidade teórica. O que pode ocorrer, talvez, em alguns momentos, são algumas superposições de conceitos e critérios que, antes de serem redundantes, configuram-se mais como formas reforçadoras dos partidos adotados.

O verbal dos comerciais: A caracterização de Gillian Dyer

Passaremos agora ao trabalho de Dyer, já nomeado, que estuda a estruturação dos comerciais, detendo-se sobretudo no verbal por eles veiculado. Resolvemos incluir os critérios de Dyer, mesmo que voltados basicamente para os comerciais, na medida em que observamos serem eles capazes, pelo menos em parte, de responder também pela análise do "Programa Sílvio Santos".

Para Dyer, um estudo do verbal da TV, e especialmente do comercial, é da maior relevância, de vez que o autor acredita também que o verbal ancora e orienta vários níveis de significação; é esse verbal, colado à imagem, que melhor garante a dimensão semiótica da TV, pois, como afirma o autor, "na verdade, o discurso verbal dos comerciais é, às vezes, mais importante que seu aspecto visual"[61].

Dyer discorre sobre algumas características do verbal dos comerciais, sobretudo daqueles da TV, bem como relata o quadro temático em que se inscrevem tais comerciais.

Assim, para o autor, o verbal da TV, sobretudo o dos comerciais, apresenta algumas funções básicas relevantes. Cabe, pois, a esse verbal:

— expressar a relação ANTES-DEPOIS;
— transmitir valores e verdades "definitivas" aos telespectadores, através de depoimentos e entrevistas, seja com *pessoas comuns*, seja com *experts*, *celebridades* e *autoridades*;
— conferir credibilidade a ocorrências comuns, banais, bem como outorgar seriedade e validade científica a determinados produtos, situações e experiências, utilizando um discurso marcadamente científico;
— montar diálogos e monólogos para testemunhar ou discutir fatos e situações;
— fixar e manter a cadeia de significação;
— ancorar a variedade dos diferentes sentidos;
— resolver contradições e ambigüidades da imagem;
— ligar as imagens móveis entre si;
— elucidar a imagem, adiantando a ação narrativa;
— dar o fecho (quase sempre em *off*), que, semelhantemente à função exercida pelo coro grego, comenta a ação;
— dar vida à figura do animador, imprescindível, mas que não subsiste sem o verbal.

61. G. Dyer, *Advertising as Communication*, op. cit., p. 139.

Para conseguir esses efeitos via TV, inúmeros são os recursos de linguagem utilizados, dentre os quais destacamos:
— presença do imperativo explícito ou subliminar;
— estruturação sintática à base de frases curtas, frases nominais e justaposição;
— estruturação lexical calcada na repetição;
— presença de *slogans* e sintagmas clichezados;
— predomínio de adjetivos superlativizados e advérbios;
— repetição valorizadora de nomes de produtos e de suas qualidades;
— presença de jogos verbais;
— presença de rima e ritmo reforçadores e ampliadores da significação;
— recurso à linguagem coloquial;
— recurso à exortação;
— recurso a metáforas, metonímias e outras figuras;
— presença de aliterações, assonâncias e anáforas;
— recurso a paralelismos e comparações.

Na opinião de Dyer, a linguagem do comercial envolve todo um processo retórico-argumentativo com vistas à persuasão do receptor. Acha Dyer que "o comercial é o lugar mais evidente em que encontramos a prática da retórica hoje"[62].

Falando sobre a força de certos recursos, tanto verbais quanto visuais, e dirigindo suas reflexões na mesma linha da Nova Retórica, Dyer afirma ainda que "o sucesso do comercial depende não de suas proposições lógicas, mas dos tipos de fantasia que oferece"[63].

O autor faz também uma análise das linhas de apelo mais freqüentes, e que melhor caracterizam a temática do segmento. Tem-se: presença da família feliz; estilos sofisticados de vida cujas marcas valorizadas são: a riqueza, o luxo, o sucesso, o status; exortação da saúde, apelo à sexualidade e à sensualidade, valorização da criança e da infância, apologia do novo, do moderno e da contemporaneidade.

A nosso ver, grande parte dessas linhas de apelo aparecem também em outros gêneros de TV e não apenas em comerciais. É o que se observa, por exemplo, na crescente veiculação de *merchandising* inserida em diálogos de novelas, bem como em outros segmentos.

62. G. Dyer, id., ib., p. 159.
63. G. Dyer, id., ib., p. 184.

Neste final de capítulo, antes de passarmos às já anunciadas análises, gostaríamos de nos deter sobre algumas reflexões do estudioso inglês Dixon[64], que aponta, com muita pertinência, a importância de estudos do verbal de comerciais e de outros segmentos, conduzidos modernamente na linha da argumentação e da retórica.

Para o autor, tais estudos, além de seu valor intrínseco, acabam por recuperar disciplinas antigas que se aliam a outras, novas. Por esse tipo de aproximação, os trabalhos de análise do verbal passam a ser desenvolvidos à luz de propostas clássicas que se ligam satisfatoriamente a enfoques modernos, daí resultando um novo e revigorado processo de abordagem textual.

---

64. Dixon, *Rhetoric* (The Critical Idiom), Londres, Methuen, 1971, p. 77.

3.
O verbal em alguns segmentos da televisão: elementos para uma gramática

"A realidade da imagem está no ícone. A verdade da imagem está no símbolo verbal."

Alfredo Bosi[1]

Introdução

Neste capítulo propomos realizar uma análise do verbal veiculado por dois gêneros (ou segmentos) da televisão brasileira: comerciais e "Programa Sílvio Santos". Os objetivos básicos são, por um lado, obter uma caracterização do verbal, a fim de esboçar um tipo de "gramática" dessa linguagem, pensando-se sempre nesses "gêneros" indicados; por outro lado, se logrado o primeiro ponto, aprofundar algumas reflexões a respeito, bem como encaminhar propostas para um trabalho de leitura crítica desse verbal da televisão na escola, pensando-se basicamente em suas relações com o ensino de língua materna.

As propostas teóricas desenvolvidas em capítulo precedente deverão balizar as análises, ainda que a elas não nos fixemos de forma rígida, pois a flexibilidade do verbal, os recortes da enunciação, os jogos dialógicos não combinam, a meu ver, com excessiva rigidez e nem com modelos fechados. Nem por isso o estudo desse verbal perde em rigor, se comparado a outras modalidades.

No que respeita aos comerciais, escolhemos alguns que recobrem áreas temáticas diversificadas: cosméticos, produtos para a casa, material de limpeza, alimentos, brinquedos e outros mais, buscando ilustrar as direções básicas que, com freqüência, seguem.

No tocante ao "Programa Sílvio Santos", nos deteremos so-

1. A. Bosi, *O Ser e o Tempo da Poesia*, São Paulo, Cultrix/EDUSP, 1977, p. 36.

bre alguns trechos escolhidos a partir dos quadros mais representativos, ou seja, aqueles que atingiam, na época, maiores níveis de audiência, como é o caso, por exemplo, de "Porta da Esperança", "Cinderela", "Domingo no Parque", "Show de Calouros", e ainda sobre momentos em que o apresentador "conversa com o auditório" ou faz chamadas sobre a seqüência da própria programação. Uma das análises mais longas será de um diálogo de "Porta da Esperança", praticamente reproduzido na íntegra com vistas a um mapeamento amplo e compreensivo do verbal que recobre esse tipo de programação.

Gostaria, porém, antes, de pontuar alguns aspectos relativos à situação de quem se propõe a um trabalho de análise textual e discursiva, sobretudo no caso do texto verbal da TV.

Entendemos, como Bakhtin[2], que o discurso, seja o da vida real, seja o dos *media*, instaura-se no âmbito do dialógico, na medida em que pessoalmente encaramos o monológico como forma abstrata, congelada, da manifestação verbal. O monológico bloqueia o processo de enunciação em seus recortes polifônicos, enunciação que sempre preside a relação verbal interpessoal, interindividual. Tendo em vista as discussões e dificuldades que ainda caracterizam os estudos sobre a enunciação, fácil é entender a existência de uma certa dose de tensão pessoal que atinge o pesquisador de textos. No entanto, é o próprio autor soviético que indica brechas oxigenadoras em direção a um trabalho sobre o discurso[*], partindo de uma abordagem do que denomina "discurso citado", isto é, de um trabalho sobre os esquemas verbais que presidem o "discurso de outrem", por meio das manifestações lingüístico-contextuais observadas nas modalidades do discurso direto, indireto e indireto livre. Como atuam, como interagem essas feições discursivas entre os interlocutores? Como se pode observar, por exemplo, o discurso direto dos diálogos enquanto modalidade em si, enquanto entidade que diz algo e a forma pela qual diz esse algo? Como se dá a recepção do discurso do outro? Existe possibilidade de ser passiva? A recepção do discurso do outro é sempre ativa, viva? Pelo menos é aquilo em que acreditamos. No entanto, mesmo que sempre ativa, de que forma contornar ou resolver o "reflexo das hesitações subjetivo-psicológicas dos falantes?"[3] De que modo perceber, equacionar

---

2. M. (Volochínov) Bakhtin, *Marxismo e Filosofia da Linguagem*, São Paulo, Hucitec, 1981.
* Observe-se que o texto de Bakhtin, publicado em 1929, é da maior contemporaneidade.
3. M. (Volochínov) Bakhtin, id., ib., p. 147.

e denunciar, por exemplo, o "grau de autoritarismo e de dogmatismo que acompanha a apreensão do discurso"[4] e também a elocução desse discurso?

Bakhtin aponta as dificuldades de um trabalho sobre a análise discursiva, mas ele próprio desfaz este nível de dificuldade na medida em que nos põe diante de um jogo dialético que vai das constatações de problemas às possibilidades de resolução dos mesmos. Propõe Bakhtin uma ordem metodológica para o estudo da *linguagem*, pensada sempre como o espaço de um diálogo. São, antes, passos-seqüências que podem se desenvolver da seguinte maneira: primeiramente uma "análise das formas e tipos de interação verbal em ligação com as condições concretas em que se realiza" essa interação. Em segundo lugar, um levantamento de formas das diversas e possíveis "enunciações, dos atos de fala isolados em ligação estreita com a interação de que se constituem elementos"; e, finalmente, "um exame das formas da língua na sua interpretação lingüística habitual"[5].

Assim, um trabalho com a interação verbal, pensada nos termos de suas condições concretas de produção, bem como um exame das realizações que constituem a superfície lingüística e discursiva, mostram-se possíveis e factíveis nos limites teóricos, por exemplo, em que presentemente trabalhamos.

Reportei-me no início a uma preocupação com a recepção crítica, com a leitura crítica do discurso da TV por parte do espectador. E que se entende por recepção crítica, por leitura crítica do discurso (seja o discurso da TV, seja o de outras naturezas)? Quais os limites de uma empreitada como essa? Evidentemente não podemos pensar na ocorrência do verbal sempre com base num metaverbal crítico. É próprio da fala, do diálogo e também do ver e ouvir (caso da televisão) uma alta dose de atividade espontânea e mesmo de relaxamento e desligamento, se nos detivermos na inter-relação indivíduo-TV. Claro está que não podemos ficar sempre despertos para o *como* se organizam e se expressam os enunciados e textos que produzimos ou recebemos. No entanto, quando se cogita em recepção crítica, bem como em momentâneos mas continuados cortes formais de textos para um trabalho de análise verbal é importante que se desperte o indivíduo para receber e refletir criticamente sobre essa linguagem que recebe.

Focalizando especificamente o verbal da televisão, outros ques-

---

4. M. (Volochínov) Bakhtin, id. ib., p. 149.
5. M. (Volochínov) Bakhtin, id., ib., p. 124.

tionamentos acabam necessariamente por aparecer, uma vez que, pensando-se na especificidade do veículo, sem dúvida, verificamos profundas diferenças nos contextos situacionais e nas condições de produção das mensagens. Se nos detivermos então sobre o processo de enunciação, cuja análise já é tão difícil em condições canônicas de interlocução, maiores problemas enfrentaremos, por um lado, enquanto outros aspectos se mostrarão mais simples e evidentes, por outro, sobretudo no caso do verbal da TV. E por que razão? O processo verbal discursivo da televisão é bivalente. Se opera simplificações na inter-relação textual, por meio do emprego de fórmulas fixas, de receituários, de esquemas *prêts-à-porter* e *prêts-à-penser*, presentes nas emissões, em contrapartida acarreta dificuldades de outra natureza. Assim, como avaliar essa recepção que não tem o contraponto da interlocução expresso por meio de um verbal exteriorizado, mas que, pelo contrário, organiza-se sob as leis do discurso interior, do qual nos fala Vygotski[6] como sendo portador de uma gramática diferente, de uma sintaxe e uma semântica diversas? Como se organiza esse discurso interior que ainda pouco conhecemos, já que é indevassável e organizado conforme leis outras que não as do discurso exteriorizado? Quase não há respostas definitivas. Uma coisa, porém, parece-nos certa: mesmo que não consigamos dar conta do processo de interlocução como um todo, uma vez que o verbal é mediado pela própria TV, mesmo assim, no entanto, ao caracterizarmos a emissão, ao analisarmos a emissão, ao tentarmos um esboço desse verbal que conforma os textos televisivos, sem dúvida estaremos de posse também de outros elementos capazes de iluminar o processo da interlocução televisiva, ainda que se trate de uma interlocução mediada.

Caracterizando o discurso dos gêneros escolhidos, conseguindo elementos para esboçar uma "gramática" desse verbal veiculado pela televisão, ainda assim, muitas questões ficarão sem resposta. Indagações são mais espontâneas e sempre mais numerosas, pois mais fáceis de serem formuladas. Respostas, mais difíceis. No entanto precisamos sempre de pequenas certezas que vêm por meio dessas poucas respostas a que certamente deveremos chegar.

---

6. L. S. Vygotski, *Pensamento e Linguagem*, Lisboa, Antídoto, 1979.

Os Comerciais

Desodorante You

Agora você vai sentir a maravilhosa sensação de You, o desodorante com perfumes tão suaves, tão provocantes, que você vai usar também em todo o corpo.
— Tão envolventes, tão irresistíveis... eles me seguem por toda parte. Desodorante You. Agora com mais um perfume: Romantic I love you.

O presente texto refere-se a um cosmético dirigido fundamentalmente à consumidora feminina. Algumas das características são comuns, por exemplo, a textos de outros produtos de mesma natureza, mas de que não trataremos aqui. Nesse comercial o circunstancial temporal *agora* tece toda uma trama de oposição entre este *agora* e um *antes* pressuposto. Esse fato constitui-se já quase como um clichê obrigatório de produtos destinados à beleza, à mulher, à preservação dessa mulher. Pensando-se no aspecto efêmero da juventude e também da beleza feminina, os textos dos comerciais, no mais das vezes, apelam ao presente (Ronsard e Gregório de Matos também o fizeram, entre outros grandes) para conseguir a adesão feminina, para chegar à conquista. *Agora* opera essa demarcação no tempo e, pela oposição ao *passado*, a esse *antes* referido, o *agora* acrescenta *modernidade* e *contemporaneidade* ao produto e ao que dele será afirmado, pois, nos comerciais de TV, de modo geral, tudo que é bom, belo e merecedor de *prestígio* não está no passado, mas no presente e no futuro. Não é hora ainda de fazer observações dessa natureza. Creio, no entanto, não ser inoportuno indagar, por hipótese, até que ponto o desenraizamento de crianças e jovens dos valores mais antigos, bem como a necessidade cada vez mais premente do *novo* com valor de novidade e do *contemporâneo*, não teriam alguma origem nesse bombardeio dos *media*, para os quais tal idéia de contemporaneidade, bem como o *lugar* qualitativo por excelência, residem na noção de atualidade, marcada sempre pelo efêmero e pelo descartável.

Mas voltemos ao texto. Também aqui, como irá ocorrer com o texto do Novo Van Ess, os imperativos têm função perlocutória, função performativa, mas se mostram de maneira subliminar. Assim, através de construções do tipo "você vai sentir a maravilhosa sensação..." "você vai também usar...", percebe-se esse aspecto subliminar referido. E por que razão se impõem tão fortemente, como formas argumentativas, as expressões:

"You, desodorante com perfumes tão suaves, tão provocantes, tão envolventes, tão irresistíveis..."? Pelo fato de serem asserções valorativas, qualificadoras e não refutáveis. Os adjetivos que se aplicam a perfumes funcionam quase como epítetos que focalizam isoladamente, no caso, as qualidades, além de virem tais qualidades exacerbadas pelo intensificador *tão*, que, repetido, leva à conseqüência inevitável verificada em "que você vai usar também em todo o corpo".

Quanto a "tão suaves" e "tão provocantes", à primeira vista parece ter havido uma oposição semântica entre campos lexicais, mas que na verdade não se opõem, antes completam-se pela comum atração exercida entre características diferentes. O operador de inclusão *também* causa efeito persuasivo por seu poder de generalização — ou seja, confere um caráter de totalidade ao uso do produto. Se todos usam "também em todo o corpo", por que razão a espectadora não seria incluída nessa totalidade? Esse tipo de efeito totalizador ocorre como resposta à seqüência: "Você vai usar também em todo o corpo", resposta que se dá pela fala da interlocutora-testemunha: "eles me seguem por toda a parte".

Os indefinidos *todo* e *toda*, uma vez descongelados de seu alcance semântico canônico, bem como desligados de sua nomenclatura oficial, antes de atuarem como indefinidos, alargam e definem o espaço de utilização do produto — "todo o corpo", "toda a parte" —, não deixando margem a qualquer exclusão, a qualquer resposta diferente. Não há como refutar a modalidade assertiva e nem a realidade por ela representada.

Neste comercial, há interação entre o produto e o receptor, através da intermediação de uma personagem que, submetendo-se aos argumentos, completa o texto, continuando-o no mesmo tom do enunciado anterior. Surge, pois, um paralelismo entre a fala do apresentador, "perfumes tão suaves, tão provocantes que você...", e a resposta da testemunha que continua o raciocínio, a partir da elipse de *perfume* em "tão envolventes, tão irresistíveis... eles me seguem...".

Ocorre também, neste caso, como em outros comerciais que iremos examinar, um jogo verbal calcado no valor do próprio nome do produto, e que deverá ser retido: "Desodorante You. Agora com mais um perfume: Romantic I love you." O termo *you* nos dois segmentos, pertencendo a diferentes categorias morfológicas e sintáticas, torna-se polissêmico no jogo das palavras. A recorrência ao inglês, língua estrangeira de prestígio, atribui maior *status* ao desodorante, conforme ensina Dyer[7], status que se mantém intacto, imutável, pela característica inovadora de tal produto, conferida pela chancela do temporal *agora*, que opera a mediação entre *antes* e *depois*.

Perfex

Eu só uso Perfex!
Perfez limpa melhor do que qualquer outro pano.
Os furinhos de Perfex retêm a gordura e a sujeira. Depois é só enxaguar que Perfex limpa na hora.
Vale a pena mesmo usar Perfex!
Perfex, o braço direito da dona-de-casa.

Um depoimento em primeira pessoa surge como argumento assertivo inicial do texto de Perfex. Vazado que é, conforme exige a natureza do comercial, em sentenças muito simples, curtas, justapostas e independentes, no geral, esse texto apresenta taxa elevada de repetições, sobretudo do nome do produto, com o claro objetivo de fixar o nome *Perfex*, repetido seis vezes, no conjunto dos curtos enunciados que compõem o texto. Não se trata aqui de proceder a um levantamento quantitativo puro e simples, mais pertinente a outros tipos de análises, que não o nosso. Fixamo-nos momentaneamente sobre a quantificação para demonstrar a força da repetição valorizadora do nome, enquanto plasmadora de *presença*.

O comercial inicia-se com o depoimento: "Eu só uso Perfex!" Tem-se o eficiente recurso a testemunho de *expert* (aqui, uma dona-de-casa) ou celebridades, sobretudo da própria TV, do teatro, do cinema, conforme já observamos. Tais depoimentos trazem em si a força de testemunhos verdadeiros e inquestionáveis, configurando-se como formas de argumentos irrefutáveis, já que calcados na asserção que se apóia na evidência da autoridade da pessoa que emite esses testemunhos. A presença do operador *só*, já no início do texto, produz a exclusão total de qualquer produto diferente, neutralizando qualquer outra eventual possibilidade. A valorização de Perfex continua na seqüência "Perfex limpa melhor do que qualquer outro pano". Tem-se, de pronto, *Perfex* — o nome valorizando o produto (perfex, perfeito); o nome individualizando o produto, por meio da comparação superlativizada, e mostrando-o como algo especial em oposição a "qual-

---

7. G. Dyer, *Advertising as Communication*, Londres, Methuen, 1982, pp. 139-187.

quer outro pano", passagem em que a presença justaposta de dois operadores de indeterminação, *qualquer*, *outro*, em adição de cargas semânticas, reforça a idéia do desprestígio (desqualificação) de "pano" com relação a *Perfex* — deixando inclusive no ar uma indagação sobre a natureza de Perfex — se é pano, se não. O que seria?... Pensamos aqui, ainda que talvez forcemos a interpretação, num tipo de argumento (quase um *ad hominem* ou *ad rem*) que transfere para outro objeto defeitos que julgamos devam ser definitivamente afastados, sobretudo ao desqualificarmos um indivíduo, um objeto, uma situação por meio de esquemas comparativos e de julgamentos em geral.

O produto em questão inscreve-se também sob a *ideologia do bom* e, conforme ocorre em muitos textos dessa natureza, observa-se a supremacia do *bom*, do *bem*, superlativizada em "Perfex limpa melhor...". *Perfex*, pois, institui-se como sujeito atuante, único e absoluto de todas as ações essenciais do texto. Com exceção da oração inicial, temos os segmentos planejados por meio de um esquema anafórico oculto:

"Perfex limpa melhor...
Perfex retém a gordura e a sujeira.
Perfex limpa na hora."

A ênfase dada ao produto, enquanto sujeito das ações, continua a ser sentida através do enunciado "Vale a pena mesmo usar Perfex!", em que se tem um sujeito indeterminado e frouxo, cuja possível ação dilui-se, de forma a poder ser atribuída fragmentariamente a todos e a ninguém. Tal situação é ainda reforçada pela presença de *mesmo*, operador que reitera e ratifica a excelência do produto.

O terceiro segmento transcrito, "Depois é só enxaguar que Perfex limpa na hora", traz uma ambigüidade proposital, uma dupla possibilidade de leitura. Pensa-se num primeiro instante que a ação é do próprio produto, ou seja, "que Perfex limpa". Observando-se melhor, constata-se o segundo nível de significação: Perfex, sendo enxaguado por alguém, torna-se limpo. No entanto, o texto não permite ler, em outras ocasiões, ações que não sejam atribuídas ao produto. Assim, o aparecimento de *só* em "...é só enxaguar..." orienta a significação que se liga à facilidade em se usar Perfex.

A fala final em *off*, como quase sempre ocorre no gênero, uma frase nominal, fecha o texto, utilizando-se de sintagmas clichezados, tais como *braço direito*, *dona-de-casa*, que, agregados, conformam-se em *slogan* persuasivo: fácil de reter, fácil de repetir e, portanto, fácil de persuadir.

Hellman's

Eu gosto do gosto gostoso de Hellman's
O gosto que eu gosto é o gosto de Hellman's
Gosto de quem gosta do gosto de Hellman's
Quem gosta de Hellman's só pode ter gosto!
Dá gosto o gosto de Hellman's.
Quem gosta de Hellman's só pode ter gosto
Não tem quem não goste do gosto de Hellman's
Gosto do gosto de Hellman's.

O texto do comercial de Hellman's é um daqueles exemplos que mais se servem e melhor se utilizam do recurso à repetição para plasmar *presença*, presença que consegue manter viva, ante nossos olhos e também ante nossa imaginação, a *imagem-nome* do produto a ser vendido, da mensagem a ser veiculada. Observa-se um cálculo bem elaborado do uso poético do verbal com grande impacto persuasivo. Pela força dessa *presença*, através da repetição, instaura-se o processo argumentativo, em razão do predomínio de asserções calcadas em efeitos poéticos e suavizadas pela sonoridade produzida. No entanto, mesmo suavizadas em razão do apelo à linguagem poética, tais asserções mantêm-se irrefutáveis, não questionáveis, talvez em razão desse próprio efeito sonoro obtido na seqüência dos *segmentos-quase-versos*.

A presença de Hellman's se impõe pela repetição do nome do produto que acumula diferentes significações a cada vez que é pronunciado. Repetido oito vezes, sempre no final dos segmentos (exceto no refrão, quando o nome aparece no meio do enunciado), percebe-se a ênfase sonora recaindo sobre esse nome (tópico) final. Os jogos verbais (mesmo que sem grandes lances de poesia) repetem-se agradavelmente para o ouvinte, o ritmo contribuindo também para o efeito persuasivo.

Da alternância "eu gosto do gosto..." sai a marca poética da mensagem, que procura registrar, como timbre do produto, a expressão "o gosto de Hellman's", repetida seis vezes, ausente apenas do refrão. Logo nas duas primeiras linhas, nota-se a existência de uma figura poética de muito efeito, ainda que soe muito antiga. Trata-se de um quiasma:

"Eu gosto do gosto...
O gosto que eu gosto...".

Por meio dessa inversão, cria-se um processo de valorização dupla: valorizam-se assim tanto o produto Hellman's quanto o consumidor que dá seu depoimento.

Nesse primeiro enunciado, constata-se ainda a pertinente exploração de diferentes funções morfológicas em "Eu *gosto* do *gosto gostoso* de Hellman's", ocasião em que, por meio da construção efetuada, a partir de um *verbo*, um *substantivo* e um *adjetivo*, todos com o mesmo radical, obtém-se uma *presença* reforçadora (e sutil) da mensagem, sem que o espectador realmente disso se aperceba, de vez que o que *mais* se faz notar é a sonoridade bem construída e, *menos*, o efeito da repetição, que poderia eventualmente provocar cansaço e desinteresse.

O comercial todo se estrutura sobre a alternância sonora da vogal aberta e da fechada em "eu g*o*sto/do g*o*sto...", sendo que este último som fechado se repete e ecoa a seguir na predominância dos sons fechados do adjetivo g*o*st*o*so.

Também o verbo *gostar* é explorado em diversas oportunidades: eu *gosto*..., quem *gosta*..., não tem quem não *goste*... Da mesma forma, as expressões dar gosto, ter gosto se repetem e impedem uma eventual monotonia a ser causada pela alternância insistente de eu gosto/do gosto, acrescentando ainda novos sentidos ao texto, enriquecendo a estrutura semântica e garantindo a progressão discursiva que pode parecer emperrada se, à primeira vista, nos detivermos apenas nas repetições. Ancoradouro de presença é ainda essa alternância que permeia todo o texto e que ocorre também seja entre monossílabos tônicos e átonos (*do* gosto/*dá* gosto), seja entre as preposições átonas, contraídas ou não (*do/de*).

Ainda que detenha esses achados verbais e efeitos poéticos, mesmo não se configurando propriamente em *poesia*, o texto apresenta várias das características inerentes aos comerciais. É o que se nota pela ação do operador de exclusão / inclusão *só* em "... *só* pode ter gosto", que particulariza quem gosta de Hellman's, conferindo a esse consumidor um caráter de singularidade, excluindo conseqüentemente aqueles que porventura não gostem de Hellman's. Logo após tal particularização (que, de certa forma, generaliza um grupo de pessoas), segue-se outra generalização, "Não tem quem não goste...", que, evidentemente, anula qualquer possibilidade não só de haver um traço semântico negativo na asserção anterior, como de alguém não gostar do produto. Enriquece-se deste modo a força argumentativa do comercial que deverá ser facilmente absorvido pelo receptor.

Um último ponto a ser ressaltado diz respeito ao partido metonímico aqui adotado. Cola-se toda a mensagem apenas à característica *gosto* do produto. Não há referência a qualquer outra qualidade, qualquer outro componente: cor ou textura. Privilegia-se *gosto*, porém o nome Hellman's surge sempre ao final como um *todo*, do qual uma determinada característica não pode de modo algum ser alienada. Prevalece, pois, a inteireza do produto.

Van Ess

Você não usa Van Ess? Mas o novo Van Ess você vai usar. Ou porque agora tem quatro perfumes ou porque o novo Van Ess dá mais proteção ou porque essa proteção dá mais liberdade. Não importa a razão. Um dia você vai ceder. Você vai experimentar o novo Van Ess e aí... nós pegamos você. Novo Van Ess.

O presente comercial inicia-se por recurso retórico à modalidade interrogativa e também por apelo a uma situação pressuposta. Parte-se da existência de uma resposta negativa da interlocutora para lançar-se então a questão com um certo tom de espanto. Na verdade, a interrogação retórica não busca obter respostas a uma indagação. Trata-se antes de um tipo hábil de recurso, pelo qual se procura levar o interlocutor a responder exatamente aquilo que desejamos que responda.

O texto constrói-se sobre imperativos eufemísticos com valor perlocutório não evidente, mas altamente persuasivo, fato que, de certo modo, reforça esse aspecto subliminar assumido pelo imperativo.

Também por essa indagação inicial que denota estranheza, pode-se pensar numa espécie de argumento *ad hominem* embutido, ou seja, num tipo de argumento que, no caso, desqualifica quem não usa o produto, quem não usa Van Ess. A adversativa "... Mas o novo Van Ess você vai usar" opõe-se a essa possível e pressuposta resposta negativa que teria sido dada pela interlocutora, e tal oposição, marcada pela adversativa *mas*, irá dar o nível dos argumentos que virão na seqüência, introduzidos por um processo anafórico que se efetiva na repetição continuada de "Ou porque... ou porque...".

Os argumentos surgem sustentados por um aparente esquema alternativo, mas que, na verdade, é puramente aditivo. A opção por utilizar *ou* em vez de *e* faz com que os atributos do objeto sejam marcados mais subliminarmente. Assim, é o que temos em:

"Mas o novo Van Ess você vai usar.
Ou porque agora tem quatro perfumes
Ou porque o novo Van Ess dá mais proteção
Ou porque essa proteção dá mais liberdade..."

O recurso à linguagem poética surge por meio do esquema anafórico e também por meio da aliteração presente em "Mas o novo Van Ess você vai usar", em que a alternância de sons zê e vê* traz maior suavidade ao texto.

Utilizando-se de um recurso verbal em que a idéia de *novo* é acoplada quase como um epíteto ao próprio produto e também lançando mão do advérbio *agora*, que se liga ao adjetivo *novo*, neste caso, no entanto, vemos que o texto centra-se basicamente no consumidor (na consumidora). Na medida em que não se apela para o testemunho de uma celebridade, como ocorre em muitos outros comerciais, não há por que uma centração em primeira pessoa. O texto objetiva, pois, não só o produto que é repetido e tem *presença* garantida pelas suas qualidades, mas também se direciona ao consumidor, cujos índices de terceira pessoa são fartamente repetidos:

"*Você* não usa...? *Você* vai usar... *Você* vai ceder.... *Você* vai experimentar... nós pegamos *você*".

Voltando um pouco à seriação dos perlocutórios, nota-se o quanto eles são suavizados pela construção verbal imperativa perifrástica e também pela introdução dos segmentos "Não importa a razão. Um dia você vai ceder. Você vai experimentar... e aí nós pegamos você".

Após haver criado motivos reais, haver mostrado a qualidade do produto, a expressão "Não importa a razão" aparentemente neutraliza tais qualidades. O trecho seguinte é um apelo à sedução — esboça os passos de uma conquista (do consumidor), conquista difícil: "*Um dia* você vai *ceder*... vai *experimentar*... e *aí*... nós pegamos *você*". Observa-se que esse tom de conquista árdua, mas definitiva, é inicialmente dado pelo operador temporal *um dia*, que mantém ainda uma distância entre o produto e o consumidor, mas que, ao mesmo tempo, decreta como total a adesão, que é ainda reforçada pelo operador continuativo *aí* de "... aí nós pegamos você." Esse operador *aí* não continua suave-

---

* Não julguei necessário recorrer à transcrição fonética, tendo em vista a natureza das análises feitas.

mente o texto como ocorreria com um possível *então* ou mesmo com um *daí*. O operador *aí* orienta o tom do enunciado (determinação que se dá via enunciação) e encerra a série dos argumentos elencados e de outros que acabassem por ocorrer. O fecho em *off*, mais uma frase nominal, fecha sonoramente a mensagem pelo efeito da aliteração já referida em parte.

Melissa

— Dá licença, professora?
— Dona Nina, a senhora sabe que horas são?
— É claro que eu sei! Depois que eu ganhei o reloginho que vem junto com a Melissinha, eu sempre sei a hora certinha. São exatamente duas e meia.
— Ah! Que gracinha! E como a senhora me explica esse pequeno atraso?
— Sabe o que é, professora? Esse é o reloginho que vem junto com essa Melissinha novinha que eu ganhei com ele. Dá até dó de vir depressa, então eu vim bem devagarinho e... daria pra dar presença pra mim, professora?
— É claro!
— Só meia hora, dez segundos... ai!
Melissinha agora com reloginho. Tá na hora de você ter uma.

Especialmente rico para análise e, até certo ponto, diferente dos outros, o texto do comercial "Melissinha", ainda que contenha os apelos persuasivos comuns a todo discurso de propaganda, traz algumas características especiais.

Instaurado a partir de um diálogo fabricado (entre aluna e professora), o comercial se apóia no tripé diálogo-alunos da classe (um tipo de auditório particular)-telespectador (outro tipo de auditório particular), constituindo-se esse diálogo numa realidade que, por si só, já é de natureza persuasiva, se pensarmos na predominância de um discurso demonstrativo na televisão.

A conversa entre a professora e a menina inicia-se com uma taxa de implicitação contida no próprio processo de enunciação. Assim, no segmento "Dona Nina, a senhora sabe que horas são?", tem-se implícita a idéia de que a aluna está atrasada. Tal questionamento abre e autoriza a continuidade do tom irônico que permeia o texto todo.

Na seqüência do diálogo, observa-se uma daquelas raras situações de ruptura de estereótipo (sobretudo tratando-se de televisão). Freqüentemente em comerciais e mesmo em outros gêneros, as figuras de pai, mãe, avó, professor e tantas outras surgem estereotipadas — são imagens transmitidas segundo padrões correntes, não questionados, como demonstra Ecléa Bosi, a quem já nos referimos. Porém, no texto em questão, a quebra do estereótipo rançoso dá lugar à paródia, centrada na figura do professor e também na figura da aluna.

Não considerando os aspectos éticos do fato, pois, na medida em que se parodia a figura do professor pode-se estar dando origem a mais um estereótipo, pelo qual esse professor passa a ser visto como alguém marcado, alguém frágil, desvestido de autoridade, é preciso concordar, no entanto, com a efetiva criação de um fato novo, que anuncia algo diferente daquelas situações que em geral ocorrem no dia-a-dia da sala de aula. Assim, nesta paródia, quem tem mais voz é a aluna. Utilizando argumentos de natureza pragmática e apelando para o uso de uma linguagem infantil, emotiva, essa aluna acaba "ganhando" os colegas, a professora e principalmente os telespectadores.

Elementos verbais recorrendo ao *ridículo* e à *ironia* subjazem tanto à fala da professora quanto à da aluna. No entanto, a dosagem cuidada desses elementos confere sutileza e leveza ao texto, não causando impactos negativos — razão pela qual o processo de adesão dos auditórios (crianças da sala de aula e telespectadores) parece evidente.

Após a pergunta inicial da professora: "Dona Nina, a senhora sabe que horas são?", tem-se a resposta da garota: "É claro que eu sei! Depois que eu ganhei o reloginho que vem junto com a Melissinha, eu sempre sei a hora certinha. São exatamente duas e meia".

Qual o objetivo básico do comercial? A venda da sandália Melissinha. Juntamente com a sandália, quase como um brinde, vem o relógio. Na verdade, houve uma inversão do tópico centralizador; assim, por um processo quase metonímico que equivaleria ao tipo de "argumento por contaminação", calcado na verossimilhança do real, a mensagem do texto se fixa no relógio (acessório), deslocando-se do foco central, sandália.

No segmento transcrito, nota-se a presença marcada dos diminutivos *reloginho, melissinha, certinha,* que serão seguidos por outros mais: *gracinha, novinha, devagarinho.* Tais diminutivos, com forte carga expressivo-afetiva, parecem constituir-se em marcas registradas de comerciais dirigidos à criança ou que falam sobre criança — recurso verbal que talvez mais facilmente leve à adesão. Há também presença de rima, comum em tais textos, e que, aliada à repetição dos índices lexicais, facilita a memorização da mensagem, sobretudo pelos pequenos, mensagem que se fixa tanto na figura da apresentadora, que já se identifica com o produto (observem-se as repetidas marcas de primeira pessoa), quanto no próprio produto (que já se confunde com a garota pela aceitação tácita que teve por parte do público em comerciais anteriores). Deste modo, a apresentadora passou a ser conhecida exclusivamente como "a menina da Melissinha", assim como ocorreu com o ator que faz os comerciais da Bom-Bril.

Além da rima e da repetição, a memorização também é facilitada pela presença de outros recursos poéticos, como a aliteração que ocorre em "...Melissinha eu sempre sei a hora certinha".

Quanto a alguns operadores verbais temporais, vemos como são intencionalmente bem colocados. A relação de tempo que estabelecem recobre também uma relação de espaço — de espaço totalmente ocupado, de maneira a não permitir qualquer resposta contrária (ou possibilidade de...) por parte do receptor e de seu contexto situacional. Senão vejamos: "*Depois* que eu ganhei o reloginho... eu *sempre* sei a hora certinha. São *exatamente* duas e meia".

O operador verbal *depois* anula um possível *antes* e fixa o *agora* que permanece vivo em função da presença do *sempre*. Portanto, não há lugar para dúvidas. Os segmentos são exemplos claros de asserções irrefutáveis em que o *depois* opera aquela divisão no tempo (tão cara à televisão), separando definitivamente o presente do passado, o *agora* (positivo) de um *antes* (negativo), visto como menor, visto como um espaço não adjetivado.

De modo geral, nos comerciais, sobretudo de TV, o *agora*, como já foi visto, e o *futuro bem próximo* é que contam, visto que reproduzem a presença do objeto, fazendo com que este se mantenha vivo na imaginação do receptor. À noção de contemporaneidade, criada pelo operador *depois*, e ligada a uma idéia de *presente*, visto que esse *depois* se cola ao passado por meio do verbo *ganhei*, segue-se a solidificação definitiva (mesmo que não definida) desse tempo presente, operada pelo *sempre*, que, além de instaurar tal *presença*, garante a manutenção do *agora*. No final, o modalizador *exatamente* em "São exatamente duas e meia" delimita e determina a marca do real, do mensurável.

Um outro segmento, na seqüência, deve também ser observado: "*Esse* é o reloginho que vem junto com *essa* Melissinha novinha que eu ganhei com *ele*".

Os demonstrativos *esse* e *essa*, bem como o pronome pessoal *ele*, não estão aí somente como dêiticos, como elementos de referência, garantidores da progressão discursiva, sobretudo no que se refere a *ele*. Exercem uma certa função dêitica, mas, fundamentalmente, atuam como *repetidores valorizadores*, como suportes reiteradores de significação, de vez que, se nos detivermos na imagem visual, perceberemos que a simples introdução de um artigo definido ou mesmo a supressão do *ele* seriam mais que suficientes para garantir a coesão e a referida progressão discursiva. Na verdade, embutida nesse processo de repetição não tão explícita, aparece clara a técnica argumentativa de "insistência", cujo objetivo é descrever e fixar o que deve ser retido pelo telespectador.

Também no trecho "Dá até dó de vir depressa, então eu vim bem devagarinho e... daria pra dar presença pra mim, professora?" aparecem outros recursos poéticos calcados na repetição do verbo *dar* e na criação de vários efeitos sonoros. Assim a aliteração se faz bonita e marcada, através da alternância predominante dos sons dê, prê, cê, rê* que se distribuem da seguinte forma:

"*D*á *d*ó *d*e vir *d*epressa   >   então eu vim bem
*d*eva*g*arinho   >   e
*D*aria *p*ra *d*ar *p*resença *p*ra mim, *p*rofessora?".

Todo esse jogo sonoro se condensa numa espécie de chave poética contida no vocábulo *depressa*, que não só congrega os referidos sons predominantes (dê, prê, cê) como também detém o núcleo semântico do segmento, ancorado pelo par depressa/devagarinho, que se liga ao ato de vir.

O quase sempre obrigatório fecho em *off*, ainda que estruturalmente não fuja à regra (utilização de frase nominal), é bem construído. Assim, esse fecho "Melissinha agora com reloginho" é completado e reforçado pelo segmento final "Tá na hora de você ter uma", onde *hora* é termo polissêmico e lúdico, que acumula sentidos diversos: hora propriamente dita, momento propício para... e relógio. "Hora de ter uma" retoma o objeto Melissinha, implícito. Portanto, o enunciado une e reforça valorativamente os dois produtos a serem vendidos, sem que o espectador disso se aperceba conscientemente. O comercial, mais uma vez, atinge o objetivo a que se propõe. Observa-se, no entanto, serem raras as ocasiões em que presenciamos uma estruturação verbal tão bem elaborada.

Textos como esse, adiantando um pouco de nossas posteriores reflexões, podem ser crítica e criativamente estudados siste-

---

* Também aqui optei por *não* recorrer à transcrição fonética.

maticamente. Uma análise de seus procedimentos persuasivos, bem como de seus achados poéticos, deve interessar, suponho, muito mais a um adolescente e mesmo a uma criança que um texto anacrônico, distante no espaço e no tempo. Ao dizer isso, nosso objetivo não é o de nos atermos somente a textos televisivos. Pretende-se a incorporação crítica desses últimos às outras várias modalidades textuais com que a criança e o adolescente têm contato na escola, como, por exemplo, obras de cuidada extração literária, mas que sejam próximas à realidade do aluno. Tais obras, acrescento, não podem também, em momento algum, ser substituídas pelo modismo dos "paradidáticos", que, com exceções, definem-se pela presença de uma linguagem de diluição que apenas consegue descaracterizar a essência do literário.

Cristalçúcar

"Estes dois cristais parecem iguais. Será que são mesmo? Este é o verdadeiro açúcar cristal, Cristalçúcar. Os outros parecem iguais, mas não são. Cristalçúcar é mais branco, mais puro, muito mais soltinho, porque é feito por quem mais entende de açúcar, a Copersucar.
Na hora de escolher um cristal para sua casa, escolha um verdadeiro: Cristalçúcar!".

Neste comercial de *Cristalçúcar*, temos exemplificada a situação clássica em que um depoimento é dado com valor de fato científico: dois tipos de cristal, vistos microscopicamente, são analisados e comparados. Conforme mostra Perelman, a comparação constitui-se num tipo de argumento "quase lógico". E por que razão? Os "valores" eleitos configuram-se em grandezas absolutas, autônomas, capazes de qualificar ou desqualificar elementos de um produto, uns em relação aos outros. Essas comparações de caráter assertivo acabam por se tornar irrefutáveis. Ainda que a argumentação não chegue ao nível formal, sem dúvida institui-se como "quase lógica", em função dessas asserções que se instauram.
No caso em estudo, observamos que o texto é introduzido por meio de um pressuposto baseado na própria enunciação, na medida em que nos deparamos, já no segmento inicial, com o verbo *parecer*. Assim, a expressão "Estes dois cristais *parecem* iguais" traz subentendida a idéia, ou pelo menos a possibilidade, de não serem iguais. Não houve uma afirmação do tipo *Estes dois cristais são iguais*. Pressupõe-se, daí, o fato de não serem iguais. Na

seqüência, tem-se a introdução de uma pergunta que se encaixa na modalidade "argumentativo-interrogativa", segundo Perelman, e que traz já a resposta na própria indagação, a única resposta possível para que não haja qualquer possibilidade de "quebra" na argumentação do narrador: "Será que são *mesmo*? A força argumentativa de *mesmo* continua garantindo a taxa de pressuposição do enunciado inicial.

Em "Este é o verdadeiro açúcar cristal, Cristalçúcar. Os *outros* parecem iguais, mas não são", a oposição é introduzida de pronto por *este*, que individualiza e determina o produto em relação a *outros*, indeterminando e generalizando os demais similares. O texto recorre também à ação do próprio nome: *cristalçúcar*, em redundância sonora com o antecedente *açúcar cristal*, visto que o nome do produto garante *presença*. E, na proporção em que essa *presença* torna-se índice do próprio produto, torna-se também suporte de significação. O enunciado seguinte retoma o início do texto, respondendo ao pressuposto deixado no ar: "Os outros parecem iguais, mas não são". Os comparativos posteriores assumem um valor quase superlativo: "Cristalçúcar é *mais branco, mais puro, muito mais soltinho...*", na medida em que já se neutralizou o efeito de uma real comparação, por meio do trecho "Os outros parecem iguais, mas não são". A justificativa para tais afirmações indiscutíveis é dada através de outra asserção, também com sentido claramente superlativizado: "...porque é feito por quem mais entende de açúcar, a Copersucar".

A fala final em *off* rompe o tom científico do depoimento, quebrando assim a linearidade do texto, por meio da metáfora lúdica encontrada em "Na hora de escolher um cristal para sua casa, escolha um verdadeiro...".

Os argumentos "quase lógicos" dos depoimentos de fecho, bem como a metáfora referida "Na hora de escolher um cristal para sua casa...", conferem leveza a esse último fragmento, diluindo assim um pouco da "seriedade laboratorial" encontrada no início.

Angeloso

"...E do país das estrelas veio Angeloso, o ursinho legal que vai ser seu amiguinho. Brincalhão, sabichão, dorminhoco e comilão, vai ficar sempre perto do seu coração. Arrume sua casa para esperar o ursinho que já vai chegar. Angeloso, Angeloso, o ursinho que é um anjinho".

Dirigido fundamentalmente às crianças, o texto em questão recorre, já de início, à tradição das narrativas orais: "...E do país das estrelas veio Angeloso...", abrindo-se à idéia de uma história que vai ser contada. O jogo verbal se instaura a partir desse mesmo segmento transcrito, em que a expressão "país das estrelas" se mostra com duplo sentido: país imaginário, de estrelas, e a marca do fabricante, "Estrela".

Há uma descrição do produto em linguagem afetiva, na qual se alternam desinências próprias de tal tipo de linguagem, que se liga basicamente à criança. Trata-se de uma descrição de efeito. O texto se apóia ainda em imperativos subliminares, eufêmicos, de vez que não há ordens explícitas. Tais imperativos se reportam ao produto e ao consumidor infantil, a um só tempo.

Focalizando o texto em sua íntegra, tem-se: "...do país das estrelas *veio* Angeloso...". O tempo verbal, definitivo, instaura uma situação de fato: já *veio* Angeloso. Na seqüência "...*vai ser* seu amiguinho" "...*vai ficar* sempre perto do seu coração", "...o ursinho que já *vai chegar*", inteligentemente, os imperativos eufemísticos dirigem-se, a um só tempo, ao produto e ao receptor, virtual consumidor, enquanto a ordem direta, forte, dada somente no final, focaliza apenas esse receptor, através do segmento "*Arrume* sua casa para esperar...".

O recurso à rima é fartamente usado. São rimas fáceis, que levam conseqüentemente à quase imediata apreensão e fixação do texto pela criança. Tais rimas ocorrem entre adjetivos, substantivos e verbos: Angeloso, brincalhão, sabichão... dorminhoco, comilão, coração; ursinho, amiguinho, anjinho; "Para esperar ... já vai chegar".

A *presença* do produto é fundamentalmente marcada pelos sufixos -ão, -oco, -oso, -inho, utilizados amplamente, sufixos que esboçam a imagem do brinquedo como sendo atraente, meigo, bom, gostoso, enfim, personificam "carinhosamente" o produto.

O próprio nome *Angeloso* é já uma síntese dinâmica das várias qualidades que são atribuídas ao produto: *anjo*, *pequeno*, *gostoso*. A taxa de adjetivação que também ancora *presença* é bastante alta, pois, além dos adjetivos propriamente ditos — *legal*, *brincalhão*, *sabichão*, *dorminhoco*, *comilão* —, tem-se os diminutivos *amiguinho* e *anjinho*, também com valor qualificativo.

Nesse comercial, como em outros, produto e receptor são os focos básicos a serem trabalhados, não se interpondo entre eles quaisquer outros personagens. Objetiva-se atingir aquela criança especificamente (auditório-particular-indivíduo), como se ela fosse realmente o único receptor da mensagem. Os possessivos atrelados a pólos semânticos com forte carga de significação, "...vai ser *seu* amiguinho", "...vai ficar sempre perto do *seu* coração", "Arrume *sua* casa para esperar...", comprovam o que dissemos.

Desta maneira, *amiguinho*, *coração* e *casa* constituem eixos semânticos a operar sobre a *afetividade*, sobretudo tratando-se de crianças. Dirigir, portanto, o apelo afetivo para tais eixos é praticamente garantir a aceitação do produto, a adesão do receptor. O trecho ainda vem reforçado pelo modalizador *sempre*, que atribui perenidade à situação descrita.

A estruturação sintática é bastante simples. Faz-se à base de orações justapostas, que obedecem também ao esquema de repetição valorizadora. As orações adjetivas, na verdade, exercem basicamente função qualificadora. *Menos* que um esclarecimento do referente, as adjetivas trazem *mais* um dado reforçador da *presença* do produto. Tem-se pois:

ursinho legal ⇒ que vai ser seu amiguinho
ursinho ⟹ que já vai chegar
ursinho ⟹ que é um anjinho

Utilizando recursos simples e diretos, apoiando-se no fator afetivo, o texto, com certeza, deve se impor à criança. A linguagem dos comerciais normalmente atinge o que pretende. E assim a criança, seus pais e avós possivelmente aderem a uma mensagem pensada, calculada e bem elaborada.

Antes de passar às análises de trechos do "Programa Sílvio Santos", procurarei fazer um apanhado das ocorrências mais comuns e evidentes encontradas na maior parte dos textos vistos. Simultaneamente, pretendo ir esboçando, mostrando alguns traços de uma "gramática" que permita caracterizar o verbal desses comerciais.

Pensando-se inicialmente no aspecto argumentativo inerente ao verbal, uma questão surge: em que medida é persuasivo esse verbal dos comerciais? E, entendendo a priori tal texto como persuasivo, sobre que apoios lingüísticos se estrutura a fim de obter tal efeito?

Retornando às bases teóricas que orientaram este trabalho e detendo-nos sobre as reflexões de Perelman relativas à argumentação e à persuasão, observamos a ênfase dada, pelo estudioso belga, ao conceito de *adesão*, conceito norteador dessa Nova Retórica, focalizada sob a mesma ótica dos antigos estudiosos da questão, conforme já foi relatado. E em que consiste, pois, a *ade-*

são? Consiste em atrair um *auditório* (particular ou universal) para que ele encampe determinada idéia. Também a noção de *auditório*, já discutida por nós, mostra-se fundamental para a Nova Retórica, complementada evidentemente por um *orador* e um *discurso* que a esse auditório se dirigem.

Uma discussão paralela faz-se importante neste momento para justificar o emprego de alguns termos e conceitos.

Num de seus mais importantes trabalhos, *Les Mots du Discours*[8], O. Ducrot rediscute alguns termos por ele próprio empregados e presta esclarecimentos sobre tantos outros. Preocupado com os problemas da enunciação e com a natureza dos atos ilocucionários, Ducrot fala em *locutor* e *alocutário*, como sendo, respectivamente, aquele que atualiza "um enunciado de sua enunciação" e aquele "que a recebe". O autor, no entanto, ressalva "não haver", ele próprio[9], recorrido a essa distinção ao redigir seu livro.

Ducrot continua a explicitar diferenças conceituais, tais como *alocutário*, *destinatário* e *ouvinte*, visto que este último apenas ouve o discurso, sem dele participar.

O estudioso francês acrescenta ainda que, em vários de seus textos, empregou o termo mais amplo e geral *interlocutor*, evitando assim falar de *locutor* e *alocutário*, em razão não só do caráter polifônico da enunciação, mas também em virtude da diversificação que preside os atos ilocucionários (por exemplo: os atos ilocucionários de asserção e de pressuposição).

Evidentemente, em estudos densos como os de Ducrot, tais distinções e preocupações são fundamentais.

Neste trabalho, no entanto, que não trata, a não ser perifericamente, das feições do processo de enunciação e dos atos ilocucionários, atendo-se antes a problemas outros, semelhante rigor terminológico, a que o próprio Ducrot afirma não haver recorrido, não teria razão de ser.

Assim, acabamos por lançar mão de termos próprios do uso comum e já consagrados, sobretudo nos *media*. Daí empregarmos para quem emite os enunciados, quase como sinônimos, expressões tais como locutor, narrador, apresentador, entrevistador, orador, animador, entre outras; e, por outro lado, ouvinte, destinatário, receptor, telespectador, espectador, auditório e outros mais, para os que recebem as mensagens enunciadas.

Em momento algum, neste texto, um termo como *ouvinte*, por

---

8. O. Ducrot, *Les Mots du Discours*, Paris, Minuit, 1980.
9. O. Ducrot, op. cit., p. 35.

exemplo, foi utilizado na acepção que Ducrot atribui a "auditeur", já que diferentes a direção e os objetivos deste trabalho, ainda que, em vários momentos, lancemos mão das propostas de Ducrot. Considero, no entanto, essenciais tais distinções feitas pelo autor e que devem ser respeitadas em estudos de outra natureza.

Voltando ao ponto central de nossa análise, mais um questionamento: qual o objetivo precípuo de um comercial? Sem dúvida "vender" um produto, "vender" uma idéia, valorizar ou desvalorizar um objeto, um evento ou uma situação. Convencer sobre a importância, qualidade, valor de algo que se pretende impor a uma pessoa, a um grupo, a um público maior. E convencer um auditório consiste em obter a *adesão* desse público, desse auditório. E tal ação é, sem dúvida, de natureza retórica.

Se, sob uma ótica clássica, o fato de um orador buscar convencer, obter adesão de um auditório se constituía em ação retórica, como classificar, sob uma ótica contemporânea, com os olhos de hoje, o processo dialógico de um comercial de TV, com vistas a seu receptor? Que elementos argumentativos estão presentes nessa relação de "interlocução", mediada pelo veículo televisivo? Há um locutor que toma feições diversas: feição de narrador, de animador, de orador, de apresentador, de interlocutor, entre outras. Ao se relacionar com o público, pela TV, ao transmitir mensagens, seja por meio de "monólogos", seja sob a égide de diálogos "montados", seja ao se configurar ele próprio como mediador entre o interlocutor do diálogo "montado" e o receptor de casa, utiliza-se de apoios verbais e não-verbais os mais diversos e reporta-se a um *auditório* composto por ouvintes e telespectadores (ou mais próximos, ou mais distantes). O *auditório* é o alvo das mensagens, dele se espera *adesão*. Nesses termos, a relação verbal entre o comercial e o receptor (relação evidentemente mediada pelo próprio veículo) é, parece-nos, de caráter retórico-argumentativo. E essa argumentação, teria ela também aquela natureza "convincente", como diz Perelman, porquanto dirigida a um auditório de tipo universal, ou seria exclusivamente de natureza "persuasiva", na proporção em que se direciona a um auditório particular, que tenta obter a adesão de um grupo, mas não a adesão de "todo ser racional"[10]?

Vejamos, antes de tentar responder em definitivo, e em fun-

---

10. Ch. Perelman e L. Olbrechts-Tyteca, *Traité de L'Argumentation — La Nouvelle Rhétorique*, 3.ª ed., Bruxelas, Universidade de Bruxelas, 1976, cf. nota 7, Cap. II.

ção das análises realizadas, quais as condições de produção desses comerciais, bem como os seus contextos situacionais, como se posicionam quanto às leis do discurso e que apoios lingüísticos caracterizam o verbal que os sustenta. Importante também verificar a tipologia discursiva predominante. Pensando-se nas condições de produção como sendo aquelas que, segundo Eni Orlandi, dão conta da relação estabelecida entre os interlocutores e o referente, abrangendo o todo da emissão e da recepção, é possível observar uma situação *sui-generis* no processo, tendo em vista que a interlocução verbal, seja em comerciais, seja em qualquer tipo de segmento televisivo, não se dá diretamente. Há, sem dúvida, um processo de interlocução, mas mediado pelo próprio veículo e pelo verbal veiculado, a um só tempo. Não acreditamos, conforme pretendeu McLuhan[11], que o "meio" seja "a mensagem", porém não podemos deixar de reconhecer a presença marcada do veículo TV nesse processo de mediação estabelecida com os interlocutores e entre esses interlocutores e o referente. A interlocução da TV não obriga o falar de volta (pelo menos, na maior parte dos casos). As "respostas", freqüentemente, permanecem em nível de *discurso interior*, na acepção que Vygotski dá ao termo. Logo, a interlocução na TV, se não é paradoxal afirmar, processa-se calcada na prevalência unívoca do emissor, vindo daí, do veículo, um poder maior e mais absoluto na estruturação da mensagem em seus vários ângulos. Especial e específico é ainda o *contexto de situação*, tomado em seu sentido estrito e em seu sentido lato. Ainda de acordo com Eni Orlandi, tem-se que o sentido estrito de um contexto é aquele que dá conta da própria situação de comunicação, da própria "circunstância de comunicação". Na TV, a situação e a circunstância de comunicação mostram-se diversas daquelas encontráveis, por exemplo, num processo de relação *face-a-face*, ou ainda num processo de comunicação escrita, em que o interlocutor está distante ou é apenas virtual. Como já tivemos oportunidade de dizer, ao se estudar uma realidade qualquer, uma situação qualquer, importa muito notar a especificidade de tal situação e, no caso, atentar para a especificidade do veículo televisivo. A não ser em programas de auditório, em que há uma relação aparentemente mais próxima ao verbal do dia-a-dia (entrevistas, depoimentos ao vivo) por parte dos interlocutores, o contexto de situação na TV é diferente e particular, seja em comerciais, seja no "Programa Sílvio Santos", seja em outros gêneros sobre os

---

11. M. McLuhan, *O Meio são as Massa-gens*, Rio de Janeiro, Record, 1969.

quais não nos detivemos. A construção da "circunstância" em que vai se dar a comunicação é muito mais de responsabilidade do veículo. A televisão é que determina o *onde*, o *como*, o *quando* e o *quanto* da comunicação. Quanto ao receptor, é possível afirmar que se trata de um receptor distante, mas muito menos distante, por exemplo, que o leitor de um romance, de um jornal.

Já dentro de um contexto de situação mais geral, instalam-se *microcontextos situacionais* que compõem esse "mais geral". Ao analisarmos na seqüência os trechos do "Programa Sílvio Santos", como deve ocorrer também com outros gêneros, penso que poderemos observar uma "interlocução" que envolve contextos situacionais de naturezas diferentes. É o que freqüentemente sucede, por exemplo, quando se focaliza uma entrevista na televisão, na qual o diálogo se faz diretamente entre os participantes, estando ambos (entrevistador e entrevistado) num mesmo local, mas dirigindo-se a outros dois tipos de interlocutores: um, presente, mas que não participa diretamente (caso dos programas de auditório); o outro, distante, configurando-se no receptor de casa, cujo tipo de participação é diferente, por sua própria natureza. Ainda quando se trata de entrevistas que transcorrem num mesmo e determinado espaço, estando, pois, os participantes num mesmo entorno físico, é imprescindível observar o contexto situacional amplo que envolve essa situação específica, conformando-se já quase como um tipo de contexto entendido *lato sensu*. Tal contexto é também determinado pelo veículo, pela direção temática e verbal das questões, pelo *timing* impresso a essas entrevistas, pela hierarquia existente entre as posições do emissor e do receptor e, fundamentalmente, pelo objetivo que se pretende atingir com a comunicação, e que certamente impõe o tom da interlocução.

No que respeita às "leis do discurso", propostas por Ducrot e já discutidas, a priori poderíamos dizer que o verbal dos comerciais quebra tais leis que se sustentam, como resume Eni Orlandi[12], no tripé "interesse", "utilidade", "informatividade" da linguagem. E por que razão? Se pensarmos inicialmente em "interesse" da mensagem, "interesse" do receptor, observa-se que tal interesse existe, razão pela qual afirmei que somente a priori podemos falar em quebra das "leis do discurso". Se direcionarmos nossas reflexões para o "interesse" despertado pela men-

---

12. E. Orlandi, *A Linguagem e seu Funcionamento*, 2.ª ed. rev., Campinas, Pontes, 1987, p. 17.

sagem, então não há quebra da lei. Mas se nos estendermos à "utilidade" e "informatividade" dessa mensagem, muitos questionamentos e dúvidas surgem e nem sempre as respostas vêm facilmente. Há comerciais, como por exemplo os de campanhas educativas, alertando a população para necessidades diversas que atendem às leis de "utilidade" e "informatividade". Restringindo-nos, porém, à amostra obtida, que representa a maioria dos comerciais da televisão, encontramos basicamente aqueles que buscam "vender" produtos diversos, que buscam "aliciar" o telespectador para que "desperte" ante o novo apelo de mais uma nova mercadoria que o tornará mais feliz, ou melhor alimentado, ou mais em dia com a moda, enfim, o tornará muito mais *up to date*.

Nesses termos, veremos que na mensagem dos comerciais, focalizada como um todo, bem como no verbal que integra essa mensagem, há, sem dúvida, quebra das leis do discurso, sobretudo no que respeita à "utilidade" e à "informatividade". Mostra-se, pois, já bem claro aí um elemento importante da "gramática" do verbal desses comerciais. Tratando-se, portanto, do verbal, tratando-se do veículo televisivo, tratando-se, pois, de um meio cujo objetivo é obter adesão completa à mensagem, e pensando-se ainda no que diz Ducrot sobre as condições essenciais que subjazem a essas leis do discurso, algumas reflexões devem ser feitas. Atendo-nos especificamente à chamada "condição de progresso", segundo a qual "é proibido se repetir: cada enunciado deve trazer uma informação nova, para que não ocorra 'rabâchage'"[13], poderíamos dizer que, num primeiro nível de reflexão, há quebra das leis, no tocante a essa "condição de progresso", pois o verbal dos comerciais *desobedece* a proibição existente no que concerne à repetição. O texto dos comerciais não cumpre a exigência de, a cada enunciado, haver uma informação nova. Além de não cumprir a exigência, o verbal dos comerciais *abusa* dessa condição imposta, cumprindo-a antes "à rebours",* pois os enunciados repetem, repetem e repetem as mesmas, ou a mesma informação.

Repetir é inerente à "gramática" dessa modalidade comunicativa. No entanto, refletindo-se agora num outro nível e tendo em vista a especificidade do verbal da televisão, bem como seu *timing* próprio, ou seja, a extrema rapidez na veiculação das mensagens, concluímos que o "rabâchage" acaba por não ocorrer,

---

13. O. Ducrot, *Dire et ne pas Dire*, Paris, Hermann, 1972, p. 277.
* Ao contrário.

visto que a conseqüência mais evidente do fenômeno seria a de causar cansaço no ouvinte em virtude da repetição incessante.

Repete-se, sem dúvida, e incessantemente, mas não se trata de um tipo de repetição que sempre canse o receptor. Antes observa-se uma redundância que amplia significações e garante a *presença* do objeto-tema. É uma repetição da qual não se tem plena consciência, já que atrelada a um tipo de comunicação verbal veiculada diferentemente, de acordo com as especificidades de um meio também diferente, de acordo com a forma de ser da televisão. Portanto, quanto aos efeitos, de forma geral, não há quebra da lei de "interesse", ainda que a causa desses efeitos, ou seja, a repetição, se constitua ela própria, teoricamente, em quebra de uma das leis do discurso.

No que concerne aos apoios verbais da modalidade analisada e às características mais comuns desse verbal dos comerciais, foi possível chegar a algumas constantes. Focalizando a categoria de *lugares*, vemos que tais apoios argumentativos se constituem em característica comum ao verbal dos comerciais. A "gramática" desses comerciais ancora-se nas dicotomias operadas por esses *lugares* que funcionam como suportes, como pressupostos dos enunciados argumentativos. Assim, valores já referidos por nós, tais como a contemporaneidade expressa pela dicotomia agora/outrora; a durabilidade calcada no par durável/descartável; a juventude mostrada pela oposição jovem/velho ou ainda a quantidade ancorada na dupla único/vários, constituem-se em espécies de *lugares* sobre os quais se apóia a estruturação verbal e temática dos comerciais. Quanto à idéia de *presença*, recurso persuasivo que leva à adesão, já que, pela *presença*, se mantêm vivos para a consciência elementos, pessoas, emoções, sensações, praticamente todos os comerciais incorporam tal *presença*, enquanto elemento que garante o *presente* e torna visível à consciência o ponto central da mensagem. E essa *presença* se mantém fundamentalmente em razão de um outro elemento "gramatical" fartamente utilizado, qual seja, *a repetição valorizadora* que, ao garantir *presença*, amplia também a significação da mensagem que se pretende "passar". A *repetição* nos parece persuasiva, e até manipuladora, de vez que trabalha sobre um certo desconhecimento, uma certa inconsciência do receptor em relação ao que lhe está sendo dito. E, verbalmente, como se realiza a superfície lingüística garantidora da *presença*, senão pela repetição já mencionada? A *presença* persuasória da mensagem se dá por meio do estabelecimento de profundas relações entre funções morfológicas, léxicas, sintáticas e semânticas dos enunciados, e conseqüentemente também por meio de um trabalho com as palavras sempre em contínua relação. Assim observando a estruturação verbal dos comerciais, não foi difícil constatar a importância do papel desempenhado pelos mais diversos operadores verbais. Não foi difícil perceber a forma pela qual esses operadores dão orientações semânticas aos enunciados, caracterizando, em grande parte, sua "gramática". Descongelados os rótulos fixos comumente atribuídos a tais operadores, vimos como atuam sobre a superfície verbal, bem como a forma definitiva e definidora pela qual pontuam um texto. Inerente também a uma "gramática" do verbal dos comerciais é o emprego intenso da adjetivação, seja ela utilizada em sua função qualificadora, seja empregada comparativamente e "superlativamente"*. Por meio de tal adjetivação erigem-se os juízos de valor, estabelecem-se as semelhanças, analogias e dissemelhanças; qualificam-se e desqualificam-se pessoas, situações, sensações. No caso da adjetivação superlativizada, observa-se que cabe a ela proporcionar ao texto a introdução de argumentos irrefutáveis, de vez que o superlativo é "peremptório" por natureza, retirando qualquer possibilidade de se colocar um contraponto às valorizações (desvalorizações) que impõe.

Característica também de uma gramática do verbal de comerciais da TV é a presença de argumentos "quase lógicos" e de outros, estruturados sobre a verossimilhança do real. Quanto aos primeiros, eles aparecem calcados seja sobre esses esquemas comparativos e superlativos, seja sobre esquemas de uma transitividade quase "silogística" que se opera a partir de contínuas avaliações do objeto e de conseqüentes conclusões dessas avaliações. A presença das modalidades verbais *assertiva*, *interrogativa* e *injuntiva* ancora os argumentos "quase lógicos", fazendo com que eles se constituam, por si próprios, em características inerentes à estruturação verbal, fato que contribui também para a composição de uma "gramática".

Quanto aos argumentos baseados na "verossimilhança" ou na "evidência do real", alicerçados na evidência do senso comum, os vemos também muito freqüentes nesses textos.

Surgem assim trechos que buscam demonstrar as conseqüências (positivas ou negativas) de um acontecimento ou de uma atitude e que, em função de tais conseqüências, organizam a mensagem. O próprio recurso, comum em tais textos, de se montar um *diálogo* com grupos de pessoas (*vox populi*), a fim de obter testemunhos sobre um produto, ou ainda o recurso a depoimen-

---

* O termo é emprestado de Machado de Assis.

tos de pessoas de *prestígio* (celebridades em geral), com o objetivo de formar opiniões ou firmar outras, já existentes, esses recursos, além de se constituírem em apoios verbais específicos, configuram-se também em "argumentos de autoridade", que conduzem à persuasão.

Aspectos constitutivos do verbal, tais como a pressuposição, a implicitação e certos atos de linguagem, como por exemplo os atos performativos perlocutórios, integram, sem dúvida, uma gramática dos comerciais, afirmação que as análises realizadas, creio, autorizam.

O verbal dos comerciais utiliza-se ainda amplamente da linguagem poética. Como vimos anteriormente, rima, ritmo, aliteração, anáforas, bem como figuras tais que metáfora e metonímia e ainda a homonímia, são constantemente encontrados nesses textos. Trata-se de característica específica e especial do gênero estudado. Os jogos verbais integram tais textos, abrindo-os momentaneamente para uma polissemia discursiva.

Já que falamos em polissemia, seria o momento de caracterizar o discurso dos comerciais no que se refere a sua tipologia, observando para tanto as propostas de Eni Orlandi, anteriormente desenvolvidas. Em que modalidade (hierarquicamente falando, já que um texto, um discurso dificilmente se constitui de elementos pertinentes a um tipo único) ou modalidades discursivas encaixaríamos o texto dos comerciais de televisão? Orlandi, em trecho já tratado por nós, adianta que um tipo de discurso, considerado como "lúdico", seria aquele que causa prazer, que se abre à polissemia, que permite aos interlocutores se exporem livremente. Referindo-se na seqüência ao discurso que identifica como "autoritário", a autora elenca uma série de características relativas tanto ao emissor, quanto ao receptor, além de afirmar que nesse tipo de discurso "não há reais interlocutores", há antes uma "voz auto-suficiente" que emite o discurso. A autora chama ainda a atenção para certas marcas lexicais bastante encontráveis no discurso autoritário, tais como "dever", "ser preciso", "é porque é", e ainda outras, levantando mais alguns critérios, que retomaremos resumidamente aqui. Eni Orlandi pontua o seguinte: o discurso autoritário, focalizando o *emissor*, mostra esse emissor com as seguintes prerrogativas: cabe a ele dominar o tempo de atuação, transmitir informações sob a rubrica de cientificidade, causar no receptor a ilusão de que é a razão e origem daquele discurso, trazer muito evidentes certas marcas estilísticas e lingüísticas, manter uma estratégia de caráter imperativo, ter o domínio do fio discursivo, quebrar as leis do discurso. Pensando-se agora no *receptor*, verificamos que o discurso autoritário caracteriza-se por: não-definição do tempo de atuação desse receptor; aceitação do apresentador (Orlandi fala em professor, já que analisou o discurso pedagógico) como autoridade; maior quantidade de silêncio; não-questionamento das informações que são passadas; impossibilidade de discordância; respostas não próprias, visto que vêm embutidas nas perguntas.

Sem querer forçar interpretações, nem fazendo transposição direta de critérios de um discurso (o pedagógico) para o de comerciais da TV, mesmo porque irredutíveis um ao outro em virtude de suas especificidades ou em razão da própria natureza de veiculação, observamos, no entanto, ser possível aplicar a nosso trabalho algumas dessas categorias obtidas por Eni Orlandi.

Seria lúdico, seria autoritário o discurso dos comerciais da TV?

A partir dos critérios aqui elencados, notamos o seguinte: os comerciais são agradáveis, causam prazer (em grande parte), constroem jogos verbais polissêmicos, no entanto não permitem que os interlocutores se exponham livremente. Aliás, o próprio veículo, como foi possível ressaltar, estabelece, pelo verbal acoplado ao visual, a mediação entre interlocutores. Instaura-se, pois, como bem mostra a autora, aquela situação já observada, em que "não há reais interlocutores", e na qual a fala se dá por meio de uma "voz auto-suficiente". De pronto verifica-se que o discurso em questão encaixa-se perfeitamente nessas duas últimas características. Quanto aos outros critérios, relativos seja ao emissor, seja ao receptor, observamos vários pontos: sob a égide da autoridade, instituída por meio da figura do narrador, ou de outras personagens, por exemplo, constrói-se uma estratégia verbal de caráter imperativo; sem dúvida, o texto erige-se, fazendo crer que o receptor é a razão de ser desse discurso. Sem dúvida é mesmo, mas não com a preocupação de a mensagem vir centrada nele próprio. Aliás, antes de ser origem e razão de ser desse discurso, o *receptor é alvo*, objetivo, já que a razão de ser do discurso vincula-se antes ao produto a ser "divulgado", e ainda à necessidade de se conseguir adesão.

O texto do comercial da TV interroga; o espectador não responde: a resposta já está contida na própria pergunta. O texto do comercial da TV passa informações com a chancela de cientificidade e o receptor não as questiona e muito menos questiona o que nelas vem pressuposto e implícito. Conforme vimos nas análises, as marcas verbais relativas ao emissor e ao produto, bem como aquelas referentes ao receptor (*mas* atualizadas pelo emissor), são claras, evidentes e definidas. É também o emissor que detém o tempo de atuação e o fio discursivo.

Percebe-se, creio, pelo que acaba de ser demonstrado, não haver dúvidas quanto à tipologia discursiva dos comerciais da televisão. Trata-se de um discurso de *natureza autoritária*, incorporando em alguns momentos características do discurso lúdico, vindo daí provavelmente a atração que exerce. E esse aspecto notadamente autoritário complementa o esboço de "gramática" a que nos propusemos.

Antes de encerrar essa caracterização do verbal de comerciais televisivos, é importante tentar responder a uma pergunta que ficou solta, propositadamente, bem no início destas reflexões. Entendendo como fundamentalmente argumentativa a natureza de tais textos, indagamos se esse aspecto argumentativo se encaixaria mais naquela modalidade a que Perelman denomina "convincente", visto que dirigida a "todo ser de razão", pertencente a um "auditório universal", ou seria mais uma argumentação de natureza "persuasiva", já que dirigida a um "auditório particular". Penso que a resposta já vem se delineando com nitidez, há algum tempo, em face das características levantadas. A linguagem dos comerciais de televisão instaura-se perfeita e plenamente sob o domínio da persuasão, e sua "gramática" é, sem dúvida, uma "gramática" que parece dar conta das regras que explicam os atos verbais de natureza persuasiva.

Programa Sílvio Santos

Quadro "Porta da Esperança"

"Porta da Esperança" é um dos quadros que atende (ou não) a solicitações e pedidos enviados ao "Programa Sílvio Santos". A natureza de tais pedidos bem como os objetos desejados variam. Dirigem-se ao programa, portanto, aqueles que desejam ganhar algo, conhecer alguém, ir a um determinado médico, entre outras situações. Há sempre um "diálogo" entre o apresentador e o indivíduo sorteado. Para esta análise inicial, transcrevemos a "conversa" entre o apresentador, um menino que participa (Francisco), a mãe deste (Maria de Fátima) e o representante da Cônsul do Brasil (sr. Francisco), visto ser a Cônsul a fábrica a oferecer a geladeira solicitada pelo garoto. Acredito importante a transcrição do texto, a fim de se perceber a direção dada ao diálogo, pelo locutor, condição que permite ainda verificar quais os atos verbais de manutenção desse diálogo, bem como os atos temáticos. Por esse caminho, é possível ainda obter uma classificação do tipo de diálogo desenvolvido.

Antes de passarmos às análises, gostaríamos de fazer algumas observações gerais sobre o *diálogo*, para verificarmos a maneira pela qual a modalidade aparece no "Programa Sílvio Santos". Reafirmando a idéia de que a linguagem é dialógica e acreditando que o verbal não só plasma o mundo material e mental do indivíduo, como é também por ele plasmado, acrescentamos ainda que, além dessa organização de mundo, é o verbal que fundamentalmente conforma e explora as possibilidades de todas as relações interindividuais. Pelo verbal, atualizado enquanto fato dialógico, é que se dão as trocas interpessoais e, em função dessas, todas as outras. Pelo verbal, em seu aspecto dialógico, é que se hierarquizam as relações do homem entre os homens e destes com a realidade. Assim, a imposição de um valor, a existência de uma classe social, bem como as relações de dependência e de imposição daí resultantes, se mostram, se concretizam pelo verbal ou de todo explícitas, ou pressupostas, dependendo de como se estratificam tais relações num dado contexto e entre determinados indivíduos.

Concebendo o diálogo como a forma que melhor expressa tais relações, certamente teremos que levantar aqui os meios lingüísticos básicos de que se servem os interlocutores ao dialogarem, observando ainda os recursos paralingüísticos e supra-segmentais de que se servem.

Assim, gestualidade, expressão fisionômica, pausas, tom de voz, entonação, entre outras manifestações, devem também ser pontuados e estudados, mesmo que perifericamente.

Nossa análise procurará se deter basicamente nos elementos lingüísticos, razão pela qual não fizemos um tipo de transcrição que desse conta, por exemplo, de marcas específicas da oralidade. O trabalho se preocupa mais com a natureza e direcionamento dos atos dialógicos e pretende ainda uma caracterização da interlocução, da informação veiculada, bem como se propõe a verificar o tipo de discurso utilizado pelos interlocutores, em seus tempos de intercâmbio.

Como bem afirma Schwitalla, a idéia de diálogo "não supõe apenas uma troca de palavras entre dois ou mais interlocutores, mas também uma ligação interna temática e intencional entre a contribuição de um locutor e aquela de um outro que a precedeu"[14].

---

14. J. Schwitalla, "Essais pour L'Analyse de L'Orientation et de la Classification des Dialogues", in: Actes du Colloque du Centre des Recherches Liguistiques, *Stratégies Discursives*, Lyon, Presses Universitaires de Lyon, 1978, p. 166.

Schwitalla, em seu trabalho sobre a classificação dos diálogos, faz reflexões sobre os textos inscritos nessa modalidade. Preocupado com uma *Dialogsteuerung*, o autor fornece pistas essenciais que permitem balizar o desenvolvimento de qualquer diálogo. Tentaremos fazer um mapeamento compacto dessas pistas — quase um resumo — para que possamos tratar a modalidade com mais segurança.

Não faremos referência específica a esta ou aquela passagem, buscando apenas transmitir uma visão resumida das propostas do autor.

Para Johannes Schwitalla, a análise segura de um diálogo exige que observemos, entre outros, os seguintes pontos norteadores e caracterizadores da direção e natureza desse diálogo:

• Verificar se o interlocutor tem condições de interromper o locutor, pedindo-lhe a palavra.
• Verificar em que momento esse interlocutor se apropria da palavra e, quando o faz, observar se o fato ocorre por escolha própria, se por imposição e, no caso, quem faz essa imposição.
• Observar quais as tentativas *sem sucesso* levadas a efeito pelo interlocutor, quando busca interromper o locutor em ação e, assim, conseguir marcar seu turno para falar de volta.
• Levantar exemplos dos recursos verbais mais comuns de que se servem os interlocutores para avaliar se estão sendo entendidos e se estão sendo aceitos pelo auditório que os ouve.
• Precisar o momento em que a palavra é dada ao interlocutor. Schwitalla observa ser "extremamente difícil" a obtenção de tal dado.
• Precisar a natureza do *aval* concedido pelo auditório.
• Caracterizar a forma pela qual o locutor verbaliza suas intenções, bem como a forma pela qual o interpelado reage.
• Caracterizar o tipo de orientação temática que inicia e conduz ao diálogo. Nesse ponto, o autor propõe algumas possibilidades de início da atividade que se dá freqüentemente por meio de:

— história
— frase ou palavra
— crítica a algo ou alguém
— provocação
— réplica
— resposta evasiva
— escapatória
— alternativa
— objeção
— cumprimento
— pedidos de desculpa

- Determinar o fio diretor para que o estudioso reconstitua o processo dialógico.
- Analisar a natureza das respostas.

Quanto aos tipos de respostas mais freqüentes, Schwitalla realiza gráficos, catalogando as seguintes possibilidades de réplicas[15], que podem ocorrer por meio de:

— cumprimento
— opinião
— aceitação
— relato
— contradição
— pergunta
— justificativa
— negação
— apresentação de prova
— consentimento
— afirmação
— oferecimento
— anúncio de uma ação
— pedido de maior precisão

Não se trata de um quadro formal para análise de respostas. Daí não ser possível generalizar esse esboço de tipologia para qualquer diálogo. Dependendo da situação dialógica, dos interlocutores, da natureza da relação hierárquica e social existente entre eles, com certeza deverá haver também respostas diversas e inesperadas, não facilmente classificáveis. Procuramos transcrever algumas de tais respostas mais como pontos de referência, mesmo porque Schwitalla, em momento algum, as indica como categorias de análise. Constituem-se antes em linhas norteadoras, em espécies de baliza para nós próprios, visto que nos debruçaremos na seqüência sobre uma situação específica e formalizada de diálogo.

Passando agora ao diálogo anunciado, faremos alguns cortes em certos segmentos para ir já procedendo às análises por partes, a fim de não perdermos dados relevantes. Por uma questão de natureza operacional, as falas serão separadas em duas colunas: a primeira, a cargo do apresentador Sílvio Santos; a segunda, destinada aos interlocutores (menino Francisco; Maria de Fátima, a mãe de Francisco; e sr. Francisco de Quino, representante da Cônsul do Brasil).

15. J. Schwitalla, op. cit., pp. 177-178.

A fala inicial é do apresentador Sílvio Santos, que, ao introduzir o quadro, procede também à propaganda da emissora.

> Sílvio Santos — Senhores telespectadores, obrigado pelas palmas, muito grato. Estamos iniciando pela TVS, TVS faz TV pensando em você, para todo o Brasil, diretamente para o auditório, o programa "Porta da Esperança"*! E nós vamos receber com muitos aplausos, receber carinhosamente, o Francisco. Pode entrar, Francisco.

A entrada do apresentador se dá sempre em clima apoteótico. Agradece aos *telespectadores* pelas *palmas* do auditório. Há um processo de contaminação entre auditórios, visto que o agradecimento é dirigido antes ao telespectador de casa, quando os aplausos vêm daquele auditório que participa mais diretamente. A presença física do apresentador impõe-se fortemente. O recurso ao *slogan* "TVS faz TV pensando em você" é observado em quase todas as falas introdutórias de Sílvio Santos. Dirige-se a "todo o Brasil" e ao auditório, a quem conclama (por meio de praticamente uma ordem) a aplaudir e demonstrar carinho na recepção ao entrevistado. É o apresentador também quem determina o momento da entrada do menino. Pelo discurso e pela presença do locutor já está, de certo modo, garantida a adesão desse "auditório particular" a tudo que for apresentado.

A introdução do quadro, aparentemente muito espontânea e natural, constitui-se antes em uma espécie de clichê, de chapa, utilizada para iniciar também outros quadros em oportunidades diversas. Apenas para confirmar a existência desse bloco-clichê, calcado em repetições e *slogans*, transcrevemos a abertura de um outro "Porta da Esperança"**:

> Sílvio Santos — Para todo o Brasil, pela TV SBT, que faz TV pensando em você, um dos programas de maior audiência da televisão brasileira: "Porta da Esperança"! E na "Porta da Esperança" gostaria que vocês aplaudissem a Dinéia. Pode entrar Dinéia.

Mesmo com a inversão de alguns enunciados, a *mensagem*, o *tom apoteótico* e os *slogans* permanecem os mesmos, bem como as informações: programa para todo o Brasil, TVS que faz

---

* Programa levado ao ar em 19-05-1986.
** Abertura do quadro "Porta da Esperança", levado ao ar em 27-10-1985.

TV pensando em você, pedido de aplauso para o entrevistado e a ordem para que esse entrevistado entre, sob os aplausos exigidos.

O fato de haver essas alternâncias de enunciados, sem alteração da mensagem, constitui-se em estratégia velada de repetição reforçadora, e de grande efeito, pois evita o cansaço do telespectador, ainda que só sejam realizadas pequenas modificações, não relevantes, no texto todo. O tom exortativo já é garantia de adesão. Por ser um auditório de natureza particular, observa-se que o que mais interessa ao público é a forma de organizar a mensagem e não a própria mensagem em si. Os auditórios de tipo particular, como os de Sílvio Santos, ficam imersos naquela "inércia psicológica" já referida por nós e sobre a qual Perelman chama a atenção. O que prende o auditório é a utilização competente do gênero epidítico de que lança mão Sílvio Santos, gênero ostentatório, cujas marcas primeiras já se fazem sentir por esse caráter apoteótico impresso em suas aparições no início de cada quadro, pelos *slogans* e sobretudo por sua própria figura, que marca a todos e parece persuadir tanto quanto aquilo que tem a dizer.

Passemos à seqüência inicial do diálogo.

Sílvio Santos	Interlocutores
— Oi, Francisco.	— Oi, Sílvio.
— Você já entrou, Francisco?	— Já, já.
— O Francisco é menininho que tem quantos anos?	— Tenho onze.
— E você já me conhecia pessoalmente, Francisco?	— Não.
— Então é a primeira vez que você me vê?	— É.

Nessa introdução da conversa, observa-se um enunciado de efeito, utilizado pelo locutor, tendo já o menino entrado. "Você já entrou, Francisco?" é uma forma eficaz para distender o garoto e a "conversa". A seguir, após perguntar a idade de Francisco (questão-clichê de todas as entrevistas e diálogos de Sílvio Santos), o apresentador, sob forma de interrogação (falsa interrogação, visto que a resposta já é conhecida), indaga se o garoto o conhece pessoalmente. E ante a resposta *não*, surge outra indagação retórica; verifica-se a presença de uma asserção de caráter transitivo ("Então é a primeira vez que você me vê?"). A redundância é proposital e valorizadora, centrando a atenção dos auditórios particulares (aquele lá presente, ou os telespectadores de casa) sobre a figura de Sílvio Santos. Em termos de diálogo propriamente dito, já nesse pequeno trecho, nota-se que o interlocutor, em momento algum, interrompe o locutor para tomar a palavra — ele apenas usa da palavra quando ela lhe é imposta pelo animador. Deste modo, diferentemente do que teme Schwitalla, *não é difícil* precisar, como costuma ocorrer em diálogos mais reais, vivos e espontâneos, o momento em que a palavra é dada ao interlocutor; aqui a palavra é tomada somente quando o apresentador cria a situação para que se instaure aquele turno que obriga alguém a falar de volta.

Se observarmos a coluna das respostas de Francisco, notaremos que quase todas, geralmente monossilábicas, se mostram como puras confirmações ou afirmações-negações, já esperadas, em função da pergunta feita...

Talvez esse esquema se modifique, no decorrer da "conversa", uma vez quebrado esse primeiro momento de maior tensão da parte do interlocutor.

Sílvio Santos	Interlocutores
— E por que é que você veio aqui?	— Eu queria pedir uma geladeira.
— Mas a geladeira pra quem é?	— Pra minha mãe!
— E a sua mãe tá aí?	— Tá.
— Então manda ela entrar. Como é o nome dela?	— Maria de Fátima.
— É, mas a senhora sabia dessa vontade dele de lhe dar essa geladeira?	— Não, foi uma surpresa.
— É mesmo?	— Verdade!

Nesse segundo segmento, o animador já impõe a "orientação temática" do diálogo*, através de recurso à "modalidade verbal interrogativa", que não se constitui em interrogação real — configura-se antes em recurso retórico, uma quase encenação, para que o interlocutor tenha possibilidade de dar continuidade à conversa, expondo a *todos* o motivo, o "pedido" que o trouxe ao programa: "Eu queria pedir uma geladeira". O objeto central do diálogo, o referente, é verbalmente indicado e continua-se então com o esquema de pseudo-interlocução forjado pelo apresentador: "mas a geladeira pra quem é?", momento em que percebemos a topicalização, o deslocamento para a esquerda, como ensina Eunice Pontes[16], do elemento principal da frase, *geladei-*

---
* Sabemos evidentemente que um apresentador de TV deve ter domínio técnico do tempo e do *timing* do programa. Nossa crítica surge em função da forma pela qual esse domínio é exercido por Sílvio Santos.
16. E. Pontes, *O Tópico no Português do Brasil*, Campinas, Pontes, 1987.

ra, que canonicamente ficaria no final. As questões-encenações prosseguem, com o locutor parecendo ignorar se Maria de Fátima (mãe do menino) encontra-se presente ou não. A pergunta dirigida a ela, "É, mas a senhora sabia dessa vontade dele de lhe dar essa geladeira?", pressupõe o retorno de uma resposta *não*, acrescida por um comentário da interlocutora, "Não, foi uma surpresa", fato que quebra um pouco a uniformização das respostas, por meio da introdução desse comentário mais espontâneo, o que também ocorre em virtude da ênfase produzida pela interlocutora, ao utilizar a palavra *verdade*, quando indagada se não sabia que o filho desejava lhe dar uma geladeira. Dignos de nota, quanto à superfície lingüística do trecho, são os conectivos utilizados pelo apresentador e que têm *apenas* função de continuadores de texto, garantidores da progressão discursiva, não exercendo qualquer outro papel, como ocorre com o *mas* de "Mas a geladeira pra quem é?", ou ainda com o *e* de "E a sua mãe tá aí?" Importante observar também uma das falas de Sílvio Santos: "É, mas a senhora sabia *dessa* vontade *dele* de lhe dar *essa* geladeira?", em que vemos a presença reiterada dos referentes *geladeira* e *desejo*, reforçados deiticamente por meio dos demonstrativos. E mesmo que *dessa* e *dele* liguem-se mais aparentemente à vontade de Francisco, tal vontade reporta-se, no entanto, diretamente à geladeira, objeto central que justifica o processo de repetição valorizadora e que necessita ter marcada a sua *presença, presença* que já começa a se firmar no diálogo, seja pela pura e simples repetição lexical, seja por força dos dêiticos que a mantêm constantemente viva. É o verbal sustentando o visual e estabelecendo nexos entre esse visual e os auditórios.

A orientação temática do diálogo continua sendo dada pelo apresentador, através de enunciados interrogativos, enquanto as respostas ocorrem por meio de justificação, aceitação e afirmação, todas existindo em razão dos questionamentos feitos e nunca ocorrendo sem o tácito (e implícito) consentimento do locutor. Não há sequer uma tentativa, mesmo "sem sucesso", de interromper o apresentador.

Prosseguindo, temos:

Sílvio Santos

— Mas, Francisco por que você quer dar uma geladeira para sua mãe? Qual é a razão?
— Vocês são dois irmãos?

Interlocutores

— Porque ela trabalha e sai de madrugada e deixa eu e meu irmãozinho em casa.
— É.

Sílvio Santos	Interlocutores
— Você tem quantos anos? Onze, né?	— Onze.
— E seu irmãozinho?	— Ele tem nove.
— Ah! aí ela sai de madrugada?	— É, ela sai de madrugada.
— E onde ela vai de madrugada?	— Ela vai trabalhar.
— E onde ela trabalha? Na fábrica, aonde?	— Ela trabalha na fábrica metalúrgica.
— Ela é operária de uma fábrica metalúrgica?	— É!
— E o pai de vocês?	— Minha mãe é separada.
— Ah, sua mãe brigou com o seu pai?	— É.
— E vocês nunca mais viram o pai de vocês?	— Não.
— Ele foi embora? Ele sumiu?	— Ele sumiu.
— Ele tá igual a Conceição: ele sumiu, ninguém sabe, ninguém viu?	

Continua-se a conversa, esteada em interrogações indutivas por parte de Sílvio Santos. Nesse terceiro segmento transcrito, há o início do que poderíamos chamar uma *exposição de motivos*. O garoto é indagado sobre a razão de querer dar uma *geladeira à mãe*. Responde de forma indireta e com alto nível de pressuposição: "Porque ela trabalha e sai de madrugada e deixa eu e meu irmãozinho em casa". Evidentemente, para o garoto, estão claros os motivos e realidades que subjazem ao fato de a mãe trabalhar, sair de madrugada e deixá-los, a ele e ao irmão, sozinhos. Trata-se de um tipo de resposta que, segundo Schwitalla, consiste numa *justificativa*. Habilmente o apresentador continua o "diálogo", dando ênfase aos pontos que devem ser melhor explorados: "irmãos pequenos deixados sós", mãe que tem de "sair de madrugada". Observe-se a repetição do circunstancial "de madrugada", que é introduzido como continuidade quase natural à resposta do menino, com relação à idade do irmão:

— E seu irmãozinho?
— Ele tem nove.
— Ah! Aí ela sai de madrugada?
— É, ela sai de madrugada.
— E onde ela vai de madrugada?

As questões prevêem as respostas que, por seu turno, pressupõem uma mesma e nova indagação. Na seqüência das três repetições, tem-se a pontuação definitiva, trazida por essa expressão circunstancial que marca a situação difícil da família do menino. Evidentemente os auditórios ficarão duplamente tocados: tanto pela situação quanto pelo sacrifício da mãe, pelo sacrifício de Maria de Fátima. Encontramo-nos em presença de um "argumento de sacrifício" que se sustenta antes sobre implicações de caráter afetivo que sobre situações de fato a serem consideradas. No caso, essas implicações é que validam o fazer alguma coisa a fim de se obter outra. O fato em si, o objeto desejado em si, conta menos para a adesão, visto que mais significativa é a situação de sacrifício da mãe e o envolvimento dos auditórios, que se comovem ante o que lhes é mostrado. Para que não se atinja o nível do patético — o excesso de sacrifício, de trágico pode conduzir ao patético, quando não ao grotesco — Sílvio Santos habilmente neutraliza a tensão anterior e pode já neutralizá-la, visto estar, pelo menos aparentemente, garantida a adesão. Assim, ao continuar com suas perguntas "encenadas", o apresentador parte para um questionamento da situação familiar das crianças. Ocorre, na seqüência da entrevista, uma situação que beira o grotesco, temperado por um apelo ao ridículo, ao jocoso, da parte do animador. Ao indagar sobre o pai dos meninos e obter a resposta "Minha mãe é separada", Sílvio Santos induz o próprio entrevistado a concordar com a resposta embutida na pergunta, fato comum na modalidade persuasiva interrogativa, através da qual dirige-se à criança: "Ah, sua mãe brigou com o seu pai?", ao que o menino responde: "É". Observe-se que a primeira "réplica" do garoto foi suficientemente objetiva, clara, direta, sem permitir maiores elucubrações. Respondeu simplesmente: "Minha mãe é separada". Sílvio Santos completa a resposta, aliás dá uma outra resposta, induzindo à aceitação de uma realidade construída por ele próprio: "Ah, sua mãe *brigou* com o seu pai?" Por outras perguntas, continua questionando e lançando pré-conceitos que vêm contidos no bojo das questões: "E vocês *nunca mais* viram o pai de vocês?"; "Ele *foi embora?*"; "*Ele sumiu?*" Note-se o tipo de gradação introduzida nas asserções, ou melhor, nas pseudo-interrogações: não se trata aqui de perguntas, por exemplo, do tipo "onde está o pai de vocês?" ou "para onde teria ido o pai de vocês?", indagações normais numa conversação natural. Não, o nível de asserção que, sem dúvida, reflete um total desrespeito pelo outro vai num crescendo. Assim, em "E vocês *nunca mais* viram o pai de vocês?", tem-se a expressão *nunca mais* que modaliza o tempo verbal definitivamente, encerrando a possibilidade de eventualmente os meninos terem visto o pai.

A própria repetição existente em "*vocês* e... o pai de *vocês*" confirma a presença dos garotos como abandonados e reafirma o caráter definitivo da situação. Esses dados reaparecem em "ele foi embora?", "ele sumiu?", em que *sumir* reduplica a força de *ir-se embora*, atitude-ação também outorgada ao pai pelo locutor. Levando-se em conta o contexto situacional e as condições de produção do texto, temos, por um lado, um apresentador famoso, cuja figura por si só já é um argumento calcado na evidência do real; um estúdio de televisão com toda a parafernália técnica que o caracteriza; um auditório presente, composto de pessoas imersas na "inércia psicológica" do momento e que automaticamente só respondem aquilo que o apresentador deseja e na forma que deseja. Por outro lado, vemos um interlocutor-criança, vindo pedir alguma coisa, já tendo tido a grande sorte de ter sido premiado e poder assim participar diretamente do programa, sendo agora "interrogado" (por meio de asserções definitivas) sobre sua vida familiar, cuja intimidade o locutor não conhece, mas que a ela dá o tom que pretende, impõe o fio da seqüência temática, avalia pretensas realidades e hierarquiza, a seu modo, tais avaliações. Um locutor que torce e distorce fatos com graus de onipotência nunca questionados. Nesses termos, é preciso refletir sobre as relações que aparentemente subjazem, mas que, antes, presidem o ato dialógico, seja em que circunstância for. Não há como prender-se unicamente ao verbal, enquanto atualização de uma realidade abstrata, se não for um paradoxo afirmar-se isso. É indispensável, sim, que se trate o verbal contextualizado, momento em que esse verbal é expressão de vida.

Novamente o tom de crescente gravidade da situação é quebrado, oportunamente, pelo locutor, que recorre ao "ridículo" para obter persuasão, sempre que sente que o "interlocutor" pode, mesmo que só virtualmente, quebrar a força do argumento construído. Em vista do contexto situacional e das condições de produção referidas, jamais ocorreria, por parte "desse interlocutor", uma quebra de argumento. Tanto isso é verdade, que as "respostas" dadas pelo menino (e induzidas por Sílvio Santos) não passam de nítidas confirmações, "aceitações", como diz Schwitalla, das posições do locutor. O "ridículo" a que nos referimos aparece na seqüência final do segmento: "Ele tá igual a Conceição: ele sumiu, ninguém sabe, ninguém viu?", ridículo que vem misturado a uma certa dose de "ironia", ambos se constituindo em elementos persuasivos, visto que seu nível de aceitação se dá na razão direta do *prestígio* do orador (do animador, no caso).

Continuando a entrevista, Sílvio Santos retoma o fio do diálogo, repetindo a mesma pergunta feita no segundo segmento introdutório da conversa.

Sílvio Santos	Interlocutores
— Mas você quer dar pra ela uma geladeira, por quê? Me explica.	— Porque, como eu disse, ela sai de manhã, deixa eu e meu irmão lá e quando chega tem que esquentar a comida e às vezes ela fala que se tivesse uma geladeira ficava mais fácil, que ela deixava a comida e era só esquentar.
— Ah, então que... sem geladeira... eu não entendo muito dessas coisas, não. Ô, Maria de Fátima, o que acontece sem geladeira? Quer dizer que a comida estraga?	— Estraga sim, Sílvio. É que às vezes eu faço comida e deixo pra eles esquentar no outro dia, né? E quando tá fazendo muito calor, eles nem chega a comer a comida que ela estraga.
— Sei, sei, ela estraga, né? A geladeira servirá para conservar?	
— Você faz a comida de madrugada, é?	— É, conservar.
	— Não, eu faço a comida quando eu chego, quer dizer, eu termino de fazer, que ele é o mais velho. Quando ele chega do colégio, ao meio-dia, ele esquenta a comida, come, arruma a casa, aí ele estuda, faz as lições; lá pelas três, quatro, ele vai adiantando, faz arroz.
— Ah, aí! Você faz arroz, Francisco?	— Faço.
— Já aprendeu a cozinhar?	— Já.
— Já! E você faz arroz e mais o quê, Francisco?	— Eu só faço arroz.

O diálogo prossegue com maior espaço para as réplicas dos interlocutores, que conformam suas respostas enquanto relatos justificadores. Nunca há opiniões. Há, sim, constatação de situações e de seus motivos.

Habilmente, o apresentador introduz elementos de dúvida aparente em suas perguntas, visto que o menino não consegue ainda atingir o ponto central desejado, qual seja, o de que é necessário uma geladeira para conservar alimentos. Diz pois: "...então... sem geladeira... eu não entendo dessas coisas, não. Ô, Maria de Fátima, o que acontece sem geladeira? Quer dizer que a comida estraga?" Observa-se que a intercalação do enunciado "...eu não entendo dessas coisas, não" o coloca aparentemente em situação similar à do menino Francisco, que não conseguiu explicar direito as funções do objeto pretendido. Com essa forma quase eufemística, o locutor suaviza a série de asserções que vinha fazendo, ainda que de imediato introduza, quase inconscientemente, o motivo real. Como sempre, por meio de uma indagação, ele próprio dá a resposta definitiva: "Ô, Maria de Fátima, o que acontece sem geladeira? Quer dizer que a comida estraga?"/"Estraga sim, Sílvio... quando tá fazendo muito calor... ela estraga". Como eficiente homem de *marketing*, ele já traz a resposta, dando idéia de ter realmente partido da entrevistada.

Recuperando a abordagem que faz Perelman dos tipos de autoridade do orador, bem como de suas funções na relação com os auditórios, ressaltamos que uma dessa funções do orador *é dar ao auditório a idéia de ser ele quem decide as questões*. Pensando-se na tipologia de discursos, lembramos ser essa uma nítida característica do "discurso autoritário", conforme ensina Eni Orlandi.

Do "fazer arroz", do "saber cozinhar", o apresentador muda completamente a orientação e a temática do diálogo. Assim, da vida prática, passa para a relação afetiva do garoto com a mãe:

Sílvio Santos

— E você gosta *muito* de sua mãe, Francisco?
— E você *gosta* muito de sua mãe, Francisco?
— E *foi* você que teve a idéia de mandar uma carta para o programa?
— Por que você *não pode* comprar uma geladeira pra ela?
— Você sabe quanto custa uma geladeira? Não tem idéia? E você sabe quanto ela ganha por mês?
— Não, eu acho que ela ganha mais, não é, Maria de Fátima?
— Trezentos e sessenta mil? E com esses trezentos e sessenta mil *eu tenho a impressão que vocês pagam aluguel!*
— E você é a única que trabalha?
— E dá para sustentar os dois meninos?
— Dá... e você mora *numa casa alugada?*

Interlocutores

— Ah?

— Gosto.

— Foi.

— Não.

— Na base de uns trezentos.

— Trezentos e sessenta mil.

— Pago aluguel, pago luz, água.

— Só eu.
— Como Deus quer, nóis passa, né? (*sic*)
— Alugada.

Sílvio Santos	Interlocutores
— E quanto é que você paga de *aluguel*?	— Pago sessenta mil de aluguel.
— E ele é o chefe da casa?	— É.
— E você não vai casar de novo, Maria de Fátima?	— Não, não quero mais.
— Não? Não quer mais?	— Não, casamento chega.
— Você *se decepcionou* com o seu marido?	— Foi sim.

A seqüência das questões transmite claramente a forma reiterada, pela qual o locutor realiza seu verbal: sempre por meio de interrogações, com as respostas subentendidas ou então por meio de pseudo-interrogações, com respostas embutidas. São enunciados completos e que trazem lexicalmente a marca da resposta. Tanto isso é verdade que, raras vezes, verificamos a introdução de um índice lexical diferente nas respostas e que já não esteja contido nas perguntas. Tem-se, pois, relações do tipo: "*gosta* muito da mãe?/*gosto*"; "*foi* você que teve a idéia?/*foi*"; "por que você *não pode* comprar?/*não*"; "tenho a impressão que *vocês pagam aluguel/pago aluguel*"; "e você *é a única* que trabalha?/*só eu*"; "e você mora numa *casa alugada?/alugada*"; "e ele *é o chefe* da casa?/*é*"; e que encaminham a interlocução para um "diálogo" com respostas em nível quase infantil, pelo qual é responsável essa repetição.

Em razão do contexto da situação, a não ser raramente, ocorre uma impossibilidade de articulação verbal mais elaborada, sobretudo tendo-se em vista também o nível de domínio do apresentador sobre seus interlocutores que, em momento algum, sequer fazem menção de tomar voluntariamente a palavra. Não há, portanto, qualquer "tentativa", ainda que "sem sucesso", para tomada da palavra, sobre o que nos adverte Schwitalla.

Tendo o domínio total não só da sustentação temática, mas também da sustentação seqüencial do diálogo, o apresentador fecha o segmento em que indagava sobre a vida de Francisco e sua família, não sem antes ter repetido e feito repetir o fato de que moravam "em casa alugada" e "quanto pagavam pelo aluguel". Na medida em que acentua uma situação de carência, maior valor terá o prêmio a ser (ou não) concedido. A estruturação verbal persuasiva de Sílvio Santos, adiantamos, é altamente organizada e objetivamente dirigida para a obtenção de adesão de seus auditórios. Assim, para fechar o referido segmento, ele se utiliza, ampliando e qualificando o processo de significação, do mesmo enunciado com que abrira a seqüência. Assim de "E você *gosta muito* de sua mãe, Francisco?" chega ao fecho conclusivo da passagem: "Mas, Francisco, é um *gesto bonito* esse seu, sabe? Você tem um *grande amor* pela *sua mãe*, não é verdade?" O aparecimento das duas funções fáticas explícitas em "*sabe?*" e "*não é verdade?*" não só garantem as afirmações feitas como impedem qualquer eventual tentativa de se dizer o contrário. Os termos em função fática constituem-se, aqui, antes em operadores "quase" perlocutórios, em vez de desempenharem o papel de restabelecedores ou mantenedores de contato.

Segue-se mais um ato do "diálogo":

Sílvio Santos	Interlocutores
— Você quer que ela ganhe uma geladeira. Bem, eu não sei se o seu desejo vai ser realizado, mas não é um desejo difícil. Se não for realizado hoje, eu tenho certeza que vai ser realizado em um dos nossos programas, tá ouvindo? Mas o seu grande desejo é dar uma geladeira para a sua mãe, não é?	— É.
— Então vamos abrir as Portas da Esperança! Mas nós estamos aqui recebendo o senhor Francisco, não é Francisco? Francisco de quê?	— Francisco de Quino.
— Você está dando essa geladeira a eles por ordem de quem?	— Da Cônsul do Brasil.

Com a passagem que acabamos de transcrever, encerra-se praticamente o diálogo de Sílvio Santos com o menino Francisco e sua mãe. Inicia-se uma outra etapa do quadro, momento em que o foco central se desloca ainda mais para o referente, para o objeto desejado, no caso, a *geladeira*. Antes, porém, de passarmos a essa nova seqüência, vale notar o índice de repetições do trecho transcrito. O apresentador, mais uma vez, dirige-se ao garoto para então afirmar diretamente que ele "quer que a mãe ganhe uma geladeira". Centraliza então a mensagem sobre "querer uma geladeira" e imediatamente cria suspense ao introduzir a dúvida "... eu não sei se o seu desejo vai ser realizado...", quando então a ênfase se volta para "desejo a ser realizado", trecho repetido inúmeras vezes. Assim, pela reiteração lexical explícita ou subentendida, o apresentador reafirma a *presença* de *geladeira* e *desejo*, presença que tem condições de manter viva para a consciência a imagem que se quer evidenciar. Dentro do processo argumentativo-persuasivo, a *presença* ocorre sem que haja qualquer obrigatoriedade de existirem bases formais que a sustentem. Basta o estímulo à imaginação, que se dá pela repetição de um verbal estrategicamente montado, sem o qual o objeto não se mantém, nem permanece para o imaginário. O trecho se fecha definitivamente com a asserção-refrão "Mas o seu grande desejo é dar uma geladeira a sua mãe, não é?", em que o tom de interrogação é recuperado a fim de contribuir com o *suspense* construído. É o início do último ato! É o início da grande encenação de *marketing*, visto que iremos perceber que, de modo geral, quase todos os quadros do "Programa Sílvio Santos" constituem-se, na verdade, em *macrocomerciais*. A estrutura de *merchandising*, de venda, de promoção, de propaganda recobre até as mais ingênuas e singelas situações. "Porta da Esperança", "Roletrando", "Cinderela" e tantos outros mais constituem-se em simulacros de situações reais, passadas para a televisão. Assim, "driblando" o tempo normalmente reservado a comerciais, Sílvio Santos* cria um tipo de programa mercantilizado que não se desvenda diretamente enquanto tal, mas que, veladamente, acaba por se constituir em um macrocomercial e mesmo em um metacomercial. Analisando a seqüência deste quadro "Porta da Esperança", ficará mais clara a observação feita.

Dando entrada ao Sr. Francisco de Quino, já identificado como representante da Cônsul, o locutor prossegue o programa:

Sílvio Santos	Interlocutores
— Você está dando essa geladeira a eles por ordem de quem?	— Da Cônsul do Brasil.
— Ah, da Cônsul! Então foi feito um filme, vamos ver, vamos ver o filme da Cônsul. Vamos ver como é a Cônsul, onde fica a Cônsul. Onde fica a fábrica da Cônsul, Francisco? Vamos ver a Cônsul, é importante conhecer a fábrica da Cônsul.	— A Cônsul fica em Joinville!
— Abrangendo cento e trinta mil metros quadrados? E quantos empregados tem a Cônsul?	— A Cônsul tem cinco mil empregados.
— Todos lá em Joinville?	— Todos em Joinville.
— E essa geladeira Cônsul é fabricada lá?	— É fabricada lá.

* Outros apresentadores a fazem também. Não foram, no entanto, objeto de nosso estudo.

Sílvio Santos
— A Cônsul fabrica só geladeiras, hoje?

— E uma geladeira Cônsul hoje no mercado, no varejo, está custando quanto?
— E esse é o modelo mais simples?
— Esse tá custando quanto?

— Quer dizer que dezembro é o mês que vende mais?
— E o mês de maio também vende muito?
— E qual é o mês que vende menos?
— ...E a Cônsul, o que é, é uma empresa brasileira?
— É um grupo de acionistas?

— Bem, eu agradeço você por ter vindo no programa e por ter vindo satisfazer o desejo de Maria de Fátima. Maria de Fátima, muito agradecido! Não é, Francisco? Tá contente com a geladeira?
— Agora é fácil, não é? Põe na Cônsul. Ha! Ha! Ha!

Interlocutores
— Não, a Cônsul fabrica uma linha de refrigeradores, fabrica freezers, secadores, condicionadores de ar.
— O modelo mais simples por volta de um milhão de cruzeiros.

— Não, não.
— Esse tá custando por volta de um milhão e duzentos mil cruzeiros.

— Ah, muito.

— Muito.

— É justamente o inverno.
— A Cônsul é uma empresa brasileira.
— É uma empresa brasileira e catarinense.

— Tô.

Entre o locutor e o representante da Cônsul do Brasil, instaura-se o mesmo tipo de diálogo com respostas induzidas, como ocorreu na conversa com o menino. A não ser raras vezes, quando o senhor Francisco dá uma ou outra explicação não prevista, tudo o mais se passa com Sílvio Santos dominando totalmente a situação de um diálogo "plantado". As questões, como sempre contendo já as respostas, continuam a ser feitas. O tom de surpresa demonstrado pelo apresentador em "Ah, da Cônsul!" convence o auditório com facilidade, ainda que se faça sobre um tipo de montagem cênica extremamente elementar.

A partir da "surpresa" estampada, Sílvio Santos tem uma fala mais longa, antes de mostrar o vídeo feito com antecedência, evidentemente, na fábrica (o metacomercial) da Cônsul. Trata-se de uma emissão verbal compacta e objetiva. Inicia-se com o esquema persuasório e repetitivo da "comunicação oratória", pela qual o orador se identifica com o auditório, por meio de um *nós*. Surgem, então, as repetições valorizadoras que presenciamos em "Vamos ver, vamos ver o filme da Cônsul. Vamos ver como é a Cônsul, onde fica a Cônsul. Onde fica a fábrica da Cônsul, Francisco? Vamos ver a Cônsul, é importante conhecer a fábrica da Cônsul". A partir das quatro repetições explícitas de "vamos ver...", cria-se uma gradação inequívoca da importância de elementos que o consumidor deve conhecer: *como é, onde* fica a Cônsul, bem como a *importância* de se *conhecer* a fábrica. São argumentos praticamente lógicos, pois calcados na evidência de provas, nas imagens do filme, nas imagens da imagem do vídeo produzido e, portanto, irrefutáveis. No tocante à manutenção de *presença*, vemos que esta se faz com muita força, pois que, apenas nesse pequeno trecho transcrito, a marca do refrigerador é repetida seis vezes. Observa-se, propositadamente, um deslocamento metonímico do objeto para a sua marca, visto que tipos de refrigeradores há diversos; o importante é fixar nas mentes a marca de um deles, *o nome*. No trecho todo, se não houve engano, o nome Cônsul foi repetido por *dezessete vezes*.

A exploração do esquema perguntas com respostas embutidas prossegue: "Abrangendo cento e trinta mil metros quadrados? E quantos empregados tem a Cônsul?" Informando a amplitude da fábrica, o apresentador "indaga" sobre o número de empregados. Pergunta novamente: "Todos lá em Joinville?", obtendo a resposta que sim. A partir desses dados mais gerais e de outros mais específicos, Sílvio Santos constrói o perfil material mais amplo da fábrica e passa então a detalhá-lo em termos mercadológicos, chegando até à individualização daquele refrigerador especial que seu programa vai oferecer à dona Maria de Fátima. Assim, ao indagar se "a Cônsul fabrica só geladeiras, hoje", o apresentador produz uma superfície lingüística curiosa. Utilizando-se do advérbio modalizador "só" e também do circunstancial "hoje", Sílvio Santos cria um enunciado que aparentemente limita o alcance do fabricante. No entanto, por estar subentendida a resposta, esse primeiro enunciado se, momentaneamente, restringe e limita as significações, na seqüência tal especificidade alarga-se por meio da contaminação da resposta: "Não, a Cônsul fabrica uma linha de refrigeradores... freezers..." Aborda, em seguida, a questão de preços gerais no mercado. Observe-se que faz questão de utilizar o índice lexical, *varejo*, pois conhece muito bem seus auditórios (o auditório ali presente e o telespectador de casa), consumidores personificados individualmente, consumidores "no varejo", por assim dizer. Chega-se finalmente ao detalhamento de preço; preço do modelo mais simples:

um milhão de cruzeiros, e do modelo mais sofisticado, oferecido a Maria de Fátima: um milhão e duzentos mil cruzeiros*.

Por esse processo de particularização, de detalhamento, estabelece-se, de imediato, mesmo que não explicitamente, a oposição entre o salário mensal de Maria de Fátima (trezentos e sessenta mil cruzeiros) e o valor do prêmio recebido na "Porta da Esperança" (um milhão e duzentos mil cruzeiros). A hierarquização de valores e a forma verbal de obtê-la é perfeita quanto à construção e ao alcance de níveis persuasórios. Tal hierarquização se dá por meio da evocação de "detalhes", de "insistência" e de "especificação", variáveis da *repetição*, mais centrada no nome do fabricante. Essas são também técnicas argumentativas e persuasivas, na medida em que reafirmam *presença*, buscando fundamentalmente fixar ainda o todo, em razão dos detalhes que o compõem.

Nada passa despercebido ao esquema de *marketing* armado pelo apresentador. Num momento final, ao indagar do Sr. Francisco em que mês a Cônsul vende mais geladeiras e obtendo a resposta de que é no verão, sobretudo em dezembro, imediatamente Sílvio Santos faz uma outra pergunta, naquele "estilo assertivo", trazendo embutida a resposta:

— Quer dizer que dezembro é o mês que vende mais?
— Ah, muito.
— E o mês de maio também vende muito?
— Muito.
— E qual é o mês que vende menos?
— No inverno.

Importante notar que ele não pergunta, por exemplo, *quanto* se vende em maio; parte, antes, de uma "deixa" obtida na resposta anterior, "muito", e não dá chance a outro tipo de réplica. O apresentador, com a experiência inegável que tem, não pode deixar "passar" a idéia de que está oferecendo ao seu auditório um produto *em baixa*, um produto pouco vendido no momento. E, a nosso ver, somente uma análise do verbal permite perceber algumas dimensões como essa. Se não pela análise do verbal, a *consigne* continua indiscutida e indiscutível: é seguir o esquema e obedecer às ordens evidentes ou àquelas subliminarmente dadas.

* Esta gravação é anterior ao advento do *cruzado*. Preferimos manter *cruzeiro* em todos os textos, mesmo porque a relação cruzeiro-cruzado, bem como as quantias, não interferem nas análises.

Quadro "Cinderela"

No quadro "Cinderela"* tem-se a participação de meninas bastante pequenas, de aproximadamente quatro a seis anos de idade. Em cada programa são escolhidas (sorteadas) três crianças, por meio de cartas escritas e enviadas pelas mães dessas crianças. As escolhidas (como ocorre com todos os que participam do programa) são entrevistadas por Sílvio Santos. Trata-se de entrevistas sobre a família, a escola, sobre o que as crianças já sabem fazer, seus gostos e seu maior desejo, invariavelmente ligado à possibilidade de ganhar um *presente*. Enfim, pedem os brinquedos, sobretudo as bonecas do momento, os últimos lançamentos de renomadas fábricas, daí a importância de identificar o *nome* dos produtos. Após as entrevistas, uma das meninas será escolhida, devendo tornar-se a "Cinderela" do dia, com direito a se casar com o príncipe e receber "cinco milhões de cruzeiros em dinheiro ou em utilidades domésticas". Importante um detalhe: se, em dinheiro, "recebem em treze parcelas, sendo a última de dois milhões", como explica Sílvio Santos às pequenas, mas, evidentemente, com o objetivo de atingir o público adulto, uma vez que as meninas, pelas idades, nem têm condições para avaliar "quantias" ou perceber em que consiste a opção "receber em parcelas" ou "receber" o todo em "utilidades domésticas".

Dos quadros "Cinderela", não selecionamos os diálogos, mas algumas das cartas que as mães das meninas escrevem. E por que razão? Pela análise dos textos, creio, será possível demonstrar que tais cartas são "escritas", ou melhor, são "editadas" pela produção do programa. Constituem-se em textos-chapa, textos-modelo, construídos à base de frases feitas e sintagmas clichezados. O aporte semântico deles instaura-se sob a égide de uma "pieguice" institucionalizada. As meninas não são ricas, mas também não são pobres. Todas são "bonitas", "engraçadinhas", "comunicativas", "inteligentes" e têm como o "maior sonho da vida" participar do "Cinderela" e "ganhar o presente" indicado.

Transcreverei três dessas cartas, de programas diferentes, para que se possa ter uma noção da ideologia imposta pelo "Programa Sílvio Santos", que revela não só uma forma *sui-generis* de conceber o mundo infantil, mas também os valores essenciais que permeiam esse mundo, quando olhado através das imagens veiculadas em certos momentos da TV brasileira.

---

* O quadro, até a presente publicação, não estava mais sendo levado ao ar. O fato não invalida, no entanto, as análises.

Carta n.º 1*

"A Camila, como tantas crianças do nosso Brasil, também assiste o programa de Cinderela. Ela quer muito participar, para assim tornar realidade esse maravilhoso sonho que ela acalenta em sua cabecinha. A Camila tem cinco anos e já está na escola. Todas as professoras gostam dela. A Camila é uma menina sensível e inteligente. Agradeço sempre a Deus por ter me dado uma filha tão bonita. Moramos com a minha sogra. O meu marido esteve desempregado, mas já arrumou emprego e tudo está bem. O importante é a saúde e essa felizmente nós temos. Por ser uma criança comunicativa e falante, a Camila é muito querida pelos vizinhos. Eu sou uma pessoa de sorte. Eu tenho um lar feliz e para completar a nossa felicidade só falta a Camila brincar de Cinderela e ganhar uma bicicleta."

Um tom extremamente piegas pontua o texto todo. Duas são as direções dadas à carta: descrever a menina, sempre de forma exortativa, e descrever a mãe com a singeleza e simplicidade que o estereótipo da vida doméstico-familiar exige. A descrição da família não deve ser feita *nem em tom de exaltação*, nem de muita felicidade, mas não pode *"passar" também muita tristeza* aos auditórios. Quando muito, um pouco de compaixão, compaixão a ser neutralizada por meio de compensações várias, mas de pequeno porte. O clima afetivo e material (há um amálgama de categorias) familiar deve ser ameno e enaltecido, mesmo diante de percalços, sempre superados. E o desejo expresso (de ganhar um brinquedo) precisa ser valorizado ao extremo. Nesse quadro, todos têm que ser, no mínimo, *um pouco infelizes, um pouco felizes*, sendo o lado positivo muito valorizado, pois trata-se de um quadro que necessita demonstrar beleza e alegria. Portanto, das menininhas só se revelam as qualidades, os "dons". É importante que todas se comuniquem bem, afinal vão aparecer na televisão e muitas pessoas, milhões delas, vão vê-las e ouvi-las.

Geralmente as cartas apresentam uma superposição textual e temática. Superpõem-se os temas e bifurcam-se as direções: uma delas centrada na criança, a outra, na mãe. Existe, no entanto, subjacente às duas, mãe e filha, uma espécie de contaminação de vontades, na medida em que não se sabe ao certo se quem deseja o brinquedo é realmente a criança ou sua mãe. Percebe-se também, muito presente, uma "kitschização" da *maternidade*,

* Carta lida no programa de 10-11-1985.

vista de per si como *sacrificada*, na medida em que a figura da mãe é esculpida um pouco como a de uma heroína-sofredora, mas que nem é tão heróica e nem sofre tanto. Sofre, um pouco, sim, na proporção em que, enquanto entidade, tem mesmo que sofrer para ser valorizada, para poder ter peso. E essa mãe vibra, despersonalizada. Vibra apenas em função de um possível sucesso da filha. É bem uma variável do "argumento pelo sacrifício", conforme ensina Perelman.

O texto inicia-se com um enunciado generalizador e que valoriza fortemente o quadro: "A Camila, como *tantas* crianças do *nosso* Brasil, *também* assiste o Programa da Cinderela". Atente-se para a precisão de certas escolhas lexicais da superfície lingüística. Em: "*tantas* crianças", o operador de intensidade aponta para o alto índice de audiência do programa e, em "*nosso* Brasil", o possessivo determina realmente uma espécie de posse cívica do país: não se trata apenas de "tantas crianças do Brasil", mas do "nosso Brasil". O nome do país expresso e mais o possessivo reafirmam *presença* e ampliam o índice de audiência. O sintagma nosso Brasil soa quase como refrão de hinos pátrios, a fim de reafirmar o tom de civismo a que já nos referimos. E quanto à Camila? (o nome vem sempre precedido pelo definido para que o tom se mantenha mais intimista), como é a garota? "Tem cinco anos e *já* está na escola". Inicia-se o discurso laudatório. O operador *já*, atrelando-se à enunciação, busca transmitir idéia de precocidade, no que não é muito feliz, tendo em vista o fato de, hoje, aos cinco anos, boa parte das crianças já estar na escola. Segue-se a descrição física da garota, paralela à descrição da mãe, sempre focalizada como entidade, como mãe-de-família. Juntamente com a descrição física de Camila, esboça-se também seu perfil psicológico. Esboça-se o *parecer* da menina e mostra-se muito pouco do seu *fazer*. Ela não consegue se instaurar enquanto personagem, parece-me. Suas possíveis ações permanecem no domínio do *não-realizado*, talvez se esbocem somente no imaginário, mas não no próprio imaginário de Camila e, sim, no de sua mãe. Mas, vamos à menina. Vemos Camila que é *querida* pelas professoras, *sensível* e *inteligente*; tão *bonita, comunicativa* e *falante, querida* também pelos vizinhos. Como sempre, a farta e fácil adjetivação da TV. E o que faz Camila? Camila nada faz. Camila, por meio da voz da mãe, apenas quer coisas: "quer participar do programa", quer "tornar realidade esse maravilhoso sonho". Camila (talvez nem conheça o verbo) "acalenta esse sonho"; Camila "quer *brincar* de *Cinderela*". Camila "quer ganhar uma bicicleta". Camila foi *dada* aos pais como um presente de Deus. Camila, não fosse o querer, seria só um agente, quase passivo, a receber a afeição das professoras, o amor dos vizinhos. E que mais quer Camila? *Brincar* de *Cinderela* e *ganhar* uma bicicleta. E a mãe de Camila? Conta o desejo da menina que "acalenta um sonho maravilhoso" e "agradece sempre a Deus por ter-lhe dado uma filha tão bonita". A mãe de Camila mora com a sogra. O marido da mãe de Camila, o pai de Camila, esteve desempregado, mas já conseguiu emprego novamente. A mãe de Camila diz que "tudo está bem". A mãe de Camila acha que "o importante é a saúde" (o desemprego provavelmente não pode ser considerado problema num quadro de conto de fadas). A mãe de Camila se acha uma "pessoa de sorte". A mãe de Camila tem "um lar feliz". No entanto, a felicidade da família não está completa. O que falta para essa felicidade ser total? Falta Camila *brincar* de *Cinderela* e *ganhar* uma bicicleta.

    Estamos frente a um simulacro de conto de fadas que se constrói sobre *frases feitas* e *clichês* extremamente desgastados, mas que, sem dúvida, gozam ainda de muito prestígio na escola, na família e em alguns segmentos dos veículos de comunicação. O culto à pieguice, expressa por um verbal estereotipado, é ainda ponto alto mesmo em muitas aulas de português, em vários círculos familiares e, como dissemos, em alguns recortes dos *media*. Destacamos para a reflexão do leitor alguns desses *clichês* retirados da carta: "tornar realidade esse maravilhoso sonho", "sonho que acalenta em sua cabecinha", "agradeço a Deus por ter me dado uma filha tão bonita", "lar feliz", "para completar nossa felicidade...". São "exemplos nada exemplares", como diria Osman Lins, do *bem falar*, do *falar bonito*. E o que são tais clichês? Na realidade, configuram-se em fiapos de textos que pertencem a todos e a ninguém. Aí estão, creio, por exigência de uma emissora de TV, de um tipo de produção que "fatura" sobre a emoção e o sentimento de pessoas mais simples, sem que tais pessoas se apercebam de que estão sendo utilizadas como veículos de mensagens demagógicas ao extremo. Como última observação: os textos das cartas, parece, são *pasteurizados* pela produção do programa, como também o são os sentimentos dos que escrevem, na medida em que "brincar de Cinderela" e "ganhar uma bicicleta" tornam um "lar feliz". Misturam-se, assim, objetos e emoções, evidentemente não passíveis de fácil homogeneização, a não ser em situações semelhantes a essa.

Carta n.º 2*

"Eu sou divorciada e tenho duas filhas. Elas são gêmeas e é em nome de Amanda que eu escrevo esta cartinha na esperança de que ela seja chamada para brincar de Cinderela. A Amanda é uma menina inteligente e irrequieta. Ela é faladeira como ela só. Imaginem que em casa o apelido dela é 'Grilo Falante'. A minha filha vive dizendo que quando conhecer o Sílvio Santos vai pedir um emprego na televisão. Amanda é uma menina fora de série, ela deixa qualquer um de boca aberta; e quando começa a falar não pára mais. Eu moro com a minha irmã, que toma conta das meninas enquanto eu trabalho como professora. Eu espero que todos gostem da Amanda. Ela aguarda com muita ansiedade a sua participação no programa. Esse dia vai ser muito especial para minha filha e todos em casa ficarão eternamente gratos se Amanda realizar o seu sonho de menina, que é ganhar uma bicicleta."

Aqui, novamente, o texto e o texto: a história de Amanda e a história da mãe de Amanda. A frase inicial "Eu sou divorciada e tenho duas filhas" já provoca efeito emotivo no auditório: um misto de pena e admiração. O destaque é dado à situação civil e familiar da mãe: *divorciada* com *duas filhas*. A mãe escreve a carta "na esperança" de que Amanda "seja chamada para brincar". Como no texto anterior, paralelamente à descrição da mãe, corre a descrição da criança, correm juntos os dois textos. Vejamos como é Amanda: Amanda é *inteligente, irrequieta, faladeira, fora de série*, deixa qualquer um de *boca aberta, não pára de falar*. Que teriam em comum Amanda e a Camila da carta anterior? As expressões adjetivas usadas para Camila são mais comportadas; para Amanda, recorre-se a marcas lexicais mais vivas. No entanto, dois índices, comuns a ambas, revelam-se altamente valorizados. Amanda é *inteligente, faladeira, não pára de falar*, tem apelido de "Grilo Falante" e Camila é *inteligente*, comunicativa e *falante* também. Sem dúvida, o ser comunicativa, o falar bastante constituem-se na pedra de toque para ser escolhida e ser assim é ser *inteligente*. Há que se desculpar: a TV não perdoa as tímidas, as envergonhadas. O elogio ao programa não surge de pronto nesta carta: vai para o meio do texto, assim como que diluído na mensagem: "A minha filha vive dizendo que quando conhecer o Sílvio Santos vai pedir um emprego na televisão". Sub-

---

* Carta lida no programa de 24-11-1985.

liminarmente passa-se outro desejo de Amanda: trabalhar na televisão. Trabalhar com Sílvio Santos. E a mãe de Amanda? Mora com uma irmã. A mãe de Camila, com a sogra. A irmã da mãe de Amanda toma conta das duas gêmeas. A mãe de Amanda é professora. A mãe de Amanda "espera" que "todos gostem" de Amanda. E que deseja a menina? Amanda deseja "participar do Cinderela". Amanda "aguarda com muita ansiedade a sua participação", Amanda quer realizar "o seu sonho de menina". "O sonho de menina" de Amanda é ganhar uma bicicleta. Em vista de tudo isso, a mãe de Amanda faz um pronunciamento quase melodramático ante a possibilidade de a garota ser escolhida: "Esse dia vai ser muito especial para minha filha...", e amplia sua afirmação: "... todos em casa ficarão eternamente gratos se Amanda...". Também aqui os valores se pasteurizam: todo um "sonho de menina", ou mais, "o sonho de menina de Amanda" consiste em participar do "Cinderela" e ganhar uma bicicleta. Será que a imaginação de uma criança de cinco ou seis anos "acalenta" apenas um único e grande "sonho de menina"? Pode ser. Será que dentre todas as dimensões da fantasia que, sem dúvida, pode *estar* em parte *atrelada* à vontade de possuir um bicicleta, não escaparia uma face, sem dono e sem destino, a vagar pelas regiões do mágico e do encantatório? Ou será que uma relação direta, não mediatizada, entre *ter coisas* e *ser feliz* foi já instaurada em definitivo e inexoravelmente? Prefiro pensar que não. No entanto, se refletirmos sobre o que ocorre em programas como esses, verificamos, como real, a existência de uma idéia de felicidade *prêt-à-porter*, porque, talvez, *prêt-à-acheter*.

Quanto aos clichês, apesar de uma vivacidade de linguagem mais aparente, eles não deixam de se entremear por entre as brechas daquelas expressões, vistas como mais espontâneas. E assim temos: "... escrevo esta cartinha na esperança...", "... faladeira como ela só", "... todos em casa ficarão eternamente gratos...", "... seu sonho de menina...". A semelhança entre as duas cartas é muito grande, sobretudo no tocante à temática geral, aos campos semânticos, ao tipo de narrativa, aos recortes da enunciação, à taxa de adjetivação e, sem dúvida, muito semelhantes são também quanto à natureza dos clichês utilizados.

Carta n.º 3*

"Liliane é uma garota muito alegre e bonitinha. Sabe cativar todo mundo e sempre tem uma resposta na ponta da

---

* Carta lida no programa de 12-01-1986.

língua. Em minha casa respira-se um clima de paz e tranqüilidade. Nós não temos grande conforto, não, mas também não temos maiores dificuldades. Em resumo, nós somos uma família muito feliz. Liliane diverte a todos nós e nos enche de alegria. Parece uma princesinha e a todo momento encontra um motivo para nos encher de felicidade. Vocês vão adorar a Liliane. Ela tem loucura por uma boneca 'Amore' e eu não tenho palavras para expressar a minha satisfação. Ela faz questão de assistir todo domingo a 'Cinderela'. Ela sempre diz pra mim: 'mamãe, eu quero ser a Cinderela' e eu não pude deixar de mandar esta carta. Muito obrigado.'' [sic]

Com esta última carta, tentaremos indicar mais definitivamente os pontos de semelhança entre os textos, bem como o processo de homogeneização que neles ocorre. Deste modo, será viável aceitar a hipótese inicial, relativa à existência de um trabalho de "edição" uniformizadora das cartas enviadas, por parte da produção do "Programa Sílvio Santos", neste quadro "Cinderela". Sabemos que padronizar é importante em vários setores de atividade e, vital, para os *media*. Apenas não aceitamos padronização como bloqueio à invenção.

O texto continua *sob* o texto; o texto continua *sobre* o texto: duas histórias em confluência, dois símbolos em descrição: a filha, a mãe. Duas mulheres-fantoches e nenhuma personagem. Vamos à história-retrato de Liliane. Liliane é *alegre, bonitinha*, sabe cativar a todos, tem *resposta* sempre *na ponta da língua*, é divertida, enche as pessoas de alegria, parece princesinha, enche os pais de felicidade. E a mãe de Liliane? A mãe, por ser *mãe-entidade*, também como nos outros quadros, dilui-se entre o lar e a família. Se, no primeiro texto, a mãe de Camila se desindividualiza e, no segundo, a mãe de Amanda consegue revelar-se um pouco mais como pessoa, nesta terceira "história", no entanto, até a mãe-entidade se rarefaz, em nome de uma totalidade familiar talvez apenas familiarizada, instituída lexicalmente pela predominância de um *nós* e pela presença de um *se*, ambos generalizadores. É o que se observa nas seqüências "Em minha casa respira-se um clima de paz e tranqüilidade", "Nós não temos grande conforto, não, mas também não temos maiores dificuldades", "Em resumo, nós somos uma família muito feliz". Como se percebe, a ideologia do "meio-termo", do "mais ou menos" e o tom piegas da primeira carta, antes mais discretos e tímidos, desvendam-se e revelam-se, quase sem compostura, resvalando ao ridículo. Chamo ideologia do *meio-termo*, do *mais ou menos*, a essa situação forjada, em que não se pode ser rico (a ponto de não precisar pedir nada) e nem ser tão pobre (a ponto de ter que pedir tudo). Como afirmei antes, o quadro tem pretensões a conto de fadas. E, enquanto conto de fadas, precisa manter vivo o elemento que desperta compaixão, solidariedade (mas que não deve mostrar-se excessivo, pois corre o risco de levar a história para o patético ou para o grotesco). Há, pois, que se garantir uma certa contenção de situações e de sensações. E como o quadro em questão — antes paródia de mau gosto que conto de fadas — não consegue dar vida (nem pretende) ao elemento mágico que *criaria* o contraponto do maravilhoso, talvez pelas grandes ações, acaba-se por permanecer sob o efeito desapontador de truques baratos cometidos por mágicos de segunda categoria: tem-se, então, a pequena heroína que, quando muito, apenas "parece princesinha", que não é pobre nem rica, mas que é feliz e a todos faz feliz neste *Shangri-là* de neutralidades. A produção do programa nada atinge, além do *déjà-vu*, do *déjà-vécu*, em matéria de invenção e criatividade verbal. Mas, em contraposição (ou antes por coerência), abusa do estereótipo verbal, das expressões prontas, da chapa-clichê. Assim, mais que nos outros textos, para não perder essa coerência, obriga-nos a conviver com expressões do tipo "resposta na ponta da língua", "respira-se um clima de paz e tranqüilidade", "eu não tenho palavras para expressar...". É, a produção não deve ter mesmo... mas, então, que assuma, pelos menos, a autoria de tais textos, não os lendo "para todo o Brasil" em nome de pessoas que inadvertidamente, e sem qualquer culpa, até que gostariam de ter sido os autores reais.

*Sílvio Santos: Conversando com o auditório**

Entre um quadro e outro, o apresentador, freqüentemente, mantém "conversas" com o auditório. No mais das vezes, esses momentos constituem-se também em espécies de "metacomerciais", através dos quais se chama a atenção do público para as atrações que virão no decorrer do próprio programa e mesmo após seu final. Em algumas ocasiões, Sílvio Santos faz *preleções* sobre temas os mais diversos. Analisaremos um trecho representativo dessas "conversas". No caso, uma "fala" que precedeu o espaço reservado à mensagem do TRE**.

* Trecho do programa gravado em 27-10-1985.
** Observe-se que houve eleições em novembro de 1985.

"... Agora é hora de nós darmos uma paradinha. Vamos descansar um pouco aqui no auditório. Precisamos tomar conhecimento dos homens que vão governar o nosso país. Não adianta reclamar do prefeito, não adianta reclamar do presidente, não adianta reclamar do deputado, não adianta reclamar do senador, não adianta reclamar do governador. Quem é que escolhe o presidente? Quem é que escolhe o governador? Quem é que escolhe o deputado? Não é você? Aqui, quando nós devemos reclamar, nós devemos reclamar, nós devemos reclamar de nós... e se um povo não vota bem, não tem um bom governo... Se um povo vota bem, tem um bom governo! Mas muita gente fala assim: 'Ô Sílvio Santos, como é que a gente vota bem?' Não precisa aprender política, não! O povo tem uma intuição que não falha nunca. O povo sabe o que é bom, o povo sabe o que é verdade, o povo sente, ele não sabe explicar, mas ele sente. Geralmente olha uma pessoa na televisão, mas alguma coisa ele diz que tá errado, ou alguma coisa ele diz que tá certo... O povo tem uma intuição. Então vote pela sua intuição! Veja os candidatos, ouça os candidatos, analise os candidatos, mesmo que você não saiba nada de política, não se preocupe se você vota por sua intuição. Nós temos certeza que nós vamos acertar. Escolha bem o candidato, porque nós somos responsáveis pelos bons e pelos maus governos. E agora, assista com atenção o Tribunal Regional Eleitoral.''

O "discurso" de Sílvio Santos, pelo tom ostentatório, pela ligação maior com o "presente" dos fatos, pela breve referência ao passado e pela presunção de um futuro próximo, liga-se, certamente, ao gênero argumentativo epidítico, com finalidade persuasiva. O apresentador garante a "contemporaneidade" de suas idéias, "demonstrando" quem escolhe os governantes, não sem antes recorrer a uma espécie de *recuperação exemplificadora do passado*, momento em que (sempre no presente) faz advertências sobre um futuro não distante: "...não adianta reclamar do presidente", "não adianta reclamar do deputado", "quando nós devemos reclamar, nós devemos reclamar de nós, porque nós ... e se um povo não vota bem, não tem um bom governo...".

Perelman ensina que o gênero epidítico não tem reais *participantes*, mas *espectadores*, na medida em que a autoridade do orador impõe praticamente a aceitação tácita do que é dito. Importante notar que o *espectador* aqui é entendido como representante de um auditório particular, que aceita e não discute o que lhe é afirmado.

Neste primeiro momento de análise, tentaremos verificar a forma pela qual se hierarquizam os conteúdos da mensagem do animador. Que idéias quer basicamente passar? De onde parte? Por onde passa? Qual o ponto de chegada? Sílvio Santos, antes de iniciar suas falas, cria um ambiente distendido, preparando o terreno para a recepção: "Vamos descansar um pouco aqui no auditório. Precisamos tomar conhecimento dos homens que vão governar o nosso país". Continuando nessa linha de baixo impacto, recorre à "comunicação oratória", buscando uma identificação com o público, por meio da introdução de um "nós" e de um "nosso" persuasivos. Na medida em que ele (apresentador) e os outros (auditórios) fundem-se sob a ação de um "nós", neutralizam-se as emoções individuais, diluem-se as opiniões. O público acaba se convencendo de que tem domínio das idéias e de que o comunicador é seu porta-voz. Por esse recurso, julgamentos de valor acabam por acumular funções: além de valorações, propriamente ditas, constituem-se também em técnicas argumentativas. Uma vez equalizadas as opiniões, aplacadas possíveis dissensões, é possível a Sílvio Santos, momentaneamente, abandonar a "comunhão com o auditório", visto que os participantes já estão prontos para receber e acatar a mensagem do orador, sobretudo em virtude de esse orador ter conseguido lhes passar a impressão de que são eles quem decidem as coisas e com total liberdade. Seguem-se as falas-acusações, já em tom diferente. O orador (apresentador) divorcia-se do auditório, mesmo porque parte para um ataque, até certo ponto velado, a esse mesmo auditório. E por que motivo se distancia? Falhas serão apontadas, culpas serão atribuídas e repetidas à exaustão. Tais culpas vão-se ampliando, seja pelo esquema de contínua repetição do mesmo segmento, seja pela substituição paradigmática de termos: prefeito, presidente, deputado, senador, governador. É o que se verifica por meio do enunciado "Não adianta reclamar...", dito cinco vezes, com a substituição dos termos referidos. E por que não adianta reclamar? A resposta vem, hábil e persuasiva, como sempre ocorre no discurso construído por Sílvio Santos, embutida na pergunta, através da "modalidade interrogativa", principalmente porque interroga sobre situações e fatos já conhecidos ou que, mesmo quando ignorados, acabam sendo deduzidos.

A resposta se delineia já na série de questões, calcadas em repetição "anafórica" de um segmento, repetição enfatizada pela substituição paradigmática dos termos:

"Quem é que escolhe o presidente?
Quem é que escolhe o governador?
Quem é que escolhe o deputado?"

Uma nova interrogação (sob forma negativa) traz o veredito final e acusador: "Não é você?" Acusador porque precedido da série "...não adianta reclamar" que, por sua vez, pressupõe a existência de uma situação negativa. Estamos diante de inquestionáveis argumentos calcados na "estrutura do real", no senso comum. São argumentos de natureza "pragmática" e que se sustentam basicamente em esquemas de causa e efeito, sendo que sua função persuasiva se apóia sobre as conseqüências resultantes (favoráveis ou desfavoráveis) de diversas relações estabelecidas. Tal sorte de argumento, para ser persuasivo, cola-se a um outro, ao "argumento de autoridade", que se institui por força do "prestígio" do orador, mantendo-se pela "pessoa" do orador e também por meio da forma pela qual esse orador *diz* o discurso. Portanto, impossível dissociar *quem* diz, do *que diz* e da *forma pela qual diz*.

Se um argumento persuade, sem que seja necessária qualquer justificativa para tanto, havemos de convir sobre a necessidade de uma reflexão bastante séria a respeito. No caso, há que se refletir sobre o que ocorre com Sílvio Santos, em virtude do inegável domínio que exerce sobre os auditórios, que são por ele manipulados e manobrados.

"Não é você?", uma acusação direta e forte. Habilmente o apresentador disso se apercebe e prontamente retoma aquele tom conciliador que lhe permite nova identificação com o auditório, mudando, no entanto, a temática anterior, pois, enquanto "mentor" desse auditório, não pode se incluir entre aqueles que, pressupostamente, não escolheram bem. Retoma o tom e se "reconcilia", incluindo-se, aparentemente, também, no que havia sido dito anteriormente: "Aqui, quando nós devemos reclamar, nós devemos reclamar; nós devemos reclamar de nós, porque nós ... e se um povo não vota bem, não tem um bom governo ... Se um povo vota bem, tem um bom governo!''. Obtém retórica e momentaneamente a "cumplicidade" com os auditórios por meio da reiteração de *nós*, introduzindo, de forma tácita e definitiva, uma justificativa, através da qual isenta todos aqueles que exercem poder em esfera governamental, lançando então, sobre o povo, as culpas de todos os problemas. De pronto, pensa-se que vai rever as assertivas iniciais: "não adianta reclamar...", momento em que recorre a novos enunciados: "Aqui, quando *nós* devemos reclamar, *nós* devemos reclamar; *nós* devemos ... reclamar de *nós* ...". Não, não revê. Solidariza-se, apenas por instantes, com o auditório. As repetições de *nós* já garantiram a "comunhão".

Sutilmente, na seqüência, distancia-se de novo do auditório, coloca-se fora desse auditório, posto que surge mais uma acusação séria, na qual evidentemente não toma parte. Assim, após a suspensão ocorrida em "...nós devemos reclamar de nós...", passa-se abruptamente para "...e se um povo não vota bem, não tem um bom governo...", "Se um povo vota bem, tem um bom governo!" Mesmo diante da segunda alternativa, "Se um povo vota bem, tem um bom governo!", Sílvio Santos continua de fora e muito distante, posto que, enquanto "líder", não se colocam para ele tais alternativas. São coisas do povo, pelo menos a essa altura do texto.

Já observamos que Perelman reflete sobre as funções a serem exercidas pelo orador, que deve "inspirar confiança" e não pode errar, para que o discurso não perca credibilidade. O orador (no caso, nosso apresentador) deve "conciliar o auditório", hipotecar-lhe "solidariedade", mostrar-lhe "estima", mas deve também ser "mentor" e, enquanto mentor, pode "aconselhar", "dirigir" ou "advertir energicamente" seus ouvintes, dando-lhes sempre a impressão de serem eles que desejam algo, de serem eles que orientam as ações. Isto feito, estará garantida a adesão. E parece-nos que Sílvio Santos não despreza nenhuma dessas funções. Pelo contrário, exerce-as, além dos limites, com forte dose de autoritarismo, nem sempre explícito. Exemplo típico do fato está na pergunta-retórica que faz na seqüência: "Mas muita gente fala assim: 'Ô Sílvio Santos, como é que a gente vota bem?'" Um *mas*, puramente expletivo, introduz a expressão *muita gente*. A escolha de *muita gente* é, de propósito, ampla (não são alguns que o procuram, é muita gente, é o povo). Em : "Ô Sílvio Santos, como é que a gente vota bem?'" o vocativo, precedido de interjeição, confere tom extremamente coloquial à pergunta (como se ele fosse, na verdade, receptivo a interpelações dessa natureza), pergunta essa que tem alcance muito amplo, abarcando todos os tipos de auditórios: aquele, ali presente, o de casa e outros eventuais, que a ele tenham acesso. Na pergunta, sutilmente, o apresentador já se coloca como estando de possse da única verdade. É o "mentor" que vai entrar em ação, não por meio de conselhos. É o "mentor" que, pela fala definitiva, abandonando o tom intimista anterior, resolverá o problema, em função do "conhecimento", do "domínio" que tem do assunto e

da situação. Tem-se então a mensagem, a exposição teórica da questão à qual irão suceder, conseqüentemente, não propostas ou sugestões, mas as ordens que o receptor deverá seguir. E com que nos deparamos nessa preleção teórica "doutoral" e definitiva? Voltemos ao texto: "Não precisa aprender política, não! O povo tem uma intuição que não falha nunca. O povo sabe o que é bom, o povo sabe o que é verdade, o povo sente, ele não sabe explicar, mas ele sente... O povo tem uma intuição."
No primeiro enunciado, a repetição da negativa reforça a asserção de que *política não precisa ser aprendida*. Em seguida, a justificativa para *não ter que aprender política*: "o povo tem uma intuição", uma intuição tão onipotente que, segundo o apresentador, "não falha nunca". Novamente aqui o esquema de repetição valorizadora da idéia, instituída pela presença dupla dos operadores de negação *não... nunca*, que tornam definitiva e definidora a afirmação feita. Novas asserções, agora instauradas por meio de estruturas afirmativas, se podemos dizer, anafóricas, com alternância de mediações. Assim, organizadas sob outra representação gráfica, vemos a seqüência de enunciados:

"O povo sabe o que é bom
O povo sabe o que é verdade".

E este povo "sente" ("ele não sabe explicar"), "mas ele sente". "O povo tem uma intuição." Observe-se que este fecho-refrão repete o início da fala. A mesma idéia que abre a seqüência também a encerra, alargada por novas significações, conferidas em função das especificações detalhadas da "potencialidade popular".

O elogio do espontaneísmo, do caráter intuitivo que deve presidir decisões, elimina qualquer possibilidade de se valorizar o raciocínio, bem como possíveis reflexões, mesmo que mais simples, sobre os fatos políticos e sobre inquestionáveis dados históricos.

E quanto às ordens? Sílvio Santos pode! Logo, abusa dos imperativos. Cabe relembrar as posições de Perelman e de Vogt, já referidas: o imperativo significa ordem indiscutível não tanto em si ou por si próprio, mas em função de quem emite essa ordem. A autoridade de um imperativo se impõe, a meu ver, ou porque tal imperativo é categórico e evidente, ou porque autoritário e contundente. E, em Sílvio Santos, os imperativos são *autoritários* (ainda que ele se configure, enquanto pessoa, como *autoridade*): "Então *vote* pela sua intuição! *Veja* os candidatos, *ouça* os candidatos, *analise* os candidatos, e mesmo que você não saiba nada de política, *não se preocupe* se você vota por sua intuição. Nós temos certeza que nós vamos acertar. *Escolha* bem o candidato, porque nós somos responsáveis pelos bons e pelos maus governos. E agora, *assista* com atenção o Tribunal Regional Eleitoral". O operador inicial *então*, na verdade, não se atualiza enquanto um *continuativo*, mas enquanto *conclusivo*, equivalendo a um *logo* ou *portanto*. Na seqüência, tem-se as ordens "vote por intuição", "veja", "ouça", "analise", "e mesmo que você não saiba nada de política, não se preocupe, se você vota por sua intuição", "escolha bem" e "assista com atenção...", que se seguem ao imperativo inicial, aquele que realmente determina o fio do discurso. As demais ordens, de certo modo, se anulam: *ver, ouvir* e *analisar* os candidatos para quê, se a palavra maior é votar pela intuição? Na verdade, são propostas vazias, neutralizadas pelo enunciado "...e mesmo que você ... não se preocupe se você vota por sua intuição", que se seguem imediatamente à ordem "analise!" O apresentador deixa subentendida a idéia de que o espectador provavelmente nada conseguirá acrescentar, vendo, ouvindo e analisando (ou pressupõe que tais ações não tenham base para se efetivar). Há, parece-nos, uma contradição: por que motivo incitar o ver, o ouvir e o analisar, se o que deve prevalecer é a intuição? Será talvez um outro recurso retórico para diluir o peso conferido à intuição? Talvez sim, posto que o trecho de ordens é fechado por meio do apelo performativo perlocutório subliminar encontrado em "...não se preocupe *se você vota por sua intuição*", que quase equivale a um "você vai votar por sua intuição...".

*Trechos de "Domingo no Parque"**

"Domingo no Parque" é um quadro do qual participam crianças, representando escolas da Capital. São realizadas várias brincadeiras: adivinhações, jogos, sempre em função dos prêmios que serão distribuídos entre os vencedores. Trata-se também de um daqueles quadros que mais se configura como um *metacomercial* ou um *supercomercial*, já que as mensagens de propaganda são parte dos próprios jogos, inserindo-se naturalmente nos textos das entrevistas feitas com as crianças.

"Quem quer tênis Montreal? Vamos ver. Quem quer brinquedo da Estrela?
Quem quer participar? Deixa eu ver... você vem pra cá. Você

* Trecho de programa gravado em 10-11-1985.

que está no seu lugar. Vai pra lá. Vai pra lá. Fica lá. Fica lá. Deixa eu ver, deixa eu ver, deixa eu ver. Deixa eu ver quem eu vou chamar... você que está quietinha. Você que está no seu lugar, vai pra lá. Fica no seu lugar. Você de óculos, você de óculos. Pronto. Vamos para a brincadeira da memória. Vem pra cá. Encosta mais pertinho. Como é que você chama? Qual é o seu nome?"

O apresentador indica quatro crianças. Pergunta seus nomes e quantos anos têm; são as *perguntas-clichês*, encontráveis em quase todas as entrevistas. Juntando os quatros candidatos escolhidos, conforme mostra o trecho transcrito, inicia-se a brincadeira, que é explicada às crianças da seguinte forma:

"Muito bem. Temos aqui os quatro. Os quatro candidatos. Pronto. Um pertinho do outro. Vamos começar a brincadeira da memória. Aquele que repetir sai e aquele que demora também sai. Vamos começar com o nome de artistas. Qualquer artista que trabalha na televisão. Pode ser homem, mulher, cantor, qualquer artista. Pode começar. Você!"

Após três ou quatro nomes de artistas, lembrados pelas crianças, passam a nome de bichos e depois a cores, momento em que as respostas transformam-se num tipo de sorteio. Quem fala uma determinada *cor* ganha um presente. A seqüência final da brincadeira, toda ela marcada por extrema rapidez, passa-se da seguinte forma:

Sílvio Santos	Crianças
— Marrom.	— Vermelho.
— Vermelho.	— Verde.
— Verde.	— Branco.
— Branco? Saiu!	

Sílvio Santos — Bem, você foi a vitoriosa. Você ganhou um distintivo do clube do *Mickey*, você ganhou um lanche *Mirabel*, você ganhou um boneca Feijãozinho da *Estrela* e você ganhou um tênis *Montreal*. Deixa eu ver o tênis Montreal. Olha só. É o tênis do Sérgio Mallandro. Olha só. É o tênis do Sérgio Mallandro. É bonito?
Auditório — É...
Sílvio Santos — Sim ou não?
Auditório — Sim.
Sílvio Santos — É ou não é?

Auditório — É.
Sílvio Santos — Você ganhou o tênis Montreal. Você vai dizer pra mim por que você vai usar o tênis Montreal.
Criança [repetindo o *slogan*] — Porque sou jovem.
Sílvio Santos — Muito bem. Ganhou mais um quebra-cabeça da Estrela. Bem, agora... Ô, Lombardi, não é você, Lombardi?
Lombardi — O amanhã é o hoje que ontem tanto nos preocupava. Faça parte da Aposentec e decida por um futuro. Afinal o amanhã começa hoje.

A abertura do quadro se dá com o processo de escolha das crianças que irão participar. Há um clima de "algazarra" controlada. O apresentador pergunta alegremente, de início: "Quem quer participar?" Porém, na continuidade, passa a interrogar, usando o mesmo tom, mas, a partir de questões sobre determinados produtos. Instaura-se já aí o comercial: "Quem quer tênis *Montreal*?" Todos se manifestam, gritam, pulam. Não há resposta. Um "Vamos ver...", solto no ar, deixa as crianças excitadas. Uma nova pergunta, "Quem quer brinquedo da *Estrela*?", e então, novamente, "Quem quer participar?" Como o objetivo é a promoção dos produtos, a ênfase recai sobre estes. Sílvio Santos passa, então, à escolha das quatro crianças e esse processo de seleção, verbalmente, se dá por indicações *duras* e *performáticas*, sendo que o critério de indicação baseia-se no *comportamento* dos pequenos, ou seja, são escolhidos os que "estão quietinhos" ou o que "está no seu lugar", "o que permanece no lugar" — situações quase impossíveis de serem mantidas entre crianças não tão pequenas, mas extremamente motivadas para participar do programa. As perguntas evidentemente são feitas para a obtenção da imagem de um alto nível de envolvimento por parte das crianças, imagem a ser passada ao telespectador. O esquema de reiteradas repetições prevalece. A brincadeira, sem dúvida, é divertida para os pequenos mas extremamente curta. O *timing* da TV se impõe e ninguém pode demorar para responder: "quem demora sai". O número de crianças a participar é mínimo. Após rapidíssimo jogo de cores, há o sorteio anunciado. Tem-se então a seqüência nítida de mais um comercial inserido no brinquedo. Reforço que Sílvio Santos, salvo engano, "cria" mais *tempo* que aquele normalmente destinado aos comerciais, de vez que ninguém pode, primeiro, impedi-lo de distribuir prêmios a um auditório; em segundo lugar, também não é proibido, acredito, dizer o nome e a fábrica do produto que se distribui. Deste modo, as crianças das escolas (não é *privilégio* apenas delas) fazem o comercial gratuitamente, na medida em que se mostram tão ávidas para ganhar seja o "distintivo do clube do Mickey" ou um "lanche Mirabel", uma "boneca Feijãozinho da Estrela" ou um "tênis Montreal". Com respeito ao tênis Montreal, observa-se ser ele a "pièce de résistence" do quadro, pois o apresentador se fixa nesse produto, ao distribuir os prêmios às crianças vencedoras. Na discriminação dos objetos, o tênis Montreal é o último a ser indicado. Tem-se pois: "...e você ganhou um tênis Montreal. Deixa eu ver o tênis Montreal. Olha só. É o tênis do Sérgio Mallandro. Olha só. É o tênis do Sérgio Mallandro. É bonito?" Termina sua fala e dirige-se ao auditório. Novamente a reafirmação do produto pela repetição valorizadora da marca. Como já ocorreu em outros casos, há determinados produtos, com muitos similares, cuja diferenciação se dá basicamente pela marca que, de certo modo, personaliza o objeto, tornando-o *único*. Não bastasse tal tipo de apoio, o apresentador ainda recorre a um elemento do júri*, Sérgio Mallandro, que mostra estar usando o tênis em questão. Sérgio Mallandro, dentre os membros do júri, é uma figura bem aceita pelo auditório. A ele se liga, pois, o produto (tênis) e sua marca (Montreal): "É o tênis do Sérgio Mallandro". Mais uma vez, instaura-se um processo de identificação quase metonímica entre o produto e a pessoa que usa/enaltece tal produto. A imagem alegre e desabrida de Sérgio Mallandro contamina o tênis. Palavra e imagem se fundem para reforçar *presença*. Após esse processo de quase identificação, processo apoiado já no suporte do prestígio de Sérgio Mallandro, Sílvio Santos vem buscar ainda a confirmação do auditório. Pergunta: "É bonito?", a que o auditório todo responde "É...". Reitera: "Sim ou não?" Auditório: "Sim!" "É ou não é?" Auditório: "É!" Interessante notar a repetição mecânica das respostas e que não introduz qualquer índice lexical diferente daqueles empregados pelo animador. Voltando-se para a criança ganhadora do tênis, Sílvio Santos se vale, mais uma vez, da modalidade assertiva acoplada à interrogativa, traduzindo, desta feita, o

---

* O "Programa Sílvio Santos", como outros com características semelhantes, tem um corpo de jurados, composto por pessoas bastante diferentes (a moça sedutora e ao mesmo tempo compreensiva, o gozador, o carrasco, o moralista, o galã, o profissional sério, a autoridade, o palhaço...), pessoas que julgam competições, dão nota a desempenhos diversos e estabelecem, por assim dizer, mais um caminho de *mediação* entre os auditórios, o apresentador e os eventos que ocorrem. Por vezes, esse júri ainda tem por função reforçar o aspecto simpático e solidário do apresentador, colocando-se, ou na íntegra, ou por meio de alguns integrantes, *contra* o próprio Sílvio Santos e seu auditório.

discurso indireto: "Você ganhou um tênis Montreal. Você vai dizer pra mim por que você vai usar o tênis Montreal". A criança, repetindo o *slogan* criado em função do produto (um produto para jovens), responde: "Porque eu sou jovem". O recurso ao *slogan*, tão usual no texto televisivo, sobretudo nos segmentos que estudamos, nos remete a uma reflexão de Adorno, reflexão em nada apocalíptica, a nosso ver, antes indicadora de uma ponderação muito justa dos fatos. Diz o teórico de Frankfurt:

"Desconfia-se dos slogans não somente pelo fato de sua função consistir na redução do pensamento a clichês, mas também porque eles são o índice de sua própria falsidade"[17].

Não é o momento aqui, mas a proposição de Adorno nos obrigaria a categóricas revisões de certos pressupostos, sobre os quais se assentam muitas convicções contemporâneas relativas aos *media*.

E Sílvio Santos aplaude a repetição do *slogan*, dando ainda um outro presente à criança: "Ganhou mais um quebra-cabeça da Estrela", evidenciando muito mais a marca, o nome da fábrica, que o objeto. A taxa de redundância observada na veiculação de um produto, no caso, do tênis Montreal, é altíssima e se faz em vários níveis: por meio do próprio Sílvio Santos, por intermédio de alguém do júri (Sérgio Mallandro), através de todo o auditório (coro de vozes a responder as perguntas) e, ainda, em razão da resposta do jovem que repete o *slogan* do produto. Nota-se, pois, que a retenção da mensagem deve ocorrer com muita facilidade.

Encerrando o trecho de "Domingo no Parque", antes de pedir os comerciais "canônicos", o animador chama Lombardi, figura tão conhecida, enquanto metonímia representativa do programa todo: "Bom, agora... Ô, Lombardi, não é você, Lombardi?".

Lombardi nunca aparece, não tem imagem. Lombardi só é voz. Lombardi representa o narrador em *off*, sempre anônimo, sem rosto. No entanto, Lombardi se personaliza, se individualiza pela mensagem, à qual atribui mais *presença*, em razão de estar, ele próprio, instituído já como estereótipo-símbolo do "Programa Sílvio Santos".

As *falas-respostas* de Lombardi (Sílvio Santos e ele *encenam* sempre um diálogo) caracterizam-se por metáforas desgastadas,

---

17. T. W. Adorno, "Les Fameuses Années Vingt", in: *Modèles Critiques*, Paris, Payot, 1984, p. 47.

espécies de provérbios clichezados que, mesmo jogando satisfatoriamente com alguns *lugares* dicotomizados, acabam por se constituir em máximas de gosto bastante discutível. É o que se observa na passagem:

> Lombardi — "O amanhã é o hoje que ontem tanto nos preocupava. Faça parte da Aposentec e decida por um futuro. Afinal o amanhã começa hoje."

A mensagem de mais uma empresa participante do conglomerado Sílvio Santos, a Aposentec, é passada ao telespectador, por meio de trabalho, um tanto quanto *kitsch*, com o verbal. *Kitsch*, mas, creio, de indiscutível resultado. Não podemos negar o valor persuasório desse jogo de efeitos que se instaura a partir de certos dados básicos, relativos à *aposentadoria* e ao *tempo*. Se, em nossa sociedade, o aposentado localiza-se muito mais no *passado*, num *já-ter-sido*, neste caso, a noção se revitaliza abotoada à idéia de *presente* e *futuro*. Portanto, desvincula-se do próprio nome da empresa qualquer julgamento depreciativo referente à *aposentadoria*. Há, antes, uma elaboração do verbal (questionável ou não em termos de qualidade) que exorta o conceito, fixando-o, ainda que não explicitamente, a um *presente* que, por seu turno, se remete a um *futuro*.

Apenas como reflexão paralela, gostaria de assinalar um fato. Uma mensagem como essa, da Aposentec, apóia-se quase que inteiramente no verbal. Ainda que se recorra a expedientes, como slides, e mesmo dando livre curso à imaginação, parece-me um tanto difícil conseguir transpor para o visual o imbricamento das relações nela expressas. Naturalmente a tarefa deve ser possível. Os criadores de imagens conseguem, com extrema competência, construir uma bonita narrativa em trinta segundos (ou até quinze). Talvez nossa visão seja mais aquela característica de um profissional da palavra. Pensando-se, porém, a partir da tão difundida máxima, segundo a qual "uma imagem vale por mil palavras", acredito que a situação até possa, eventualmente, ocorrer. O texto em questão, no entanto, parece não caber no *slogan* e, creio, outras ocasiões haverá em que, certamente, nem mil imagens conseguirão dar conta sequer de uma palavra ou de um enunciado verbal. Uma discussão, sem dúvida, sem ponto de chegada. A resposta, acredito-a virtual, se houver, e pertencente ao domínio do imaginário individual, enquanto possibilidade única e indevassável de geração de imagens, talvez inacessíveis.

Trechos de "Show de Calouros"*

O quadro "Show de Calouros", destinado a variedades, apresenta atrações as mais diversificadas. Há concursos entre cantores, shows de malabaristas e ainda números reservados a pessoas que fazem coisas difíceis, extravagantes e mesmo grotescas. O ponto alto refere-se, freqüentemente, aos feitos considerados "incríveis". A essa categoria do "incrível" pertencem as passagens que iremos analisar.

Sílvio Santos	Interlocutores
— José Antonio Barra vem aí! José Antonio Barra. Vamos ver o que é que José Antonio vai fazer, olha só! Me dá o microfone, vou conversar com ele.	— Primeiramente, o meu cordial boa noite!
— Güenta aí, güenta aí!	— Eu quero desejar muito obrigado pra vocês de eu "tá" nesse programa do Sílvio Santos, que eu conheço ele há vinte e sete anos, apesar que ele não me conhece!
— Cala a boca, não fala besteira! Você tá enganado, você conheceu o meu pai.	— Eu conheço o senhor, eu conheço o senhor.
— Mas esse camarada vem contar coisa triste. Cê conhece o meu pai, não sou eu!	— Conheço.
— Mas, o que você vai fazer com essa pedra?	
— Sim.	— Eu... um colega meu, uma vez, veio aqui no programa do Senhor levantar uma... uma bicicleta... e outro colega meu veio levantar um paralelepípedo no cabelo.
	— Ele tem o cabelo grande, amarrou, trançou; então eu achei que eu também, eu também tenho que fazer alguma coisa, mas eu vou fazer no dente, num dente só!
— Mas me diz uma coisa: isso quer dizer que você tinha uma porção de dentes...	— Não. Eu, naquela época, eu tinha todos os dentes...

* Trechos de programa gravado em 27-10-1985.

O VERBAL EM ALGUNS SEGMENTOS DA TELEVISÃO

Sílvio Santos	Interlocutores
— Aí você começou a brincar com os paralelepípedos.	— Aí, a maldita pinga que eu, que eu tomei... porque a pinga é uma desgraça pra todo mundo!
— Aí os dentes foram caindo.	— Aí eu parei de beber há dez anos atrás. Aí eu recuperei, casei, "tô" trabalhando, sou ambulante, arrumo fogão a gás.
— Meus parabéns! Mas me diz uma coisa: você tá só com esse dente?	— Um dente só.
— Só esse dente, só esse dente agüenta esse peso com um paralelepípedo? Olha, esse peso, deve ter uns... ó [bate o paralelepípedo na mesa], oi, oi, oi, olha, já até machucou o chão. Aí não, melhor colocar aqui. Como é que cê chama? Qual é o seu nome?	— José Antonio Barra Moreno.
— Cê vai pegar aqui o paralelepípedo.. mas quanto pesa? Você sabe quanto pesa?	— Seus onze quilos.
— Com um dente só?	— Agora eu pus dois ganchinhos. Agora eu quero saber se "ces" quer... eu levanto no grosso ou no fino?
— Ah, isso aí tanto faz!... Agora, cuidado, não vai perder o dente. Já fez isso alguma vez?	
— Não precisa, não precisa. Agora você vai só pegar o paralelepípedo com o dente, tá?	— Eu queria também aproveitar e ir até lá cumprimentar a...
— Vai cair, vai cair. Esse dente vai... não tá muito bom. Tem certeza... tá firme? Tá firme? Então, tá bom.	— Eu queria, com ele no dente, cumprimentar a platéia.
— Atenção, atenção, atenção, Maestro! O homem que vai levantar onze quilos com um dente só! Agora, agora, olha só, no dente, no dente. Ai, ai, vai quebrar, vai cair o dente. É impossível, não é possível, isto é incrível! Quebrou o dente, eu não	— Tá.

Sílvio Santos	Interlocutores
falei, eu não falei que quebrou o dente! Eu avisei, eu falei. Olha, cadê o dente, cadê o dente, quebrou o dente? Não, não, ai, eu pensei que ele tinha quebrado o dente, mas não quebrou. É melhor... pára, pára, pára. Aí. Chega, chega, chega, chega, chega, chega, chega, chega, chega!... Sérgio Mallandro. Quanto vale o show, Sérgio Mallandro?	

Antes de passarmos, nesse trecho, às relações de *interlocução*, antes de levantarmos os índices verbais que conformam o *diálogo*, antes ainda de determinarmos a direção e a temática dialógicas, conforme fizemos com "Porta da Esperança", é preciso pensar em José Antonio Barra e em sua "triste figura", que se instaura, para além do ridículo e para além do trágico, nas dimensões do *grotesco*. José Antonio Barra quer ganhar algum dinheiro. E para isso precisa fazer algo que seja considerado *incrível*. José Antonio Barra quer muito conversar e cumprimentar o auditório. Figura triste, um dente só, a sustentar um paralelepípedo em seu momento de glória, diante de uma platéia que dele ri, mas que também o aplaude.

José Antonio Barra conta um pouco de sua história, de como perdeu os dentes, de como perdeu a saúde, tentando se comunicar com a platéia. Afinal, é um "artista". Ele precisa cumprimentar seu público. Se a tragédia nos conduz à *catarse* por meio de um processo de envolvimento com a ação e a comédia nos distancia da ação, levando-nos ao *riso*, posto que imaginamos que aquilo que se desenrola em cena, "ça n'arrive qu'aux autres", como nos posicionarmos, enquanto espectadores, diante de José Antonio Barra, ao levantar um paralelepípedo com seu único dente? Qual a identidade do espetáculo e a natureza da recepção? Se fazer TV é freqüentemente ir ao encontro do que o público deseja, dar a ele o que ele quer ver, como classificar um tipo de atuação como a de José Antonio Barra? E a atração do público por espetáculo dessa natureza? Será que esse público deseja isso realmente, ou quem sabe é um certo tipo de produção televisiva que, conformando o gosto do telespectador, do auditório em geral, impõe o recorte do grotesco? Talvez um pouco das duas coisas.

Muniz Sodré, em análise sobre o "imaginário brasileiro", mostra que o *ethos* de alguns segmentos de nossa TV tende para o *gro-*

tesco, grotesco que o autor define de forma mais ampla e teoricamente como sendo "um olhar acusador que penetra as estruturas até um ponto em que descobre a sua fealdade, a sua aspereza". Esse grotesco é pensado também pelo autor, enquanto uma visão caricatural que desvenda uma "realidade mitificada"[18]. No entanto, adverte Muniz Sodré:

"...o grotesco dos programas de tevê brasileiros se configura como uma disfunção social e artística, de tipo especialíssimo, que poderíamos chamar de *grotesco escatológico*. O grotesco (em todos os seus significantes: o feio, o portador da aberração, o deformado, o marginal) é apresentado como signo do excepcional, como um fenômeno desligado da estrutura de nossa sociedade, é visto como o signo do *outro* [grifos do autor]"[19].

Penso na existência de um espaço de *intersecção* entre os dois recortes do grotesco (recortes não excludentes) propostos pelo autor. Nesse espaço se encaixaria o "espetáculo" de José Antonio Barra, ainda que não exista, no caso, *mitificação* alguma a ser revelada. Vemo-nos, pois, diante de um prisma do grotesco, calcado no "feio", na "aberração", no "marginal", aspectos que sustentam uma ação extravagante e, por assim dizer, um tanto trágica, outro tanto cômica, a qual, por meio do apelo à fealdade, à marginalidade, torna-se sensação, atraindo, portanto, um público. E vemo-nos, ainda, diante daquela "disfunção social e artística" de que nos fala Muniz Sodré e que também ancora a atenção do público.

Quanto a esse público, não é fácil defini-lo, como também a natureza do processo de recepção. Que elementos mantêm a atenção diante de quadros como esse? Acredito que o público seja atraído por dois pólos aparentemente contrários. De um lado, a atração se exerce por força de uma curiosidade talvez inconsciente e que traz em seu bojo vestígios de uma possível *identificação* entre ação e recepção. Daí um certo tipo de *aproximação quase catártica* entre o que se vê e o que se sente. De outro, observa-se um *distanciamento*, acrítico, da situação, na medida em que o *feio*, o *caricatural*, instauram-se unicamente enquanto uma verdade do *outro*. É então o momento em que se ri de José Antonio Barra, tão simples, na sua simploriedade.

18. M. Sodré, *A Comunicação do Grotesco*, Petrópolis, Vozes, 1980, p. 72.
19. M. Sodré, op. cit., p. 73.

Voltemos, no entanto, a nosso objeto de estudo, ao "diálogo" desenvolvido entre Sílvio Santos e José Antonio Barra.

Diferentemente do que ocorreu em "Porta da Esperança", neste quadro, em alguns momentos, o interlocutor tem iniciativa de "tomar a palavra", mas aguarda seu turno para falar, não interrompendo o locutor que, no caso, permite esse "falar de volta", tão difícil de ocorrer no "Programa Sílvio Santos".

Schwitalla, já mencionado, considera importante verificar a forma pela qual se dá essa "tomada de palavra", bem como os recursos verbais de que se servem, tanto o locutor quanto o interlocutor, ao atualizarem suas réplicas. Importante ainda, segundo o autor, é caracterizar a orientação temática imposta ao diálogo, bem como a natureza do fio condutor dessa temática, fio que aponta os tipos de respostas dadas.

O texto em questão inicia-se com uma *fala* de Sílvio Santos, apresentando José Antonio. A "réplica" do entrevistado surge, de pronto, sob forma de clichê, no cumprimento à platéia: "Primeiramente, o meu cordial boa noite!", a que todos respondem. Sílvio Santos intervém com um: "Güenta aí, güenta aí!" Parecendo não ter ouvido o animador e parecendo também estar de posse de um *script* automático, decorado, José Antonio continua sua "fala", ainda sob forma de clichê, tentando cativar o auditório: "Eu quero desejar [sic] muito obrigado pra vocês de eu tá nesse programa do Sílvio Santos..." Surge então a interrupção brusca, mas associada a um tom de brincadeira, por parte do animador. Rindo, diz Sílvio Santos: "Cala a boca, não fala besteira! Você tá enganado..." E o auditório explode em risos.

Rindo também, o animador introduz um tipo de apelo persuasório que, segundo Perelman, confere um certo ridículo à situação. O interlocutor, levando ainda a sério a "conversa", não demonstra ter-se intimidado. Note-se que os índices verbais de que se serve o animador, "cala a boca", "não fala besteira", são extremamente fortes, revelando uma natureza perlocutória performativa, recoberta por um tom agressivo. No entanto, esse tom agressivo suaviza-se pela *forma de dizer* tão própria de Sílvio Santos, que tempera a prepotência verbal através das brincadeiras que impõe ao diálogo e por meio do próprio contexto situacional, em que se incluem o auditório e o júri.

Entra-se, a seguir, na temática da conversa. Como é usual, segundo já foi possível demonstrar pelas análises, o tema é introduzido por meio de indagações. Tendo em vista, sobretudo, o tipo de pessoa entrevistada, cujo perfil se esboça a partir de algumas características que tendem mais para a figura do coitado, do simplório, do feio, do grotesco, percebe-se que o apresentador, através do tipo de questionamento feito, dá maiores condições para que esse interlocutor se expresse: "Mas, o que você vai fazer com essa pedra?" [indicando um paralelepípedo]. A réplica vem, um tanto fragmentada e calcada em algumas implicitações: "Eu... um colega meu... veio aqui no programa... outro colega meu veio levantar um paralelepípedo no cabelo então eu achei que eu também tenho que fazer alguma coisa, mas eu vou fazer no dente, num dente só!" Sílvio Santos ouve com muita atenção, responde com um solene "sim", e passa ao esquema de inferências e deduções: "Mas me diz uma coisa: isso quer dizer que você tinha uma porção de dentes..." Por que razão o apresentador introduz tal "questionamento assertivo"? Para, evidentemente, deixar bem clara a situação um tanto confusa, criada pela nova e incompleta resposta do interlocutor que tenta esclarecer: "Eu, naquela época, eu tinha todos os dentes... Aí, a maldita pinga que eu, que eu tomei... porque a pinga é uma desgraça...".

As respostas de José Antonio caracterizam-se como "cumprimentos", tentativas de "relatos" e "justificativas". O animador continua seu texto, enganchando-o à sua própria fala anterior que é calcada no "depoimento" do interlocutor: "Aí os dentes foram caindo". José Antonio Barra toma ainda uma vez a palavra, apresentando ações-comprovações de que a situação atual já é melhor: "Aí eu parei de beber, aí eu recuperei, eu casei, tô trabalhando, sou ambulante, arrumo fogão a gás". Começa a desenhar-se um outro pano de fundo para o interlocutor. Esboça-se uma situação mais favorável a ele. No entanto, não é isso que interessa ao público, nem ao programa. Importante manter um certo ar de desgraça, de patético a impregnar o diálogo.

A fala seguinte de Sílvio Santos é definitiva e direta: "Meus parabéns!" A expressão "meus parabéns", se por um lado se configura em elogio, por outro, revela-se drástica, cortando simultaneamente o turno de resposta e desviando a direção temática que orientava o fio dialógico. O próximo enunciado repõe competentemente a questão: "Mas me diz uma coisa: você tá só com esse dente?" O *mas* inicial, clichê da "gramática" verbal de Sílvio Santos, acumula dupla função: de quebrar falas anteriores, não desejáveis e, ao mesmo tempo, de permitir ao apresentador a continuidade da sua própria "réplica".

Em "...você tá *só* com *esse* dente?", temos os operadores *só* e *esse* com efeito reforçador de sentido. *Só* exclui a possibilidade de haver outros dentes. No entanto, por outro lado, ou somando funções, valoriza o dente, enquanto presença, enquanto *único*, ainda que com isso instaure simultaneamente o grotesco na situação. O único dente é *esse, só esse*. Vê-se, aí, portanto, a força dos operadores: um deles reafirmando *presença*; o outro reiterando o *referente*; ambos, portanto, se configurando em suportes essenciais para a manutenção dessa *presença*. A nova "réplica" de José Antonio vem sob forma de "aceitação", de "afirmação", conforme as propostas de Schwitalla. O apresentador continua impondo a direção do diálogo e o caminho temático. Partindo de novas repetições, garantidoras da situação a ser mantida, qual seja, a de um só dente a sustentar um paralelepípedo, Sílvio Santos continua lançando mão do "gênero demonstrativo", epidítico, diante do qual, repetimos, "não há reais participantes", apenas espectadores. Sílvio Santos constrói e mantém o esquema epidítico-persuasivo, na medida em que centra a mensagem mais em si próprio, mais em sua força de "orador": "Só esse dente, só esse dente agüenta esse peso com um paralelepípedo? Olha, esse peso, deve ter uns...", "Cê vai pegar aqui o paralelepípedo... mas quanto pesa? Você sabe quanto pesa?" A resposta do interlocutor: "Seus onze quilos". E continua Sílvio Santos: "Com um dente só?"

Depara-se com a *economia* da linguagem de Sílvio Santos. Os enunciados repetem-se, repetem-se, mas atendo-se sempre aos pontos básicos: *um dente só, paralelepípedo* e *peso*. A escolha dos índices lexicais é exata e objetiva, bem como a seleção dos campos semânticos. O interlocutor tenta tomar a palavra: "Eu queria também ir lá cumprimentar a..." O animador o interrompe abruptamente. O enunciado não se completa e, assim, é *cassada* a palavra desse interlocutor por meio de uma quase proibição: "Não precisa, não precisa". E continua com a ordem: "*Agora* você vai *só* pegar o paralelepípedo com o dente, *tá?*...", onde observamos a força do circunstancial *agora* que, extrapolando sua carga semântica temporal, cuja ação se acoplaria e se limitaria ao verbo, assume antes valor de índice delimitador do enunciado. O mesmo ocorre com o operador de exclusão *só*, que ratifica a limitação imposta pelo *agora*. Tais operadores, portanto, agem sobre a enunciação, introduzindo *recortes* nessa enunciação e ainda dando instruções semânticas ao enunciado. O índice lexical de função fática, representado pelo "*tá?*", reforça ainda mais o limite da ação. Antes de restabelecer contato, esse *tá* demarca definitivamente uma fronteira. Nada mais se deve dizer ou fazer, senão aquilo que for estritamente permitido pela voz de Sílvio Santos.

Corajoso, teimoso, José Antonio toma a palavra novamente

e, de modo um tanto surpreendente: "Eu queria, com ele no dente, cumprimentar a platéia". Consegue completar seu enunciado, por meio de uma réplica que se configura enquanto um "pedido", um "oferecimento", sequer uma resposta. Como se o interlocutor nada houvesse dito, Sílvio Santos apropria-se da palavra e, a partir desse momento, o espetáculo é dado não pela ação em si, mas pelo verbal que descreve tal ação. O animador, cuja figura nunca se desvincula das falas (mais uma função persuasiva do orador), provoca *suspense*, utilizando-se de asserções deduzidas não se sabe a partir de onde... "Vai cair, vai cair. Esse dente vai... não tá muito bom. Tem certeza... tá firme? Tá firme? Então, tá bom". Se Sílvio Santos indaga, José Antonio responde: um eco frágil, uma *quase réplica*, acrescenta um "*tá*" tão monossilábico quanto aquele único dente.

Começa a exortação: "Atenção, atenção, atenção, Maestro! O homem que vai levantar onze quilos com um dente só! Agora, agora, olha só, no dente, no dente". Mais uma vez, a precisão e a objetividade do verbal: repetem-se os pontos-chave do enunciado para garantir a *presença* do referente. Uma nova situação de *suspense*: "Ai, ai, vai quebrar, vai cair o dente". Os auditórios se inquietam. Torna-se ainda mais clara, neste quadro, a forma pela qual freqüentemente o verbal ancora o visual. Imagine-se a mesma cena, sem a narração descritivizada de Sílvio Santos. Seria, no mínimo, monótona e desprovida de *timing*, de ritmo.

No meio da narração, o apresentador reitera, recorrendo a uma gradação do verbal, o mote do quadro, qual seja, o de apresentar algo considerado *incrível*. É o que se observa na seqüência: "É impossível, não é possível, isto é incrível". Repete a expressão "é impossível", pelo avesso de "não é possível", seguindo-se o *slogan* do quadro: "Isto é Incrível". Mais um momento de suspense, garantidor de *presença*, surge calcado sobre continuadas repetições: "Quebrou o dente... quebrou o dente, quebrou o dente! Eu avisei, eu falei", é a previsão do "mentor". O desfecho, um quase *happy-end*, se dá também por meio de incontáveis repetições interjectivas: "Chega, chega, chega, chega..."

Com a palavra, agora, os jurados, que irão emitir suas opiniões sobre o "show", premiando ou não José Antonio, com variáveis quantias em dinheiro, pelo seu feito "incrível".

Finalizando, acrescentamos que "Show de Calouros" é um dos poucos quadros, dentro da programação, que não se constitui explicitamente num *metacomercial*, ainda que se apóie inteiramente em distribuição de prêmios em dinheiro.

Da mesma forma como procedemos em relação aos comerciais

analisados, pretendemos, na seqüência, realizar um mapeamento de traços mais evidentes encontrados no verbal do "Programa Sílvio Santos", com vistas à obtenção de elementos que permitam, assim, configurar, mesmo em esboço, uma "gramática" desse tipo de segmento televisivo. Partindo de uma aceitação a priori da característica fundamentalmente argumentativo-persuasiva desse verbal, procuraremos analisar: condições de produção, contexto situacional, leis do discurso, tipologia discursiva e, evidentemente, os principais índices lingüísticos que se configurem como apoios da organização textual e discursiva.

O ponto básico e essencial, dentro do processo retórico-argumentativo, consiste, como já afirmamos várias vezes, em obter a *adesão* de um auditório, auditório esse que completa o tripé orador-discurso-auditório, realidades inalienáveis à obtenção da adesão referida.

Para um auditório particular, a força da estruturação da mensagem é o que mais importa. Em tal auditório, o processo básico de comunicação mantém-se por meio de diálogos, ainda que tais diálogos, muitas vezes, se constituam antes como pseudodiálogos, ficando o dialógico restrito apenas ao aspecto formal, ao exterior. Nota-se, portanto, que o "Programa Sílvio Santos" se apóia nesse tipo de auditório que, além das outras características já indicadas, caracteriza-se também por aquela "inércia" diante da mensagem que é transmitida, visto que os participantes nunca e nada questionam e tudo aceitam, pois em tudo acreditam.

O programa, como outros do gênero, trabalha visando à adesão simultânea de dois auditórios (ambos com características de auditório particular, mas com funções diferentes). O auditório (ao vivo), aparentemente mais participante, é composto por pessoas presentes num recinto fechado. Tem-se, pois, uma forma de sustentação e reforço à atuação do apresentador que, por meio de um processo *quase especular*, reduplica as próprias angulações desse programa, em todos os níveis, principalmente junto ao auditório de casa, junto ao telespectador, que se contamina pelas ações verbais e pela vibração, seja do próprio apresentador, seja daquele grupo de pessoas mostradas, seja ainda pelas intervenções do júri que se mostra polifacetado: alguns membros apóiam o apresentador, outros se opõem a ele; alguns apóiam o auditório ali presente, outros *hostilizam* esse auditório. Assim, por esses movimentos de *aproximação* e *distanciamento*, amplia-se já, em uma primeira instância, o campo de abrangência do "Programa Sílvio Santos".

Passando às *condições de produção* e ao *contexto situacional* em que se realiza a produção verbal dos quadros analisados, creio serem importantes algumas considerações. O processo verbal, nesses quadros, instaura-se a partir de uma relação aparentemente homogênea entre os participantes. Tem-se uma situação física de estúdio de TV e a presença viva de um auditório e, às vezes, de um júri. Ocorre, num primeiro plano, um tipo de relação verbal que se dá freqüentemente a partir dos diálogos "montados" entre o apresentador e o entrevistado. Num segundo plano, há uma interlocução menos direta entre Sílvio Santos e seu auditório: nesse momento ele é produtor e, ao mesmo tempo, mediador do verbal que se atualiza; ou então, a interlocução se dá entre Sílvio Santos e o júri ou entre o júri e o auditório, desde que presidida e provocada pelo apresentador. São, pois, diversas as condições de produção, ainda que realizadas num contexto de situação material que pouco se modifica, a não ser quando pensamos também no telespectador de casa.

Todas essas inter-relações verbais acabam se refletindo umas sobre as outras, dando origem às interfaces comunicativas que se instauram por meio desse processo de *reprodução especular*, de largo âmbito, e que amplia ainda mais, numa segunda instância, também os níveis de significação das mensagens.

Se pensarmos no telespectador (auditório virtual), ainda que diferente seu contexto de situação, e mesmo sendo diversas as condições de produção, percebemos que esse caráter multifacetado da interlocução descrita chega até ele, que, de pronto, se integra ao processo. Se as "réplicas" desse telespectador se dão ao nível de *discurso interior*, nem por isso ele deixa de se mostrar sensível à ação *especular* da produção verbal. Surge como que um carrossel de inter-relações comunicativas, resultante de cruzamentos diversos, originados pelas várias fontes produtoras do verbal e que, aparentemente, conferem maior espontaneidade a esse verbal.

No final das contas, entretanto, como as análises fazem perceber, o espelho multifacetado, na verdade, reflete, *antes* e *mais*, as muitas faces, os vários recortes da enunciação de um emissor único, ou seja, as interfaces textuais e discursivas de Sílvio Santos.

Pensando-se agora no *contexto situacional circunstancial* em que se produzem as relações de interlocução, contexto à primeira vista homogêneo, espécie de campo neutro, observa-se, pelo próprio processo de construção textual e discursiva, um *simulacro* de interlocução. E por que motivo? Pelo verbal, hierarquizam-se as posições: apresentador de um lado, detendo poderes e regras; receptor, de outro, não importando em que plano estiver, submisso a essas regras e poderes que lhe são impostos. O contexto situacional *lato sensu*, que recobre essa circunstância da produção verbal, aponta para um alargamento do simulacro que se instaura definitivamente em todas as instâncias indicadas. Portanto, sob a aparência de facetas múltiplas de produção verbal, constrói-se, antes, uma realidade *dialógica*, rigidamente direcionada para o caminho da univocidade. Quanto às leis do discurso, e quanto às condições que subjazem a essas leis, acredito que ocorra, no verbal do "Programa Sílvio Santos", o mesmo fenômeno verificado nos comerciais. Assim, tais leis, propostas por Ducrot, e que se apóiam no tripé "interesse", "utilidade" e "informatividade", de que já falamos, são, parece-nos, quebradas, sobretudo no que respeita aos dois últimos aspectos. Não há quase informação, no sentido de dado novo transmitido, no verbal de que Sílvio Santos se utiliza. Há, antes, uma série de informações circulares. O programa informa sobre o programa, que informa sobre fatos (anteriores ou futuros) que ocorrerão no programa. O apresentador reflete essa postura, enquanto alguém autocentrado ou, talvez, seja o programa, enquanto auto-referente, que espelhe essa imagem, essa voz, onipresente e omnissapiente de Sílvio Santos. Em vista disso, pouco se tem a dizer sobre "utilidade". O que pode haver de útil num discurso que se constrói sobre si mesmo e para si mesmo? Temos, já aí, uma importante característica para compor a "gramática" do verbal sobre a qual se sustenta o "Programa Sílvio Santos". E quanto à lei do "interesse"? Por paradoxal que possa parecer — visto que o interesse deve ser decorrente, seja da *informação* nova, seja da *utilidade* dessa informação —, tal interesse, por parte do receptor, mantém-se vivo, presente e palpitante. Não há quebra da lei, já que seus apoios são outros; não resultam de uma coerência a ser observada, a partir de um conjunto de leis comuns ao discurso. Tais apoios decorrem e abotoam-se a ideologias *prêtes-à-porter* e impostas, de forma subjacente, pelo programa. Nesse ponto, imbricam-se interesses: os de Sílvio Santos, enquanto *orador* individual, e os de seu programa, que se fundem numa grande máquina a serviço do *marketing*, com o intuito precípuo de vender produtos.

Observe-se o esquema de autocentração delineando-se. Do lado de cá do vídeo, inconscientes desse aspecto de que, basicamente, só uma análise do verbal pode dar conta, encontram-se os auditórios que acabam por se interessar pelos produtos, aparentemente disponíveis e muito próximos de todos. Dirigem-se pois, a esses produtos, pensados já enquanto valores hierarquizados e como bens simbólicos. Dessa forma, completa-se o ciclo e instaura-se o círculo, *vicioso* e *viciado*, que consiste em tentar *conseguir* o que Sílvio Santos mostra ser essencial *possuir*. A imagem encantatória do produto, do prêmio, da boneca, se mostra *fetichizada* pelo não menos mágico poder do verbal, desse verbal que transforma em possibilidade efetiva, no imaginário do receptor, a realização do sonho de acesso a mundos inatingíveis — acesso que só pode se dar por via da *posse*.

Quanto às condições de sustentação das leis, pouco a acrescentar. Conforme já dissemos, a quantidade de informação é pequena e unidirecional — volta-se constantemente para o mesmo referente. E nesse contínuo retorno, instaura-se o já conhecido processo de *repetição*, repetição incessante, de nomes, qualidades, fabricantes e marcas, não ocorrendo, no entanto, o "rabâchage" temido por Ducrot.

Ducrot tratou da interlocução na linguagem, a partir de uma realidade diversa: de uma situação de relação interpessoal, face-a-face, na oralidade, ou, mais distante, em textos escritos. Ducrot não pensou, acredito, em formas de verbal mediatizadas por outras realidades, que não a própria realidade desse verbal, instituída pelos interlocutores em seus contextos mais restritos ou mais amplos.

Mesmo que o veículo TV não seja a *mensagem*, ele, no entanto, impõe algumas regras próprias de funcionamento: se, por um lado, tais regras trazem certos empecilhos para que analisemos o verbal em que se apóiam, por outro, desde que respeitadas suas especificidades, abrem-se elas próprias como possibilidades para inúmeras abordagens críticas, relativas a esse verbal, permitindo que se vejam mais facilmente os contornos de uma "gramática".

No tocante à tipologia discursiva predominante no "Programa Sílvio Santos", que marcas lingüísticas mais evidentes são encontradas? Como se caracterizam emissor e receptor, enquanto interfaces dialógicas, enquanto suportes da relação verbal? Schwitalla, ao propor estudo das direções dialógicas, traz à tona a necessidade de serem observados os vários papéis desempenhados pelos interlocutores, alertando para que verifiquemos a natureza da troca interpessoal no dialógico, ou seja: quem impõe ou muda a temática, como se desenrola e se conduz o fio discursivo, de que forma ocorrem as "tomadas de palavra", como se caracterizam as réplicas quanto à sua natureza?

Na verdade, quando nos propusemos a analisar os diálogos "plantados" em alguns quadros do "Programa Sílvio Santos", constatamos antes a ocorrência de pseudodiálogos, diante dos quais os interlocutores limitam-se a repetir respostas já embutidas na pergunta do apresentador. Suas "réplicas" são cortadas, cassadas, ao tentarem tomar a palavra espontaneamente. O tema e a condução do fio dialógico são unicamente prerrogativas de Sílvio Santos. Ocorre aqui, de modo nítido, aquela situação mostrada por Eni Orlandi, como sendo característica do discurso autoritário que, segundo a autora, não tem reais interlocutores, mas uma "voz auto-suficiente" a emitir definitivamente mensagens também definitivas e, portanto, não passíveis de discussões, não questionáveis. Os índices verbais, nesta passagem, são muito claros e denunciadores: predominam as ordens, os atos verbais de natureza perlocutório-performativa, as asserções não questionáveis. Operadores diversos são empregados também com muita eficiência, na medida em que suas instruções semânticas *abortam* uma possível réplica do outro. Pensando em mais algumas marcas desse discurso, que a priori já se esboça como autoritário, surgem ainda outros aspectos. Não há evidência de polissemia, nem de ludicidade nos enunciados. O texto do "Programa Sílvio Santos" fecha-se sobre si mesmo, configurando-se como um discurso autocentrado e auto-referente. A superfície lingüística estudada, mais a análise das condições de produção e dos contextos situacionais parecem dar bem conta do que acabamos de afirmar. É possível, pois, falar-se já, em mais uma característica "gramatical" do verbal desse segmento televisivo: sua tipologia discursiva configura-se como autoritária. Confirma tal asserção a presença de dados tais como domínio, pelo emissor, do tempo de atuação no diálogo; manutenção de uma estratégia verbal de caráter imperativo; não-definição do tempo de atuação do interlocutor; transmissão de informações sob a rubrica da cientificidade, ou de um conhecimento pleno, fato que se torna evidente, por exemplo, na "conversa com o auditório", ocasião em que Sílvio Santos emite juízos sobre a melhor forma de se votar.

Também a relação orador-discurso se institui autoritariamente. Sílvio Santos é "mentor" dos auditórios; assim, *adverte, orienta, repreende, dá instruções* a esses auditórios.

Quanto aos apoios lingüísticos e discursivos de natureza mais ampla, verificamos que o programa em questão, vazado no gênero argumentativo-epidítico, de natureza ostentatória, determina e hierarquiza valores. Tais valores realmente se impõem, deixando entrever o tipo de ideologia que a eles subjaz. Observa-se tal ocorrência, com maior nitidez, por meio da análise das cartas do quadro "Cinderela". Recortes de uma ideologia, que chamamos do *meio-termo*, do *mais ou menos*, surgem bem claros a partir de alguns *lugares* que ancoram valorizações hierarquizadas: o ter, o ser bonito, o ser falante, o ser querido por todos, o não ser muito rico e nem ser muito pobre, por exemplo.

É usual no "Programa Sílvio Santos" a qualificação de alguns fatos, pessoas, sentimentos, objetos ou situações, em detrimento de outros dados hierarquizados e que se opõem aos primeiros. Freqüentemente, a presença de um quase argumento *ad hominem* sustenta tais avaliações. Esses argumentos, no mais das vezes, implícitos ou subentendidos na mensagem, dado que inatingíveis na sua qualidade de pressupostos, tornam-se, conseqüentemente, fortes índices persuasivos.

Também argumentos de natureza "quase lógica" e outros, calcados na "estrutura do real", são comumente encontrados. Quanto aos primeiros, os vemos, explícitos, sob suas diversas formas: é o "quase lógico" ancorado em esquemas comparativos; é o "quase lógico" conformado por "ameaças" ou por incentivo ao "sacrifício"; é o "quase lógico" construído sobre esquemas de transitividade, ainda que primária, e que deságua em simulacros de silogismo. Para exemplificar, relembramos algumas passagens analisadas. Ou a escolha da Cinderela do dia, que se impõe sem discussão, a partir das comparações e hierarquização das qualidades das meninas, em função das cartas enviadas ao programa pelas mães; ou, então, as ameaças lançadas ao auditório no momento de indicar quem irá participar de algum quadro, de algum jogo, de alguma brincadeira; ou ainda a valorização do *sacrifício* de Maria de Fátima, que acaba obtendo sua recompensa, ao ganhar uma geladeira; acabamos por ter, finalmente, situações-problema resolvidas, a partir de premissas de caráter transitivo lançadas ao público durante, por exemplo, uma "conversa com o auditório", premissas que acabam levando a um raciocínio quase silogístico, calcado no "saber" do animador: "O povo sabe, o povo sente, o povo tem intuição. Você deve votar pela sua intuição. Quem vota pela intuição, vota certo".

Quanto aos argumentos colados à "estrutura do real", observamos que aparecem a todo o instante, participando, também, da construção de uma *gramática de persuasão* que caracteriza o verbal de Sílvio Santos, cujo julgamento sobre as coisas, fatos e pessoas se mostra definitivo e "não exige para ser admitido pelo senso comum qualquer justificativa"[20].

20. Ch. Perelman e L. Olbrechts-Tyteca, op. cit., p. 359.

O apresentador utiliza-se com grande freqüência de argumentos de natureza pragmática apoiados, seja em respostas obtidas a partir de relações de causa-efeito (quem vota bem tem um bom governo...), seja em seu próprio prestígio e sucesso pessoais, quando, então, recorre a apoios de natureza afetiva para obter a persuasão, surge um "nós", retórico, entrando em "comunicação oratória" com os espectadores. Atendo-nos ainda ao que Perelman chama "estrutura do real", não podemos deixar de nos referir, para completar o esboço de gramática a que nos propusemos, ao "argumento de autoridade", que persuade a partir da relação "ato-pessoa". Sílvio Santos goza de *prestígio*. Tal fato é indiscutível. E se tem prestígio, o seu dizer é metonimicamente contaminado pelo peso persuasivo do seu *fazer* e reforçado pela sua maneira de *ser*, isto é, reforçado pela própria figura arquetípica do apresentador. Os argumentos, os recursos verbais vários de que se serve, os imperativos de Sílvio Santos, os atos perlocutórios performativos de sua linguagem têm força de *autoridade* e vêm à luz, como a totalidade de seu texto, calcados no autoritarismo que acaba se desvendando como característica inerente ao discurso que produz.

Sílvio Santos, acredito, constitui-se na figura de maior competência comunicativa da televisão brasileira e seu verbal se erige talvez, por seu turno, como o texto mais autoritário dessa mesma televisão.

Fica no "ar" mais um ponto para discussão, uma pergunta: em que medida, por exemplo, o sucesso, a afirmação, a autoridade de um "comunicador" serão decorrentes do nível de autoritarismo de seu discurso? Quem sustenta quem? O discurso autoritário seria o suporte do *sucesso* de um comunicador? Ou será que o sucesso, ao conferir *autoridade*, legitima e conduz ao texto autoritário?

Mesmo sem ter uma resposta, penso ser imprescindível refletir a respeito.

4.
Por descaminhos.
Por entre caminhos: veredas

> "A TV pode oferecer efetivas possibilidades de cultura, entendida esta como relação crítica com o ambiente."
> Umberto Eco[1]

> "Não há lugar sem linguagem. A linguagem está em todo o lado. Atravessa todo o real; não há real sem a linguagem."
> Roland Barthes[2]

Se, conforme afirmam alguns autores, "a escola foi concebida para um mundo sem TV"[3], nada impede, no entanto, que se procure alterar tal realidade, levando-se em conta principalmente a importância assumida pela TV no cotidiano das pessoas, em especial no hoje da criança e do pré-adolescente.

Em capítulo anterior, reiteramos que nossa proposta consistiu inicialmente em caracterizar o verbal de alguns segmentos da televisão brasileira, a fim de construir um esboço de gramática desse verbal. Acrescentamos, ainda, serem também nossos objetivos o encaminhamento de propostas que possam nortear uma atividade pedagógica em ensino de língua materna, integrando o texto verbal da TV, bem como o encaminhamento de reflexões mais amplas sobre TV. Tais reflexões devem abordar, por um lado, aspectos da relação emissão-recepção e linguagem e, por outro, focalizar alguns dos conceitos e preconceitos mais correntes que surgem sempre atrelados ao estudo dos *media*, e, particularmente, à televisão.

Na verdade, durante as análises, alguns desses encaminhamentos de caráter pedagógico acabaram sendo já delineados. Gostaríamos de retornar a eles agora de forma mais sistemática.

Ainda que já tenhamos explicitado o porquê de nos fixarmos

---

1. U. Eco, *Apocalípticos e Integrados*, São Paulo, Perspectiva, 1970, p. 351.
2. R. Barthes, *O Grão da Voz*, Lisboa, Edições 70, 1982, p. 159.
3. M. Chalvon et alii. *L'Enfant devant la Télévision*, Bélgica, Casterman, 1979, p. 112.

sobre o verbal da TV, julgo que mais algumas justificativas não seriam redundantes.

Ao se pensar em televisão, ao se tentar propor linhas para um trabalho pedagógico com televisão, é imprescindível ter sempre bem nítida a inter-relação visual-verbal. Não há que se partir de uma visão reducionista a respeito. Não há, pois, que se reduzir uma categoria à outra. Há, sim, antes, que atentar para as conexões existentes entre ambas, sobretudo se tivermos sempre presente o fato de que o verbal se integra ao visual, no caso específico da TV. É também sobre o verbal que se instaura, em dimensão ampla, a realidade icônica que a televisão *passa*. Pelo verbal, pelo texto e discurso televisivos, articulam-se ainda os traços das ideologias vigentes, as quais necessitam ser conhecidas e discutidas.

Basicamente pelo verbal, como ensina Bakhtin, é que se torna viável avaliar, por exemplo, as imposições de tais ideologias, os níveis de autoritarismo e de dogmatismo que acompanham a emissão e mesmo a recepção de um discurso. Sem o verbal, não seria possível a instauração da relação dialógica entre os homens — única forma concebível de mediação entre esses homens e o real. É ainda o verbal que fundamentalmente conforma e define os contornos da enunciação: da *minha* enunciação e da enunciação do *outro*. Por meio da palavra, desenham-se os recortes do dialógico, instauram-se os graus de polifonia, hierarquizam-se, enfim, as possíveis formas do processo enunciativo que preside a organização textual e discursiva. E, se é verdadeira a afirmação de Bakhtin, de que "o destino da palavra é o destino da sociedade que a fala"[4], verificamos a importância da palavra que falamos e daquela que ouvimos. Ao dizer *falamos* e *ouvimos*, não estamos pensando aqui apenas na forma primeira de inter-relação verbal, ou seja, não estamos só nos referindo à interlocução face-a-face. Focalizamos também a palavra veiculada de maneiras diversas: a palavra lida, a palavra vista, a palavra ouvida e, no caso, também através de um veículo como a televisão.

Assim, no trabalho realizado, procuramos sistematizar, tanto quanto possível, algumas regularidades observadas nesse verbal da televisão, tentando chegar a algumas "regras" que apontassem para o funcionamento dos textos escolhidos, objetivos alcançados, segundo acreditamos.

E que pontos mais significativos foram levantados, pensando-se

---

4. M. (Volochínov) Bakhtin, *Marxismo e Filosofia da Linguagem*, 2ª ed., São Paulo, Hucitec, 1981, p. 194.

nessa "gramática" dos comerciais e naquela do "Programa Sílvio Santos?" Observa-se, de pronto, uma característica comum já na base das duas "gramáticas". Tanto o verbal dos comerciais quanto o de Sílvio Santos instauram-se sob o domínio da *persuasão*. Ambos, portanto, visam à adesão ampla e completa dos auditórios a que se reportam.

Tanto nos comerciais quanto nos trechos do "Programa Sílvio Santos", o texto verbal se configura como sendo predominantemente um discurso de natureza autoritária, ainda que nos comerciais esse caráter autoritário venha recoberto por meio de recurso ao lúdico, representado sobremaneira por um apelo à polissemia, por recurso à linguagem poética, pela utilização de figuras de linguagem diversas. Tanto um segmento quanto o outro rompem as leis do discurso (excetuando-se a lei do interesse): uma "quebra" que não se mostra grave para o receptor, se considerada a natureza do veículo, suas especificidades e o *timing* rapidíssimo que preside o ritmo de todas as emissões.

A "gramática" desses textos aponta, e isso sem dúvida deve ocorrer com quase todo o verbal da TV, para uma utilização extremamente econômica da linguagem: não há qualquer *gratuidade* na organização textual. Essa mesma "gramática" indica ainda a existência de um aspecto bivalente no processo de produção do verbal televisivo, na medida em que esse verbal se mostra, por um lado, como *fácil*, em razão da própria estruturação textual, freqüentemente construída à base de seqüências justapostas, calcadas numa sintaxe simplificada e caracterizada por uma escolha lexical cuidadosamente medida: enfim, há sempre um todo verbal buscando "passar" poucas e nem sempre novas informações. Esse mesmo verbal que se constrói como *fácil*, visto estruturar-se com precisão e eficiência, quase sempre sobre as modalidades persuasivas — injuntiva, assertiva e interrogativa — por outro lado, se mostra como processo bastante *complexo*, se levada em conta a natureza da interlocução, a própria mensagem e as variáveis de recepção. A interlocução da TV é mediada pelo próprio veículo. Trata-se, pois, de um tipo de inter-relação de natureza diversa. E essa interlocução, atrelada às exigências da função econômica da linguagem, com vistas à exploração da argumentatividade do verbal, precisa mostrar-se competente, devendo, portanto, ao organizar-se, dar conta ainda de uma complexa gama de variáveis que intervêm tanto em seu processo de organização quanto na própria situação de recepção.

E essa "gramática" de textos televisivos, essa *gramática da persuasão* escolhe com extrema objetividade as técnicas verbais que melhor e mais facilmente convençam o indivíduo.

Tanto os comerciais quanto o "Programa Sílvio Santos" procuram registrar os valores primordiais que sustentam suas mensagens calcadas quase sempre no *verossímil*, no *plausível*, no *provável*, no *emotivo* e no *afetivo*. Assim, os segmentos lingüísticos aliados ao icônico impõem persuasivamente tais valores, que acabam por se erigir em verdades definitivas, inequívocas e inquestionáveis. E assim esses valores, fundindo-se às idéias que dominam um tempo, reforçam as ideologias do momento — ideologias que hoje apontam para o culto do *agora*, desprestigiando o *outrora*. Cultua-se também o *novo*, o *ter*, o *comprar*, a *juventude*, o *sucesso*. Cultiva-se o *descartável*, o *substituível*, desprestigia-se o *permanente* e o *duradouro*.

E como se impõe tal ideário? Por meio do verbal, atrelado ao visual. Ambos se sustentam, calcados fortemente em argumentos que surgem como irrefutáveis; sejam os chamados "argumentos quase lógicos", sejam aqueles que se constroem a partir da estrutura diversificada, concreta e pragmática do real.

Deste modo, o processo de persuasão e também o processo que aponta para uma certa manipulação que se instaura a partir do momento em que o indivíduo não tem condições, mesmo que primárias, de avaliar, criticar e omitir opinião, tais processos mostram-se constantes nos dois segmentos estudados.

Tratando agora de cada um dos segmentos, objetivando chegar a encaminhamentos pedagógicos que orientem um trabalho em língua materna, no qual se utilizem, entre vários outros, também os textos da TV, um ponto deve ficar bem claro: o texto verbal da televisão é um texto como outro qualquer; tem características específicas, como textos de outras naturezas também mostram. Com esse texto da TV, as crianças, os adolescentes e adultos convivem muitas e muitas horas diárias. Se o adulto é visto a priori como já fora do alcance de uma escola formal, a criança, não. O adolescente também não. Identifica-se, ao menos teoricamente, escola-criança e jovem. Cabe, portanto, a essa escola, ao ensino de língua materna, um trabalho efetivo sobre textos dos veículos de massa, sobretudo os da TV. Ao fato de não se dar a devida importância ao papel desempenhado por tais textos e, conseqüentemente, de não se abordar sistematicamente a estrutura do verbal televisivo, se deve, acredito, esse alto índice de aceitação plena, de não-questionamento das asserções e argumentos que o veículo nos impõe. É importante atentar também para um outro ponto: tem-se, como um a priori do senso comum, que televisão é sinônimo de verdade. Dizer a alguém "isso apareceu na televisão" é fornecer já uma razão indiscutível que conduz à aceitação tácita de uma situação, de um fato. Portanto, trabalhar sobre o veículo, debruçar-se sobre o verbal desse veículo, é, parece-nos, tarefa inadiável.

Pensando inicialmente nos comerciais, que possibilidades efetivas de trabalho sistemático apresentam aos professores de língua materna, por exemplo, em aulas reservadas para análise e interpretação de textos?

Partindo do pressuposto de que não há passividade na recepção, mas atividade, ainda que essa recepção venha marcada por diferenças as mais variadas, há que se atentar para as características individuais de cada pessoa que devem ser observadas, levando-se sempre em conta as injunções do seu entorno sociocultural e psicológico.

É importante também atentar para o papel da experiência prévia de mundo de cada um, bem como para a maneira pela qual se organiza o imaginário individual. Fundamental é estar ciente, por conseguinte, do fato de que não recebemos uniformemente o que nos é transmitido.

Reelaboramos, a partir de nós mesmos, a partir das relações que mantemos com o mundo, tudo o que chega até nós. E na preservação dessa capacidade de *reelaborar* a realidade sensível, encontra-se, a nosso ver, o grande trunfo do homem que, não sendo uma *tabula rasa*, conseqüentemente não registra de forma homogeneizada tudo que recebe.

No entanto, mesmo dentro da diversidade, nota-se que, muitas e mesmas dimensões de uma determinada mensagem, por exemplo, ainda que em graus diferentes de penetração, atingem grupos maiores ou menores de indivíduos.

Observando especificamente os comerciais e sua linguagem, vemos que eles realmente atingem as pessoas de forma *menos* ou *mais* profunda em razão de transitarem tais textos por esferas de interesse temático que, naturalmente, se identificam com anseios também naturais de realização pessoal.

Assim, produtos os mais variados, para serem vendidos, atrelam-se a promessas de felicidade duradoura, à garantia de sucesso pessoal e profissional, à manutenção da juventude e beleza, à existência de uma vida familiar extremamente harmoniosa; atrelam-se tais produtos também à possibilidade de acesso a bens simbólicos valorizados, garantidores de status, apontando, quase sempre, para uma valorização do *ter*.

Diante de tais fatos, mesmo que percebidos os comerciais diferentemente também por diferentes indivíduos, temos que concordar que eles acabam por criar algumas expectativas nas pessoas, chegando mesmo a moldar gostos. Não se fabricam as propagandas a partir de um *nada*. As promessas que as sustentam acabam seduzindo os indivíduos. E esse processo de sedução se dá basicamente pela estruturação verbal das mensagens, pelos apoios persuasivos de que esse verbal se serve e que se ligam às imagens mostradas. A gramática do comercial é limpidamente definida. Se, por um lado, nos coloca frente a muitas daquelas características comuns a todo texto televisivo, por outro revela dimensões muito próprias e específicas desse segmento. Os textos, em geral, muito bem estruturados do ponto de vista lingüístico, apresentam facetas de um atraente discurso lúdico. A utilização que fazem da linguagem poética, dos jogos verbais, a escolha lexical objetiva e precisa, as gradações na valorização dos produtos são apenas alguns dos aspectos sobre os quais um professor pode trabalhar com seus alunos.

Assim, por exemplo, ao invés de se estudar o processo metonímico, ou então os tipos de rima, e ainda a força sonora de recursos como aliterações, assonâncias, anáforas, partindo, como freqüentemente se faz (salvo exceções), de exemplos ultrapassados, encontrados em textos sem sabor, estéreis, no mais das vezes rançosos e que nada dizem ao adolescente e mesmo ao jovem, por que não trabalhar *também* com o texto do comercial, que muitos já conhecem (às vezes até o sabem de cor), texto que é muito mais próximo do cotidiano em que vivem? Observe-se que tal trabalho, em momento algum, substitui outras análises, feitas a partir de bons textos, literários ou não.

Metáforas bem elaboradas se encontram freqüentemente nesses segmentos. Partir delas e chegar-se a observar todo o processo metafórico encontrado em poemas contemporâneos constitui-se, a meu ver, em trabalho extremamente revelador e atraente. Em termos gramaticais, por exemplo, e mesmo pensando-se na produção de textos, creio que debruçar-se sobre os comerciais traria satisfação ao aluno, configurando-se em atividade motivadora, crítica e estimulante.

A taxa de adjetivação, os níveis de superlativização, encadeamentos entre as ações de personagens, se analisados, ajudariam o estudante a compreender os processos por que devem passar seus próprios textos, guardadas as especificidades de cada produto.

O aspecto econômico do verbal, as escolhas lexicais pertinentes, medidas, pesadas, objetivas, enfim, o tom definitivo e definidor dado pelo caráter sintético das frases nominais, a riqueza encontrada ao se explorarem os níveis polissêmicos de uma palavra ou de uma expressão, tais aspectos, se devidamente estudados, podem desvendar níveis de organização verbal diversos e que apontam para construções textuais de outra natureza.

Uma vez trabalhada a ludicidade que recobre o discurso desses textos, uma vez discutidos tais recursos, teríamos que partir para o contraponto, começando por questionar a própria natureza da mensagem que é passada. Se há verossimilhança, se há apelos ao real sensível, em que medida o que chega até nós se configura ou não como uma dimensão da vida lá fora? Em que medida todas aquelas personagens tão perfeitas ou tão imperfeitas (conforme o objetivo a atingir) correspondem a personagens possíveis ou a pessoas reais?

Introduz-se, neste ponto, entre estudantes, mesmo entre os menores, as noções de estereótipo e de representação do real. Pode-se então iniciar um processo de crítica às figuras, aos arquétipos que nos chegam (*os alunos* têm a contrapartida do mundo real, da própria experiência, do próprio entorno social e da própria vida familiar). Uma vez quebrado o estereótipo, é possível fazer com que percebam que o que chega via TV, via verbal da TV, não é o real sensível lá de fora, mas um *simulacro* desse real que, aparentemente tão verdadeiro, prende-se antes às rígidas regras impostas pelo veículo, em que, por exemplo, o *acaso* não existe.

Perguntando-se, questionando sobre os objetivos de um comercial, seguramente os estudantes serão capazes de concluir sobre a finalidade primeira, qual seja, a de convencer o espectador, o público, a de obter adesão desse público para o que se pretende *vender*, seja um objeto, seja uma emoção, sejam ilusões ou status.

Chegando-se à abordagem da superfície lingüística e pensando-se inicialmente em termos de uma estruturação verbal mais ampla, acreditamos que até alunos não tão pequenos, como pré-adolescentes e jovens, já tenham, pelo menos em teoria, condições de, com a ajuda do professor, perceber os recursos mais comuns em que se apóiam tais textos: assim, a presença de diálogos "plantados", o testemunho de especialistas, o tom científico atribuído a certas informações podem ser analisados, compreendidos e observados em situações outras, em comerciais diversos, até serem absorvidos, por exemplo, enquanto regras constitutivas de tais textos. É possível começar-se já a se prevenir contra a ocorrência de adesões que sobrevenham sem que as percebamos. Observando-se também o tipo de emissão, fácil é demonstrar que a interlocução se dá calcada na prevalência unívoca do emissor que, detendo o poder da orientação dialógica, seja quanto ao tema, seja quanto ao *timing*, acaba por conduzir a estruturação da mensagem para um nível de absolutização verbal e visual, já que, sendo a circunstância de comunicação exclusivamente de responsabilidade do veículo, instituem-se microcontextos situacionais e referendam-se determinadas condições de produção, nas quais não há lugar para dúvidas, nem para questionamentos da mensagem, por parte do receptor, fato ao qual se alia a própria ausência de predisposição (natural, diga-se de passagem) para se instaurar constantemente uma atividade metaverbal crítica ao se assistir à televisão. A TV não foi feita para isso. Deve, porém, ser submetida a análises, mas em situações específicas e determinadas: na escola, por exemplo, algumas vezes em casa, em grupos de estudo que se interessem pelo assunto, e ainda em outros contextos determinados para esse fim.

A par de todas essas possibilidades, é fundamental que se parta para uma análise tão profunda quanto possível (respeitadas as características diversas dos grupos com que se trabalha) dos recursos retóricos, dos recursos persuasivos de que se lança mão. Importante, portanto, observar e questionar a natureza dos argumentos utilizados, as bases em que se estruturam tais argumentos e as ideologias que veiculam. Tão importante quanto, tendo em vista a natureza, já de per si, argumentativa do verbal, é iniciar um trabalho centrado nos operadores verbais, nos modalizadores, conscientizando-se, assim, as pessoas sobre o poder relacional daquelas palavras tão pequenas e que, equivocadamente, são freqüentemente aprendidas de forma isolada e vistas divorciadas das relações fundamentais que estabelecem dentro de um enunciado. Importante também fazer com que percebam como podem esses operadores agir sobre a enunciação, dando instruções semânticas aos enunciados e àqueles que interpretam tais enunciados.

Partindo-se para um enfoque mais amplo, uma vez analisado o texto todo, tendo em vista esses elementos indicados e ainda alguns outros que compõem a "gramática" esboçada, deve-se indagar sobre os efeitos dos comerciais, relativizando-os, seja a partir de um estudo da estruturação verbal-persuasiva que os caracteriza, seja em razão de um processo analítico que consiga desmontar o caráter assertivo sempre presente, através do qual se impõem verdades e valores absolutos, não questionáveis.

Seria ingênuo (ainda que considere necessário) pensar que encaminhamentos pedagógicos restritos apenas a ações em sala de aula possam resolver problemas graves, intrincados, nos quais se imbricam vertentes imperativas e de naturezas diversas. Recobrindo qualquer proposta que façamos, estarão sempre presentes tais variáveis de natureza sociológica, econômica, política, pedagógica e que, na verdade, imprimem sua marca ao processo educacional, à produção cultural, à manutenção de ideologias altamente discutíveis, mesmo que pouco discutidas fora dos meios acadêmicos. E como pano de fundo, mas atuando em linha de frente, nos deparamos com a influência impositiva da indústria cultural e seus produtos, com a fixação de uma civilização de massa, que se mostra como o símbolo mais eloqüente do tempo histórico em que vivemos.

Parece, pois, que chegamos a um impasse. Há que mudar o quadro social, econômico, político, antes de se pensar em modificações de âmbito restrito, antes de se proporem rumos diferentes para o trabalho mais isolado do educador no corpo-a-corpo do dia-a-dia da sala de aula? Evidentemente que não. Propostas de pequeno alcance, de proporções modestas, sempre serão válidas. A ação individual, configurada também como ação social e cultural, ultrapassa suas próprias dimensões, amplia-se e retorna fortalecida, pronta para receber as reflexões que sobre ela se façam, já em âmbitos alargados.

As observações que acabamos de fazer devem ser ponderadas também em razão de outros encaminhamentos que serão feitos, tendo em vista resultados obtidos nas análises do "Programa Sílvio Santos", à base dos quais esboçamos também uma "gramática" definida como fundamentalmente *persuasiva* e manipuladora.

Quem é Sílvio Santos? Que poder exerce sobre as pessoas? De que forma atua para conseguir adesão? Quais as características do verbal de que se utiliza? A que níveis se estende seu domínio? Que tipo de informação o programa privilegia? Qual a origem de sua autoridade?

Sílvio Santos é, seguramente, o melhor comunicador do Brasil, em todos os tempos. O fato, parece-me, mostra-se indiscutível. Estão aí, para comprovar, os elevadíssimos índices de audiência a que chegam alguns quadros, bem como a voz do senso comum, a *vox populi* que reafirma e prestigia suas ações como sendo aquelas características de um guia maior.

Aos domingos, nas casas, o almoço transcorre, tendo como pano de fundo o dinamismo, por vezes agressivo, outras vezes engraçado e mesmo grotesco do programa. E não se julgue que a audiência se dá apenas entre os segmentos denominados C e D da população. Pessoas de todos os grupos sociais, mesmo que não confessem, assistem ao Sílvio Santos, falam sobre o programa, discutem detalhes deste ou daquele segmento. Elza Dias Pacheco, em pesquisa a que já nos referimos, aponta essa diversificação de públicos a prestigiarem maciçamente o comunicador de todas as semanas.

A figura carismática, o constante sorriso já impresso no rosto, as roupas bem talhadas, os gestos medidos compõem um *sintagma-clichê* de apresentador. No entanto, em que pesem todos esses aspectos apontados, Sílvio Santos existe e subsiste também em função do *verbal* de que se serve. Se sua figura é o grande argumento do programa, esse argumento só se sustenta em razão do discurso que utiliza.

A gramática por nós esboçada mostra que Sílvio Santos define-se, enquanto *orador*, conforme ensina a retórica, por meio de um *discurso* de natureza predominantemente epidítica, através do qual consegue *adesão* dos *públicos* particulares a que se dirige. A um só tempo, detém a atenção do público de casa e do público do auditório. A ambos domina, aproveitando-se com maestria daquela natural "inércia psicológica" que toma conta de certos auditórios.

O alcance de seu programa é vasto, tão vasto que não se delineiam facilmente os limites. Seu público, ao vivo, é composto basicamente por mulheres; em casa, no entanto, atrai crianças e velhos, homens e mulheres, de níveis os mais diferentes.

A "gramática" esboçada, a partir das análises, aponta para o fato de que, em Sílvio Santos, a *figura* de apresentador jamais se desvincula das *falas* desse apresentador.

Sorrindo muito, sorrindo sempre, revelando-se *estereótipo* de si mesmo, Sílvio Santos transmite uma imagem que, mesmo dinâmica, congela-se sob a força instantânea e impositiva do *clichê* em que ele próprio se configura. Surge então um mito, fixado *no ar*, mito que apenas se mostra para o público de casa, através do outro lado do vidro do vídeo, através da imagem de fora que reflete, simulando, o lado de dentro do vidro do vídeo e que separa o real *vivido* daquilo que se pensa ser real apenas porque é *percebido*.

E assim o apresentador alimenta em seus públicos, *sempre aos domingos*, a necessária expectativa de um prometido *happy-end*, após semana dura de enfrentamentos, tensões e frustrações. *Sempre aos domingos*, a possibilidade de ser feliz e ter acesso a mais um bem simbólico. *Sempre aos domingos*, a chance de ganhar uma geladeira e ser sorteado para concorrer aos prêmios do *Baú da Felicidade*; a possibilidade de se poder ganhar uma boneca da Estrela, ou sair calçando um tênis Montreal. *Sempre aos domingos*, a promessa de uma felicidade ao alcance de todos, felicidade sorteada, vendida, distribuída. *Sempre aos domingos*, enfim,

a ilusão de ainda poder manter vivas algumas rápidas ilusões. Afinal amanhã é segunda-feira. Lá fora o real é *real* e uma hora demora exatamente sessenta minutos para passar. O "Programa Sílvio Santos" instaura-se como um império de simulacros. São as meninas que se acreditam Cinderelas por um dia; é o premiado pela "Porta da Esperança" que se considera um eleito; é o *grande artista* que, com um dente só, faz coisas consideradas "incríveis"; é aquele outro que, encantado por participar, faz "tudo por dinheiro".
E de que forma se sustentam tais esquemas? Qual a origem do domínio que o apresentador exerce? De onde vem sua autoridade?
Examinemos, inicialmente, o esquema básico de comunicação de Sílvio Santos: o diálogo. Assumindo como forma de contato com seus públicos não a fala monológica, mas aquela de caráter aparentemente dialógico, o apresentador simula contínuos e constantes diálogos com aqueles que participam de quadros diversos.
Por meio do monológico, camuflado pelo dialógico, Sílvio Santos explora todas as possibilidades do verbal e conseqüentemente detém o domínio da interlocução. Os diálogos são na verdade chapas-clichês, compostas por perguntas que não mudam e por relatos simplórios. Jamais por opiniões.
Como já tivemos oportunidade de demonstrar, o apresentador monta os quadros do programa enquanto *macrocomerciais*. Assim, sob a aparência do lúdico de "Roletrando", as propagandas do conglomerado Sílvio Santos; sob a solidariedade humana do "Porta da Esperança", mais um comercial do produto *x*, da marca *y*. Alastram-se, portanto, e de forma tentacular, os domínios do simulacro, seja a que pretexto for.
Detendo nas mãos o poder de vender felicidade, detendo nas mãos a possibilidade de distribuir bens simbólicos, detendo fundamentalmente nas mãos o domínio e o manejo de um verbal monolítico habilmente camuflado pela aparente flexibilidade do diálogo, instaura-se a autoridade do orador que se faz *mentor* dos públicos, aconselhando, repreendendo, ensinando, orientando.
Triste realidade cultural. E o que é oferecido pelo "Programa Sílvio Santos" constitui-se em opção primeira de todo um público, de quase todos os cantos de um país.
Creio importante analisar trechos do "Programa Sílvio Santos", para que grupos de estudo discutam e façam uma leitura crítica dos textos veiculados. É preciso que se aponte a característica preponderantemente autoritária de seu discurso e se levantem os índices sobre os quais se mantém esse autoritarismo. É

fundamental analisar em largo âmbito a trama de relações mercantilizadas que permeiam as dez horas seguidas de programação. De um lado o carisma, de outro, o sofisma. Sílvio Santos tece com perfeição seus argumentos. Constrói *raciocínios*, de caráter transitivo, quase-*silogismos*, que a todos convencem. O importante em Sílvio Santos é o seu *dizer*. Não importa o *que* diga. Não retomarei aqui os traços verbais da "gramática" do Programa. Resta lembrar que, pela natureza das análises realizadas, pelos critérios seguidos, abrem-se algumas possibilidades para um trabalho sistemático de caracterização, de crítica a tal segmento televisivo. Refletir sobre tais possibilidades, retrabalhá-las seja na escola, seja em âmbito mais amplo, reformulá-las, se necessário, constitui-se, a meu ver, tarefa urgente.

Por meio do "Programa Sílvio Santos", além dos simulacros, instaura-se também um processo de manipulação dos públicos, manipulação provocada pela ausência de um questionamento, pela ausência de um processo de crítica à emissão que se recebe, manipulação sustentada por um tripé constituído pelo autoritarismo (evidente no discurso), pelo demagógico e pelo ideológico que o segmento veicula, através dos textos verbais que completam as imagens. A comunidade pode e deve trabalhar sobre esses textos, grupos de estudo podem e devem contribuir para a formação de uma recepção crítica, através da realização de análises detalhadas, mas, ao mesmo tempo, compreensivas do verbal de tais textos e da "gramática" que a eles "subjaz".

Fica, pois, aí nossa proposta. Dificilmente será uma "solução", quem sabe consiga instaurar-se como "rima".

Tentando, pelos descaminhos e caminhos percorridos, descobrir algumas *veredas*, iremos ainda refletir um pouco sobre aspectos mais gerais relativos à televisão, focalizando também certos preconceitos e equívocos existentes, a respeito do veículo.

Tudo que se diz contra a TV em nada altera os hábitos frente a essa mesma TV. Não importam, por exemplo, nível social e econômico, possibilidade ou não de outras formas de lazer; todos de modo geral vêem muita televisão. Portanto, é preciso atentar-se para o tipo de relação, sobretudo de crianças e jovens, com o veículo, bem como se atentar para a qualidade das produções oferecidas.

Muitos exemplos nos dão conta da possibilidade de se ter na TV um excelente veículo de produção cultural de bom nível e que se configure também como forma de lazer, de diversão. Nem tudo é só "Programa Sílvio Santos". Como bem vimos, os próprios comerciais, geralmente bem feitos, inteligentes e instigantes, podem ser prazerosamente estudados, analisados e também, por isso mesmo, criticados.

Não é demais repetir que o fato de a TV passar para muitos, ao mesmo tempo, uma mesma informação padronizada em absoluto significa que a recepção e a decodificação se dêem da mesma maneira entre todos. Diferentes são as culturas, diferentes os indivíduos, diferentes o entorno social e a experiência prévia de mundo de cada um. Em conseqüência de tais diversidades, não há por que temer uma padronização das consciências como preconiza Adorno, e nem mesmo uma uniformização do imaginário individual, ante a recepção das mesmas imagens, pois elas serão, com certeza, diferentemente trabalhadas pelas diferentes pessoas. As formas de percepção variam. Os níveis de compreensão das mensagens também. No entanto, pensando-se especificamente na TV, cujo apelo, centrado no visual, se fixa mais facilmente, já que a imagem é menos mediada que o verbal, pensando-se, pois, nesta TV e nas possibilidades de aí se instaurar, mais facilmente, um processo de persuasão manipuladora, é que insistimos sobre a necessidade e pertinência de uma análise do texto verbal que permeia tais imagens e que, se não estudado, se não entendido em sua organização profunda, conduz também e mais facilmente à persuasão, à manipulação, visto que a palavra da TV também se submete a um processo superficial de decodificação, inerente à natureza indicial dos signos dessa TV.

Segundo Teixeira Coelho[5], os signos indiciais da TV "apontam para a coisa", fazendo com que momentaneamente fiquemos sem condições de reflexão e avaliação, daí resultando, por exemplo, uma aceitação tácita dos estereótipos e clichês que permeiam os segmentos televisivos.

Se o aspecto indicial dos signos da TV nos preocupa, a natureza e o processo de recepção também. Por ser um tema complexo e que foge a nossa área de estudo, nos deteremos apenas sobre alguns aspectos referentes ao processo. Uma grande preocupação, que freqüentemente vem à tona, vincula-se por exemplo ao fato de crianças permanecerem muito tempo diante da TV. E sobre isso algumas considerações precisam ser feitas. Para tanto, nos apoiamos em parte no excelente trabalho de Carlos Eduardo Lins da Silva, *Muito Além do Jardim Botânico*[6].

Segundo o autor, o problema da recepção em crianças, que têm na TV "um agente socializador importante", deve ser trata-

---

5. T. Coelho, *O que é Indústria Cultural*, 5.ª ed., São Paulo, Brasiliense, 1981.
6. C. E. L. Silva, *Muito Além do Jardim Botânico*, São Paulo, Summus, 1985.

do diferentemente do adulto, visto que a criança encontra maiores dificuldades para confrontar a "representação do real", produzida pela TV, com outras fontes, tendo em vista o grau mais baixo de conhecimentos, por parte dos menores, dos assuntos mostrados na tela. Observe-se que o autor aponta aí uma faceta específica e muito importante do processo de recepção, por parte de crianças.

Apesar dessa maior dificuldade infantil em confrontar a "representação do real" com realidades outras e considerando-se a situação de uma criança assistir à televisão diariamente, por muitas horas seguidas, fato que poderia, teoricamente, provocar uma alienação dessa criança, de sua realidade sensível, conforme preconizam alguns apocalípticos, mesmo assim, nada de concreto foi, felizmente, observado nessa direção. Ela pode apresentar, talvez, maiores dificuldades em diferenciar as fontes produtoras de "real", mas não reduz a realidade sensível a essas "representações de real" que lhe são passadas. Portanto, o medo de um processo alienador, nesses termos, é infundado. Uma criança saudável, mesmo vendo muita TV, não se tornará por essa razão o "videota" de *Muito Além do Jardim*, filme protagonizado por Peter Sellers e cujo título Lins da Silva retoma e, por meio de uma paródia o amplia, criando um atraente movimento lúdico[7].

Pode, no entanto, ocorrer um indesejável e nocivo estreitamento do campo real de experiências sensíveis, estreitamento também dos contatos interpessoais que, em verdade, são insubstituíveis. O risco está em se ter a TV como opção única.

Portanto, trabalhar com vistas à construção de uma leitura crítica do veículo, de uma recepção crítica das mensagens, de um conhecimento do meio, nos parece tarefa fundamental a ser desenvolvida entre os mais diferentes grupos sociais.

Quando falamos aqui em leitura crítica dos meios, em recepção crítica, os termos, em momento algum, podem ser identificados com um "discurso crítico" sobre a recepção ou sobre os veículos. Aliás, ao se falar em "discurso crítico", pensando-se no caso da TV, enquanto instituição, mais algumas observações parecem necessárias.

Sobre a televisão têm caído muitas culpas; à televisão têm si-

---

7. O livro de Lins da Silva, *Muito Além do Jardim Botânico* (São Paulo, Summus, 1985) faz um estudo exemplar do processo de recepção do Jornal Nacional, observando que, em geral, os telespectadores "percebem o caráter fantástico e inverossímil do que é apresentado na TV", ainda que muitas vezes até se identifiquem com determinados personagens.

do atribuídos muitos rótulos depreciativos. Assim, a TV é comumente vista como uma superestrutura opressora a impor deterministicamente suas vontades, de forma direta e inquestionável. Posições teóricas, ancoradas em semelhante partido, redundaram, por exemplo, em sérios equívocos, de várias naturezas, inclusive equívocos de ordem pedagógica que sempre caminham rente a problemas de caráter mais geral.

Um primeiro diz respeito ao fato de se achar que, com a TV, as crianças "desaprendem" a falar ou então que, por meio da TV, "aprendem" uma linguagem considerada "errada". Exemplo claro desse temor são as manifestações ingênuas contra programas como "Os Trapalhões" ou "Xou da Xuxa" (não que sejamos a favor deles), programas que automaticamente imprimiriam às crianças uma forma "errônea" de se expressar. Isso não ocorre e nunca ocorreu. Se assim fosse, o Brasil hoje teria um registro verbal único em todo o País — aquele veiculado pelo "Jornal Nacional", ou pela novela das oito.

Um outro equívoco muito comum diz respeito ao fato de se acreditar que a TV rouba da criança, do jovem e mesmo do adulto um tempo que seria destinado à leitura. A TV impediria, inclusive, a própria formação do hábito de leitura. José Marques de Melo[8], em obra sobre leitura crítica dos *media*, chama a atenção para esse problema. Na verdade, tanto a escola, como a família, as pessoas em geral, mesmo as crianças, deslocam seus fracassos para além delas próprias. Atribuir a outros a culpa pelo que não conseguimos realizar é tranqüilizador e confortável, ainda que não seja verdadeiro.

Voltando à questão do tempo roubado à leitura, cabe indagar: lia-se muito mais antes do advento da televisão? Sim, como ainda se continua lendo, por exemplo, em países que têm configurado na leitura um forte valor cultural, uma tradição cultural. E nesses casos, a TV é um firme auxiliar da leitura e do leitor. Experiências feitas na Inglaterra e em outros países nos dão conta de trabalhos notáveis, integrando atividades como: ler, ouvir e contar histórias, assistir à TV, sem que tais experiências, em momento algum, pretendam transpor mecanicamente, por exemplo, a leitura, de natureza literária ou não, para o veículo televisivo.

Enganos dessa ordem, ou seja, a existência de posições e pretensões reducionistas que, em nome de mal compreendida rela-

---

8. J.M. Melo, *Para uma Leitura Crítica da Comunicação*, São Paulo, Paulinas, 1985.

ção intersemiótica (que antes deve ampliar que atrofiar limites), propugnam pela transposição completa e total de um sistema de signos para outro, tais enganos têm comprometido freqüentemente várias áreas do conhecimento, atingindo, por exemplo, diretamente o trabalho com literatura na escola.

Existem alguns (felizmente poucos) que acreditam, por exemplo, que o fato de se ter assistido pela televisão a uma série especial ou a um filme, calcados numa obra literária, tal fato corresponderia a uma automática substituição do que iria ser *lido* pelo que fora *visto*.

Na verdade, podemos usufruir das duas realizações e nunca uma será a outra. Resguardada uma área de intersecção imaginária, se pensarmos, por exemplo, num romance que é transposto para a TV, tal intersecção se mostrará viável em nível do fio narrativo e mesmo em nível de tradução de algumas passagens, em que o verbal pode ser representado pelo visual. O que se tem, na verdade, são duas realizações expressas de formas diversas, por meio de linguagens também diferentes e, em absoluto, redutíveis uma à outra.

Apenas para exemplificar, considerando estas últimas reflexões agora como um apêndice complementar, e pensando-se, especificamente, no ensino de literatura, analisaremos rapidamente alguns textos, imaginando-os como *menos* ou *mais* passíveis de serem transpostos para a TV.

Tomei três momentos de diferentes descrições, objetivando uma leitura que pudesse ser vista também em função da especificidade televisiva.

Um primeiro texto, de Raul Pompéia:

> "Angela fazia-se menina para brincar e correr com vivacidade de gata (...) Quando não havia muitos, às grades do salão, descuidava-se, aparecia em corpinho e saia branca, afrouxando o cordão sobre o seio (...) espreguiçando-se com as mãos ambas à nuca e os cotovelos para cima, contando para a janela histórias que não acabavam mais, enquanto às axilas, em fofos de camisa, ia escapando a indiscrição dos fios fulvos"[9].

Angela se mostra *televisualmente*, sem dúvida, por meio das imagens mandadas *ao ar* pelo autor. Angela é presença e, no romance *O Ateneu*, corporifica aquele momento de descrições sen-

---

9. R. Pompéia, *O Ateneu*, São Paulo, Ática, 1977, p. 123.

sivelmente observáveis. É ainda um tempo de inteireza do romance, sem qualquer elemento da fragmentação que Machado, irônica e sabiamente, vai começando a impor, creio, já a partir de *Memórias Póstumas de Brás Cubas*[10].
Se Angela é tão *visual* e tão *visível*, Janair, de Clarice Lispector, define-se antes por uma quase *ausência*; Janair,

"(...) o corpo erecto, delgado, duro, liso, quase sem carne, ausência de seios e de ancas (...) sob o pequeno avental, vestia-se sempre de marrom escuro ou de preto, o que a tornava toda escura e invisível (...) Janair tinha quase que apenas a forma exterior, os traços que ficavam dentro de sua forma eram tão apurados que mal existiam: ela era achatada como um baixo-relevo preso a uma tábua"[11].

Janair esboça-se a partir de uma trama muito bem trabalhada, tecida pela autora, que permite ao leitor mais *entrever* que propriamente *ver*. Na forma como se mostra, a figura de Janair é antes *noção*, antes *idéia* que *imagem* visual.
Janair, parece-nos, é visão.
Difícil passar para a TV, em toda a sua densidade, este texto de Clarice Lispector. Uma proposital construção-desconstrutiva, na descrição de uma figura que pouco se mostra, e que só acaba *sendo* de tanto que *não é*.
Importante lembrar, porém, que a partir de *A Hora da Estrela*, da mesma Clarice Lispector, fez-se um filme belíssimo. Mas o livro não é o filme. O filme não é o livro. Duas alegorias de um profundo lirismo. Duas obras. Macabea só uma! Duas possibilidades de manifestação artística, intransponíveis, irredutíveis, uma à outra, ambas extremamente bonitas. Viável fazer-se também um trabalho de TV, a partir daí, e que será uma outra obra.
Num terceiro texto, cuja descrição tenta reunir *história* e *memória*, encontramos a escritura de James Joyce, em *Ulisses*.

"Tal qual ele era eu, esses ombros caídos, essa desgraciosidade. Minha infância aconchega-se ao meu lado. Muito longe para eu pousar nela a mão uma vez ou de leve. A minha é distante e a dele é secreta, como nossos olhos. Segredos, silentes, pétreos, moram nos palácios sombrios dos corações de ambos nós dois: segredos exaustos de sua tirania: tiranos desejos de serem destronados".[12]

10. M. de Assis, *Memórias Póstumas de Brás Cubas*, 9.ª ed., São Paulo, Ática, 1982.
11. C. Lispector, *A Paixão Segundo G. H.*, Rio de Janeiro, Ed. do Autor, 1964, p. 41.
12. J. Joyce, *Ulisses*, Rio de Janeiro, Civilização Brasileira, 1966, p. 29.

Uma dimensão indevassável do imaginário individual insinua-se nesse texto. Desvenda-se até, mas pouco revelando. Oculta-se pelo que desvela na construção de relações imprevistas que se sucedem. Muito difícil, a nosso ver, traduzir, iconicamente, a experiência que se tem, a partir de um corpo-a-corpo direto com tal texto. Se pensada a transposição, o texto visual nunca seria esse, mas outro. Se visual, esse texto conseguiria talvez captar e transmitir emoções, visões. É o caso de se imaginar Bergman no cinema e Avancini na TV, a produzirem o texto icônico, um outro texto que pode ser igualmente belo, mas que nunca será este, transcrito.

Chegando ao final, voltamos um pouco atrás, retomando o problema das *representações* possíveis do *real*, observando-as enquanto representação verbal, no texto literário, e representação visual, no texto por imagens. É importante deter-se no tipo de relação que o indivíduo estabelece com tais representações.

Sem que essas últimas reflexões impliquem juízos de valor de caráter discriminatório, sem que se veja no que vai ser dito desqualificação de um veículo, se comparado ao outro, deve-se antes pensar na importância de se conhecer profundamente as diferenças mais comuns que marcam os contatos, ou com o livro ou com a televisão.

Aceitando-se que, em ambos os veículos, representa-se o real, de forma menos ou mais analógica, dependendo das próprias especificidades dos meios; aceitando-se que, por exemplo, a obra literária e a produção de TV sobre o literário, ambas obras de arte, constituem-se, porém, em trabalhos de natureza diversa e independente, mais alguns apontamentos devem ser feitos.

O texto literário permite um contato mais íntimo com os fatos narrados, com o real criado e contado, com o discurso pelo qual se conforma esse real produzido. A especificidade do livro, a especificidade do literário permitem o *demorar-se*. A especificidade do livro não nos impõe de fora, de cima, uma velocidade de recepção que nos seja alheia. O *timing* da leitura caminha rente ao ritmo de nós mesmos, ao ritmo que impomos à própria vida. O ler, o reler; o parar, o voltar; o refletir e mesmo o perder-se em devaneios, a partir do texto literário, configuram-se em ações voluntárias, individuais, que ocorrem num tempo real, num tempo da vida real, dentro da experiência sensível da realidade de cada um.

Diante do texto visual, diante da televisão, a situação é outra. E, ao trabalharmos com a TV, como vimos fazendo, ao estudarmos e analisarmos TV, atividade fundamental num tempo de hoje, é importante, muito importante, nunca perder de vista o fato de que a televisão é que impõe o *acontecer*, o ritmo do *perceber*, a velocidade do *apreender*. Se o que nos chega, pela TV, é também uma representação do real, uma representação analógica do real, o *timing* dessa representação porém é outro que não o do livro. O *timing* da TV, da realidade que a TV simula, nada tem a ver com o ritmo sensível da vida. A necessidade de rapidez, a velocidade com que devemos receber as imagens, impõem-se como alheias a nossa circunstância pessoal de recepção. E, por vezes, a apreensão que devemos ter do texto verbal-visual da TV se faz tão aguda e rapidamente que acabamos por anular algumas dimensões do nosso perceber.

Um processo mais elaborado de decodificação se restringe via TV, em razão do ritmo, em razão da especificidade indicial do signo televisivo.

E a representação do real a que temos acesso se instaura, como mostram os versos de Fernando Pessoa:

"Na ilusão do espaço e do tempo,
Na falsidade do decorrer"[13].

Um espaço e tempo ilusórios, simulacros dos ritmos da vida, a exigir estudo, análise e reflexão.

Viver é preciso. Conhecer as singularidades da televisão também.

---

13. Fernando Pessoa (Álvaro de Campos), *Obras Completas*, Lisboa, Ed. Ática, 1958, vol. II, p. 32.

Bibliografia

Adorno, T. W. "A indústria Cultural". In: Cohn, G. (Org.). *Comunicação e Indústria Cultural*. 4ª ed. São Paulo, Nacional, 1978. 407p. (pp. 287-295).
_____. "Les Fameuses Années Vingt", "Prologue sur la Télévision" e "La Télévision Comme Idéologie". In: Adorno, T. W. *Modèles Critiques*. Paris, Payot, 1984. 298p. (pp. 47-77).
_____. e Horkheimer, M. "A Indústria Cultural: O Esclarecimento como Mistificação das Massas". In: Adorno/Horkheimer. *Dialética do Esclarecimento*. 2ª ed. Rio de Janeiro, Zahar, 1986. 254p. (pp. 113-156).
Andersen, M. J. B. Violência nos Desenhos Animados Exibidos pela Televisão: Uma Ponderação Necessária. São Paulo, IPUSP, 1986. 195p. Tese (doutoramento).
Aristote. "Les Lieux Propres et les Lieux Communs". In: Pater, W. A. de. *Les Topiques d'Aristote et la Dialectique Platonicienne*. Edition, St. Paul, Fribourg, 1965. 257p. (pp. 117-127).
Aristóteles. *Arte Retórica e Arte Poética*. São Paulo, Difel, 1959. 335p.
Assis, M. de. *Memórias Póstumas de Brás Cubas*. 9ª ed., São Paulo, Ática, 1982. 144p.
Bacon, F. *The Advancement of Learning*. Oxford, Oxford University Press, 1974. Livro segundo, XVIII, 4.
Baggaley, V. P. e Duck, S. W. *Análisis del Mensage Televisivo*. Barcelona, G. Gili, 1979. 217p.
Bakhtin, M. (Volochínov) *Marxismo e Filosofia da Linguagem*. 2ª ed. São Paulo, Hucitec, 1981. 196p.

Bamberger, R. *Como Incentivar o Hábito de Leitura*. 2ª ed. São Paulo, Ática/UNESCO, 1986. 109p.
Barker, R. e Escarpit, R. *A Fome de Ler*. São Paulo, Fundação Getúlio Vargas/MEC, 1978. 173p.
Barthes, R. "Fatalidade da Cultura, Limites da Contracultura". In: Barthes, R. *O Grão da Voz*. Lisboa, Edições 70, 1982. 365p. (pp. 147-153).
_____. *Leçon*. Paris, Seuil, 1978. 46p.
_____. *Mitológias*. 5ª ed. São Paulo, Difel, 1982. 182p.
_____. e Bouttes, J. L. "Lugar-Comum". In: *Enciclopédia Einaudi*. Lisboa, Imprensa Nacional/Casa da Moeda, 1987. V. 11, 277p. (pp. 266-277).
Baudrillard, J. "A Publicidade". In: J. Baudrillard, *O Sistema dos Objetos*. São Paulo, Perspectiva, 1973. 235p. (pp. 173-211).
Beacco, J. C. e Darot, M. *Analyses de Discours — Lecture et Expression*. Paris, Hachette/Larousse, 1984. 176p.
Beisiegel, C. de R. *Política e Educação Popular*. São Paulo, Ática, 1982. 304p.
Benesch, H. e Schmandt, W. *Manual de Autodefensa Comunicativa*. Barcelona, G. Gili, 1982. 165p.
Benjamin, W. "Paris, Capitale du XIXe Siècle" e "L'Oeuevre D'Art à l'Ere de sa Reproductivité Technique". In: Benjamin, W. *L'Homme, Le Langage et la Culture*. Paris, Denöel, 1971. 205p. (pp. 117-181).
Berger, R. *Lá Télé-Fission*. Tournai, Casterman, 1976. 210p.
Blikstein, I. *Kaspar Hauser ou A Fabricação da Realidade*. São Paulo, Cultrix/EDUSP, 1983. 98p.
Bosi, A. "Cultura Brasileira". In: Mendes, D. T. (Coord.). *Filosofia da Educação Brasileira*. 2ª ed. Rio de Janeiro, Civilização Brasileira, 1985. 239p. (pp. 135-176).
_____. "Imagem, Discurso" e "O Som no Signo". In: Bosi, A. *O Ser e o Tempo da Poesia*. São Paulo, Cultrix/EDUSP, 1977. 220p. (pp. 13-62).
_____. "Plural, mas não Caótico". In: Bosi, A. *Cultura Brasileira: Temas e Situações*. São Paulo, Ática, 1987. 224p. (pp. 7-15).
Bosi, E. "A Opinião e o Estereótipo". *Contexto*, São Paulo (2):97-104, 1977.
_____. "Comunicação de Massa: O Dado e o Problema". In: Bosi, E. *Cultura de Massa e Cultura Popular — Leitura de Operárias*. 2ª ed. Petrópolis, Vozes, 1972. 180p. (pp. 19-52).
Bouacha, A. A. et alii. "Argumentation et Enonciation". *Langue Française*, Paris, 50:3-116, maio, 1981.
Buitoni, D. *Imprensa Feminina*. São Paulo, Ática, 1986. 96p.

Burke, K. *Teoria da Forma Literária*. São Paulo, Cultrix/EDUSP, 1969. 212p.
Caillavet, H. *Changer la Télévision*. Paris, Flammarion, 1978. 237 p.
Campedelli, S. Y. *A Telenovela*. São Paulo, Ática, 1985. 96p.
Carpenter, E. "The New Languages". In: Gumpert, G. e Cathcart, R. (Ed.) *Inter/Media*. Oxford, Oxford University Press, 1979. (pp. 361-374).
Cazeneuve, J. *El Hombre Telespectador*. Barcelona, G. Gili, 1977. 151p.
_____. *La Vie dans la Société Moderne*. Paris, Gallimard, 1982. 214p.
Cebrián Herreros, M. *Introducción al Lenguaje de la Televisión: Una Perspectiva Semiótica*. Madri, Pirámide, 1978. 308p.
Chafe, W. L. "Linguistic Differences produced by Differences between Speaking and Writing". In: Olson, David R. (Ed.). *Literacy, Language and Learning*. 2.ª ed. Nova York, Cambridge University Press, 1986. 438p. (pp. 105-123).
Chalvon, M. et alii. *L'Enfant devant la Télévision*. Tournai, Casterman, 1979, 184p.
Chesebro, J. W. "Communication, Values and Popular Television Series — A Four Year Assessment". In: Gumpert, G. e Cathcart, R. (Ed.). *Inter/Media*. Oxford, Oxford University Press (pp. 528-560).
Christensen, F. e Christensen, B. *Notes Toward a New Rhetoric*. 2.ª ed. Nova York, Harper & Row, 1978. 167p.
Citelli, A. *Linguagem e Persuasão*. São Paulo, Ática, 1985. 77p.
Coelho, T. *O que é Indústria Cultural*. 5.ª ed. São Paulo, Brasiliense, 1981. 110p.
Cohn, G. "A Análise Estrutural da Mensagem". In: Cohn, G. (Org.). *Comunicação e Indústria Cultural*, 4.ª ed. São Paulo, Nacional, 1978. (pp. 333-345).
_____. *Sociologia da Comunicação: Teoria e Ideologia*. São Paulo, Pioneira, 1973. 176p.
Colombo, F. *Televisión: La Realidad como Espectáculo*. Barcelona, G. Gili, 1976. 107p.
Conrad, P. *Television: The Medium and its Manners*. Boston, Routledge & Kegan Paul, 1982. 170p.
Conte, M. E. (Org.). *La Linguistica Testuale*. Milão, Fetrinelli Economica, 1977. 302p.
Coulthard, M. *An Introduction to Discourse Analysis*. 6.ª ed. Hong Kong, Longman, 1983. 195p.
Da Viá, S. C. *Televisão e Consciência de Classe*. Petrópolis, Vozes, 1977. 156p.

Diller, A. M. et alii. "La Pragmatique". *Langue Française*, Paris, *42*, maio 1979.
Dixon, P. *Rhetoric* (The Critical Idiom). Londres, Methuen, 1971. 88p.
Doelker, C. *La Realidad Manipulada*. Barcelona, G. Gili, 1982. 212p.
Dorr, A. e Kovaric, P. "Some of the People Some of the Time — But Which People". In: Palmer, E. L. e Dorr, A. (Ed.). *Children and the Faces of Television*. Nova York, Academic Press, 1980. 360p. (pp. 183-199).
Dubois, J. et alii. *Retórica Geral*. São Paulo, Cultrix/EDUSP, 1974. 271p.
Ducrot, O. "Analyses Pragmatiques". *Communications*, Paris, *32*: 11-60, 1980.
_____. "Pressuposés et Sous-entendus — Réexamen". In: Actes du Colloque du Centre des Recherches Linguistiques et Sémiologiques de Lyon. *Stratégies Discursives*. Lyon, Presses Universitaires de Lyon, 1978. (pp. 33-44).
_____. *Dire et ne Pas Dire*. Paris, Hermann, 1972. 277p.
_____. *O Dizer e o Dito*. Campinas, Pontes, 1987, 222p.
_____. *La Preuve et le Dire*. Tours, Maison Mame, 1973. 287p.
_____. *Les Mots du Discours*. Paris, Minuit, 1980. 241p.
Dumazedier, J. "Lazer e Cultura". In: Dumazedier, J. *Lazer e Cultura Popular*. São Paulo, Perspectiva, 1973. 337p. (pp. 139-266).
Dyer, G. *Advertising as Communication*. Londres, Methuen, 1982. 230p.
Eco, U. *Apocalípticos e Integrados*. São Paulo, Perspectiva, 1970. 390p.
Edmonson, W. *Spoken Discourse — A Model for Analysis*. Singapura, Longman, 1981. 217p.
Enzensberger, H. "Poder e Estética Televisiva". *Intercom* — Revista Brasileira de Comunicação, São Paulo, *53*:5-11, 1985.
Eurausquin, M. A. et alii. *Os Teledependentes*. São Paulo, Summus, 1983. 150p.
Fadul, A. "Novas Tecnologias de Comunicação: O Difícil Caminho da Redemocratização". In: Fadul, A. (Org.) *Novas Tecnologias de Comunicação*. São Paulo, Summus, 1986. 182p. (pp. 149-161).
Faenza, R. *Tempi di Informazione*. Bari, Dedalo, 1983. 219p.
Fávero, L. L. e Koch, I. G. V. *Lingüística Textual: Introdução*. São Paulo, Cortez, 1983. 105p.
_____. e Paschoal, M. S. Z. (Org.). *Lingüística Textual: Texto e Leitura*. São Paulo, EDUC, 1985. 219p. (Série Cadernos PUC, 22).

Fiske, J. *Introduction to Communication Studies*. 3.ª ed. Londres, Methuen, 1982. 165p.
_____. e Hartley, J. *Reading Television*. 3.ª ed. Londres, Methuen, 1980. 223p.
Friedmann, G. "Les Mythes et le Dilemme". *Communications*, Paris, *17*: 167-179, 1971.
Fusari, M. F. R. *O Educador e o Desenho Animado que a Criança vê na Televisão*. São Paulo, Loyola, 1985. 162p.
Geis, M. L. *The Language of Television Advertising*. Nova York. Academic Press, 1982, 247p.
Gelb, I. J. "El Futuro de la Escritura". In: Gelb, I. J. *Historia de la Escritura*. 2.ª ed. Madri, Alianza Editorial, 1982. 349p. (pp. 302-324).
Genette, G. "Espaço e Linguagem" e "Figuras". In: Genette, G. *Figuras*. São Paulo, Perspectiva, 1972. 255p. (pp. 99-106 e 197-212).
Grange, A. "La Dialectique Récit/Discours dans la Stratégie de la Persuasion". In: Actes du Colloque du Centre des Recherches Linguistiques et Sémiologiques de Lyon. *Stratégies Discursives*. Lyon, Press Universitaires de Lyon, 1978.
Grimes, J. E. *The Thread of Discourse*. Haia, Mouton & B. V., 1975. 408p.
Guimarães, E. *Texto e Argumentação*. Campinas, Pontes, 1987. 200p.
Gurevitch, M. *et alii*. *Culture, Society and the Media*. Londres, Methuen, 1982, 111p.
Gutiérrez, F. *Linguagem Total: Uma Pedagogia dos Meios de Comunicação*. São Paulo, Summus, 1978. 106p.
Hartley, J. *Understanding News*. 2.ª ed. Nova York, Methuen, 1983. 197p.
Howell, W. S. "Literature as an Enterprise in Communication" e "Kenneth Burke's 'Lexicon Rhetoricae': A Critical Examination". In: Howell, W. S. *Poetics, Rhetoric and Logic*. 2.ª ed., Ithaca, Cornell University Press, 1980. 267p. (pp. 215-255).
Huizinga, J. "A Noção de Jogo e sua Expressão na Linguagem" e "O Elemento Lúdico da Cultura Contemporânea". In: Huizinga, J. *Homo Ludens*. São Paulo, Perspectiva/EDUSP, 1971. 243p. (pp. 33-51 e 217-236).
Hunt, A. *The Language of Television*. 2.ª ed. Londres, Methuen, 1983. 128p.
Jenkins, J. J. "Language and Memory". In: Miller, G. A. (Ed.). *Communication, Language and Meaning*. Princeton. Princeton, 1973. 304p. (pp. 159-171).
Joyce, J. *Ulisses*. Rio de Janeiro, Civilização Brasileira, 1966. 846p. (Tradução de Antonio Houaiss).

Kehl, M. R. "Eu vi um Brasil na TV — Três Ensaios sobre a Telenovela". In: Costa, A. M. et alii. *Um País no Ar*. São Paulo, Brasiliense/FUNARTE, 1986. 323p. (pp. 169-323).

Klapper, J. T. "Os Efeitos da Comunicação de Massa". In: Cohn, G. (Org.) *Comunicação e Indústria Cultural*. 4.ª ed. São Paulo, Nacional, 1978. (pp. 162-173).

Koch, I. G. V. *Argumentação e Linguagem*. São Paulo, Cortez, 1984. 240p.

Lasswell, H. D. "A Estrutura e a Função da Comunicação na Sociedade". In: Cohn, G. (Org.). *Comunicação e Indústria Cultural*. 4.ª ed. São Paulo, Nacional, 1978. (pp. 105-117).

Lauwe, M. J. C. e Bellan, C. *Enfants de l' Image*. Paris, Payot, 1979. 295p.

Lazarsfeld, P. F. e Merton, R. K. "Comunicação de Massa, Gosto Popular e Ação Social Organizada". In: Cohn, G. (Org.). *Comunicação e Indústria Cultural*. 4.ª ed. São Paulo, Nacional, 1978. (pp. 230-253).

Leif, J. *Pièges et Mystifications de la Parole*. Paris, Fernand Nathan, 1982. 136p.

Leroi-Gourhan, A. *O Gesto e a Palavra*. V. 1: Técnica e Linguagem. Lisboa, Edições 70, s/d. 244p.

Liebert, R. M. et alii. *La TV y los Niños*. Barcelona, Fontanella, 1976. 314p.

Lima, C. L. "Comunicação e Cultura de Massa". In: Lima, C. L. (Org.). *Teoria da Cultura de Massa*. Rio de Janeiro, Paz e Terra, 1978. 340p. (pp.13-68)

Lispector, C. *A Paixão Segundo G. H.* Rio de Janeiro, Ed. do Autor, 1964. 182p.

Luria, A. R. *Atención y Memoria*. Barcelona, Fontanella, 1979. 134p.

Maingueneau, D. *Initiation aux Méthodes de L' Analyse du Discours. Problèmes et Perspectives*. Paris, Hachette, 1976. 272p.

Marandin, J. M. et alii. "Analyse de Discours et Linguistique Générale". *Langages*, Paris, 55, set. 1979.

Marcondes Filho, C. *A Linguagem da Sedução*. São Paulo, ComArte, 1985. 142p.

_____. "Fantástico, Gil Gomes, Quase 84: A Ideologia da Felicidade, da Transferência e do Mito na Comunicação Massificada Brasileira". In: Marcondes Filho, C. (Org.), *Política e Imaginário nos Meios de Comunicação para Massas no Brasil*. São Paulo, Summus, 1985. 165p. (pp. 93-128).

McDonald, D. *The Language of Argument*. 4.ª ed. Nova York, Harper & Row, 1983. 300p.

McGuire, W. J. "Persuasion". In: Miller, G. A. (Ed.). *Communication, Language and Meaning*. Princeton. Princeton, 1973. 304p. (pp. 242-255).
McLuhan, M. *A Galáxia de Gutenberg*. São Paulo, Nacional, 1977. 390p.
_____. e Fiore, Q. *O Meio são as Massa-gens*. Rio de Janeiro, Record, 1969. 188p.
Maffesolli, M. "A Comunidade Emocional" e "A Potência Subterrânea". In: Maffesolli, M. *O Tempo das Tribos*. Rio de Janeiro, Forense Universitária, 1987. 232p. (pp. 13-43 e 45-78).
Marcuschi, L. A. *Análise da Conversação*. São Paulo, Ática, 1986. 96p.
Marote, J. T. d'Olim. "A Gramática Gerativo-Transformacional". In: Marote, J. T. d'Olim. *Morfonologia do Verbo Francês e suas Decorrências Pedagógicas*. São Paulo, EDUSP, 1988. 106p. (pp. 11-22).
Melon-Martinez, E. *La Télévision dans la Famille et la Société Modernes*. Bruxelas, Gerard, 1970. 246p.
Melo, J. M. *Para uma Leitura Crítica da Comunicação*. São Paulo, Paulinas, 1985. 199p.
Metz, C. "A Respeito da Impressão de Realidade no Cinema". In: Metz, C. *A Significação no Cinema*. São Paulo, EDUSP/ Perspectiva, 1972. 295p. (pp. 15-28).
Miceli, S. *A Noite da Madrinha*. São Paulo, Perspectiva, 1972. 293p.
Milanesi, L. A. *O Paraíso via Embratel*. Rio de Janeiro, Paz e Terra, 1978. 224p.
Missika, J. L. e Wolton, D. *La Folle du Logis*. Paris, Gallimard, 1983. 332p.
Moscovici, S. "Le Réenchantement du Monde". In: Birnbaum, Norman et alii. *Au-delà de la Crise*. Paris, Seuil, 1976. 253p. (pp. 137-176).
Moles, A. A. "Uma Teoria Sociodinâmica dos Modos de Comunicação de Massa: O Caso do Rádio e da Televisão". In: Moles, A. A. *Sociodinâmica da Cultura*. São Paulo, EDUSP/Perspectiva, 1975. 336p. (pp. 259-303).
_____. *O Kitsch*. São Paulo, Perspectiva, 1972. 235p.
_____. et alii. *Linguagem da Cultura de Massas*. Petrópolis, Vozes, 1973. 178p.
Montgomery, M. "Dialogue and Language Development". In: Montgomery, M. *An Introduction to Language and Society*. Londres, Methuen, 1986. 211p. (pp. 29-57).
Morin, E. "Pour une Crisologie". *Communications*, Paris, 25:149-163, 1976.

_____. *Cultura de Massas no Século XX*. Rio de Janeiro, Forense-Universitária, 1977. Vols. 1 e 2. 204 p. e 206 p.
Novak, M. "Television Shapes the Soul". In: Gumpert, G. e Cathcart, R. (Ed.). *Inter/Media*. Nova York, Oxford University Press, 1979, (pp. 321-324).
Nystrand, M. "Rhetoric 'Audience' and Linguistics 'Speech' Community: Implications for Understanding Writing, Reading and Text". In: Nystrand, M. *What Writers Know*. Nova York, Academic Press, 1982. 381p. (pp. 1-28).
Ong, W. J. *Orality and Literacy*. Nova York. Methuen, 1982. 201p.
Orlandi, E. P. *A Linguagem e seu Funcionamento*. 2.ª ed. rev. Campinas, Pontes, 1987. 276p.
Osakabe, H. *Argumentação e Discurso Político*. São Paulo, Kairós, 1979. 200p.
Pacheco, E. D. *O Pica-Pau: Herói ou Vilão? Representação Social da Criança e Reprodução da Ideologia Dominante*. São Paulo, Loyola, 1985. 255p.
Pêcheux, M. *Language, Semantics and Ideology*. Nova York, St. Martin Press, 1982, 244p.
_____. *Analyse Automatique du Discours*. Paris, Dunod, 1969. 139p.
Penteado, H. D. *Televisão, Escola e Democracia: Este Intrigante Triângulo*. São Paulo, FEUSP, 1987. 481p. Tese (doutoramento).
Perelman, Ch. "Analogia e Metáfora". In: *Enciclopédia Einaudi*. Lisboa, Imprensa Nacional/Casa da Moeda, 1987, Vol. 11. (pp. 207-217).
_____. "Argumentação". In: *Enciclopédia Einaudi*. Lisboa, Imprensa Nacional/Casa da Moeda, 1987, Vol. 11. (pp. 234-265).
_____. *Le Champ de L'Argumentation*. Bruxelas, Presses Universitaires de Bruxelles, 1970. 406p.
_____. e Olbrechts-Tyteca, L. *Traité de L'Argumentation*. 3.ª ed. Bruxelas, Ed. de L'Université de Bruxelles, 1976. 734p.
Perrotti, E. *O Texto Sedutor na Literatura Infantil*. São Paulo, Ícone, 1986. 160p.
Pessoa, F. (Álvaro de Campos). *Obras Completas*. Lisboa, Ática, 1958. Vol. II.
Pfromm Netto, S. *Tecnologia da Educação e Comunicação de Massa*. São Paulo, Pioneira, 1976. 190p.
Piaget, J. "Comentarios sobre las Observaciones Críticas de Vygotski". In: Vygotski, L.C. *Pensamiento y Lenguaje*. Buenos Aires, La Pleyade, 1981. (pp. 199-215).
Pignatari, D. *Signagem da Televisão*. São Paulo, Brasiliense, 1984. 191 p.

_____. "O Paleolhar da Televisão". In: Novaes, Adauto. *O Olhar*. São Paulo, Cia. das Letras, 1988. (pp. 487-492).
Pinto, V. N. *Comunicação e Cultura Brasileira*. São Paulo, Ática, 1986. 77p.
Planque, B. (Org.) *Des Images pour les Enfants*. Tournai, Casterman, 1977. 187p.
Platão. *Phèdre. Oeuvres Complètes*. Paris, Garnier, 1950. v. 3. 594p. (pp. 201-295).
Pompéia, R. *O Ateneu*. 5.ª ed. São Paulo, Ática, 1977. 150p.
Pontes, E. S. L. "Topicalização e Deslocamento para a Esquerda". In: Pontes, E. S. L. *O Tópico no Português do Brasil*. Campinas, Pontes, 1987. 169p. (pp. 65-95).
Porcher, L. *Des Images et des Sons*. Paris, Delachaux et Niestlé, 1976. 191p.
_____. *La Escuela Paralela*. Buenos Aires, Kapelusz, 1976. 127p.
Portella, E. "A Consciência Comunicativa". *Cultura/Comunicação*, Rio de Janeiro, *68:*3-7, jan./mar., 1982.
Quesnel, L. "La Publicité et sa 'Philosophie'". *Communications*, Paris, *17:*56-66, 1971.
Ricoeur, P. *Teoria da Interpretação*. Lisboa, Edições 70, 1987. 98p.
Riesman, D. "A Multidão Solitária Vinte Anos Depois". Prefácio à Edição Brasileira, In: Riesman, D. *A Multidão Solitária*. São Paulo, Perspectiva, 1971. 390p. (pp. 7-23).
Robin, R. "As Armadilhas da Ausência de uma Teoria da Articulação". In: Robin, R. *História e Lingüística*. São Paulo, Cultrix, 1977. 327p. (pp. 40-60).
Rocco, M. T. F. "Nem Apocalípticos, nem Integrados". *Revista da Faculdade de Educação*, São Paulo, *9*(1/2):45-53, 1983.
_____. "TV, Escola e Linguagem Verbal: Um Tema para Pesquisa em Educação". *Seminários de Pesquisa — Anais*. São Paulo (1.º e 2.º semestre de 1985), 1986. (pp. 125-130).
_____. *Crise na Linguagem — A Redação no Vestibular*. São Paulo, Mestre Jou, 1981. 276p.
Rossi-Landi, F. *A Linguagem como Trabalho e Como Mercado*. São Paulo, Difel, 1985. 258p.
Rouanet, S.P. "O Olhar Iluminista" In: Novaes, Adauto. *O Olhar*. São Paulo, Cia. das Letras, 1988. (pp. 125-147).
Santaella, L. "Por uma Nova Crítica dos Meios de Comunicação". In: Santaella, L. *(Arte) & (Cultura)*. São Paulo, Cortez/UNIMEP, 1982. 113p. (pp. 77-92).
Schmidt, J. S. *Lingüística e Teoria de Texto*. São Paulo, Pioneira, 1978. 221p.

Schramm, W. e Porter, W. E. *Men, Women, Messages and Media.* 2.ª ed. Nova York, Harper & Row, 1982. 278p.

Schwitalla, J. "Essais pour l'Analyse de l'"Orientation et de la Classification des Dialogues". In: Actes du Colloque du Centre des Recherches Linguistiques et Sémiologiques de Lyon. *Stratégies Discursives.* Lyon, Presses Universitaires de Lyon, 1978. (pp. 165-179).

Searle, J. R. *Os Actos de Fala.* Coimbra, Almedina, 1984. 270p.

Silbermann, A. *Communication de Masse.* Paris, Hachette, 1981. 126p.

Silva, C. E. L. *Muito Além do Jardim Botânico.* São Paulo, Summus, 1985. 164p.

Soares, M. "Que pode fazer a Escola?". In: Soares, M. *Linguagem e Escola.* São Paulo, Ática, 1986. 95pp. (pp. 66-79).

Sodré, M. *A Comunicação do Grotesco.* 8.ª ed. Petrópolis, Vozes, 1980. 84p.

_____. *O Monopólio da Fala.* 3.ª ed. Petrópolis, Vozes, 1981. 155p.

Tannen, D. "Oral and Literate Strategies in Spoken and Written Narratives". *Language*, v. 58, n.º 1, 1982. (pp. 1-21).

_____. "Relative Focus on Involvement in Oral and Written Discourse". In: Vários Autores. *Literacy, Language and Learning.* Op. cit. (pp. 124-147).

Tardy, M. *O Professor e as Imagens.* São Paulo, Cultrix/EDUSP, 1976. 123p.

Tavares, Z. R. "A Representação do Outro". In: Marcondes Filho, C. (Org.) *Política e Imaginário nos Meios de Comunicação para Massas no Brasil.* S. Paulo, Summus, 1985. (pp. 33-49).

Távola, A. da. "O Mito no Lugar Comum". In: Távola, A. da *Comunicação é Mito.* Rio de Janeiro, 1985. 367p. (pp. 145-216).

_____. *A Liberdade do Ver.* Rio de Janeiro, Nova Fronteira, 1984. 312p.

La Televisione. Brescia, La Scuola, 1977. 103p.

Tilburg, J. L. van. *Para uma Leitura Crítica da Televisão.* São Paulo, Paulinas, 1984. 72p.

Verschueren, J. "A la Recherche d'une Pragmatique Unifiée". *Communications*, Paris, 32:274-284, 1980.

Vogt, C. "Estrutura e Função da Linguagem". In: *Subsídios à Proposta Curricular de Língua Portuguesa para o 2.º Grau.* São Paulo, SE/CENP, Vol. I, 1984. (pp. 33-41).

_____. *O Intervalo Semântico.* São Paulo, Ática, 1977. 282p.

Vygotski, L. S. *Pensamento e Linguagem.* Lisboa, Antídoto, 1979. 215p.

Winn, M. *TV, Drogue?* Paris, Fleurus, 1979. 303p.

Zilberman, R. (Org.). *A Produção Cultural para a Criança.* Porto Alegre, Mercado Aberto, 1982. 181p.

Sobre a autora

Maria Thereza Fraga Rocco é paulistana, casada com o arquiteto Euclydes Rocco Jr. e tem 2 filhos, Carolina e Luís Paulo. Formada em Letras, concluiu o mestrado e doutorado pela USP onde também defendeu, em novembro de 1988, a livre-docência. Esta última tese originou a presente obra. Maria Thereza é professora associada da Faculdade de Educação da USP; possui diversos artigos e ensaios publicados em revistas e periódicos brasileiros, além de ser autora de *Literatura/Ensino: Uma problemática* (Ática), *Crise na Linguagem: A Redação no Vestibular* (Mestre Jou). Organizou em co-autoria a obra *Linguagem, Desenvolvimento, Aprendizagem* (EDUSP/Ícone) — uma coletânea de textos de Vystoki, Luria e Leontiev — e participou de obras coletivas, dentre as quais *Reinventando o diálogo* (Brasiliense).

Coleção Primeiros Passos
Uma Enciclopédia Crítica

ABORTO
AÇÃO CULTURAL
ACUPUNTURA
ADMINISTRAÇÃO
ADOLESCÊNCIA
AGRICULTURA SUSTENTÁVEL
AIDS
AIDS - 2ª VISÃO
ALCOOLISMO
ALIENAÇÃO
ALQUIMIA
ANARQUISMO
ANGÚSTIA
APARTAÇÃO
ARQUITETURA
ARTE
ASSENTAMENTOS RURAIS
ASSESSORIA DE IMPRENSA
ASTROLOGIA
ASTRONOMIA
ATOR
AUTONOMIA OPERÁRIA
AVENTURA
BARALHO
BELEZA
BENZEÇÃO
BIBLIOTECA
BIOÉTICA
BOLSA DE VALORES
BRINQUEDO
BUDISMO
BUROCRACIA
CAPITAL
CAPITAL INTERNACIONAL
CAPITALISMO
CETICISMO
CIDADANIA
CIDADE
CIÊNCIAS COGNITIVAS
CINEMA
COMPUTADOR
COMUNICAÇÃO
COMUNICAÇÃO EMPRESARIAL
COMUNICAÇÃO RURAL
COMUNIDADE ECLESIAL DE BASE
COMUNIDADES ALTERNATIVAS
CONSTITUINTE
CONTO
CONTRACEPÇÃO
CONTRACULTURA
COOPERATIVISMO
CORPO
CORPOLATRIA
CRIANÇA

Coleção Primeiros Passos
Uma Enciclopédia Crítica

CRIME
CULTURA
CULTURA POPULAR
DARWINISMO
DEFESA DO CONSUMIDOR
DEMOCRACIA
DEPRESSÃO
DEPUTADO
DESENHO ANIMADO
DESIGN
DESOBEDIÊNCIA CIVIL
DIALÉTICA
DIPLOMACIA
DIREITO
DIREITO AUTORAL
DIREITOS DA PESSOA
DIREITOS HUMANOS
DOCUMENTAÇÃO
ECOLOGIA
EDITORA
EDUCAÇÃO
EDUCAÇÃO AMBIENTAL
EDUCAÇÃO FÍSICA
EMPREGOS E SALÁRIOS
EMPRESA
ENERGIA NUCLEAR
ENFERMAGEM
ENGENHARIA FLORESTAL
ESCOLHA PROFISSIONAL
ESCRITA FEMININA
ESPERANTO
ESPIRITISMO
ESPIRITISMO 2ª VISÃO
ESPORTE
ESTATÍSTICA
ESTRUTURA SINDICAL
ÉTICA
ETNOCENTRISMO
EXISTENCIALISMO
FAMÍLIA
FANZINE
FEMINISMO
FICÇÃO
FICÇÃO CIENTÍFICA
FILATELIA
FILOSOFIA
FILOSOFIA DA MENTE
FILOSOFIA MEDIEVAL
FÍSICA
FMI
FOLCLORE
FOME
FOTOGRAFIA
FUNCIONÁRIO PÚBLICO
FUTEBOL
GEOGRAFIA

Coleção Primeiros Passos
Uma Enciclopédia Crítica

GEOPOLÍTICA
GESTO MUSICAL
GOLPE DE ESTADO
GRAFFITI
GRAFOLOGIA
GREVE
GUERRA
HABEAS CORPUS
HERÓI
HIEROGLIFOS
HIPNOTISMO
HIST. EM QUADRINHOS
HISTÓRIA
HISTÓRIA DA CIÊNCIA
HISTÓRIA DAS MENTALIDADES
HOMEOPATIA
HOMOSSEXUALIDADE
IDEOLOGIA
IGREJA
IMAGINÁRIO
IMORALIDADE
IMPERIALISMO
INDÚSTRIA CULTURAL
INFLAÇÃO
INFORMÁTICA
INFORMÁTICA 2ª VISÃO
INTELECTUAIS
INTELIGÊNCIA ARTIFICIAL

IOGA
ISLAMISMO
JAZZ
JORNALISMO
JORNALISMO SINDICAL
JUDAÍSMO
JUSTIÇA
LAZER
LEGALIZAÇÃO DAS DROGAS
LEITURA
LESBIANISMO
LIBERDADE
LÍNGUA
LINGÜÍSTICA
LITERATURA INFANTIL
LITERATURA POPULAR
LIVRO-REPORTAGEM
LIXO
LOUCURA
MAGIA
MAIS-VALIA
MARKETING
MARKETING POLÍTICO
MARXISMO
MATERIALISMO DIALÉTICO
MEDICINA ALTERNATIVA
MEDICINA POPULAR
MEDICINA PREVENTIVA

Coleção Primeiros Passos
Uma Enciclopédia Crítica

MEIO AMBIENTE
MENOR
MÉTODO PAULO FREIRE
MITO
MORAL
MORTE
MULTINACIONAIS
MUSEU
MÚSICA
MÚSICA BRASILEIRA
MÚSICA SERTANEJA
NATUREZA
NAZISMO
NEGRITUDE
NEUROSE
NORDESTE BRASILEIRO
OCEANOGRAFIA
ONG
OPINIÃO PÚBLICA
ORIENTAÇÃO SEXUAL
PANTANAL
PARLAMENTARISMO
PARLAMENTARISMO MONÁRQUICO
PARTICIPAÇÃO
PARTICIPAÇÃO POLÍTICA
PEDAGOGIA
PENA DE MORTE
PÊNIS
PERIFERIA URBANA
PESSOAS DEFICIENTES
PODER
PODER LEGISLATIVO
PODER LOCAL
POLÍTICA
POLÍTICA CULTURAL
POLÍTICA EDUCACIONAL
POLÍTICA NUCLEAR
POLÍTICA SOCIAL
POLUIÇÃO QUÍMICA
PORNOGRAFIA
PÓS-MODERNO
POSITIVISMO
PREVENÇÃO DE DROGAS
PROGRAMAÇÃO
PROPAGANDA IDEOLÓGICA
PSICANÁLISE 2ª VISÃO
PSICODRAMA
PSICOLOGIA
PSICOLOGIA COMUNITÁRIA
PSICOLOGIA SOCIAL
PSICOTERAPIA
PSICOTERAPIA DE FAMÍLIA
PSIQUIATRIA ALTERNATIVA
PUNK
QUESTÃO AGRÁRIA
QUESTÃO DA DÍVIDA EXTERNA

Coleção Primeiros Passos
Uma Enciclopédia Crítica

QUÍMICA
RACISMO
RÁDIO EM ONDAS CURTAS
RADIOATIVIDADE
REALIDADE
RECESSÃO
RECURSOS HUMANOS
REFORMA AGRÁRIA
RELAÇÕES INTERNACIONAIS
REMÉDIO
RETÓRICA
REVOLUÇÃO
ROBÓTICA
ROCK
ROMANCE POLICIAL
SEGURANÇA DO TRABALHO
SEMIÓTICA
SERVIÇO SOCIAL
SINDICALISMO
SOCIOBIOLOGIA
SOCIOLOGIA
SOCIOLOGIA DO ESPORTE
STRESS
SUBDESENVOLVIMENTO
SUICÍDIO
SUPERSTIÇÃO
TABU
TARÔ
TAYLORISMO
TEATRO NO
TEATRO
TEATRO INFANTIL
TECNOLOGIA
TELENOVELA
TEORIA
TOXICOMANIA
TRABALHO
TRADUÇÃO
TRÂNSITO
TRANSPORTE URBANO
TROTSKISMO
UMBANDA
UNIVERSIDADE
URBANISMO
UTOPIA
VELHICE
VEREADOR
VÍDEO
VIOLÊNCIA
VIOLÊNCIA CONTRA A MULHER
VIOLÊNCIA URBANA
XADREZ
ZEN
ZOOLOGIA

IMPRESSÃO:

GRÁFICA EDITORA
Pallotti
IMAGEM DE QUALIDADE

Santa Maria - RS - Fone/Fax: (55) 222.3050
www.pallotti.com.br

Com filmes fornecidos.